柳溥庆传奇人生

●陈发奎 柳伦／编著

复旦大学出版社

谨以此书

献给父辈先贤

纪念中国印刷泰斗、人民币印钞技术主帅——

柳溥庆诞辰120周年

向柳溥庆、周砥夫妇致敬

向创造伟业的所有光荣印制人致敬

感谢中国印钞造币总公司的大力支持

感谢中国共产党江苏省靖江市委的大力支持

内 容 提 要

本书主人公柳溥庆,曾用名圃青,江苏靖江人。我国印刷出版业界泰斗级人物、印钞技术主帅,中国人民银行印制局总工程师兼印制科学技术研究所首任所长。

柳溥庆从青年时代起的前20年,既是我国早年学习西方先进印刷技术的工人技师,又是活跃在历史舞台上国共两党的政治活动家,曾任中国国民党驻法国总支部第四次代表大会秘书长、驻法总支部的执行委员、常务执行委员和主任秘书、代总支部主席和中国共产党第六次代表大会指定代表。

后40年主人公在上海主要研究印刷技术,同时从事党的地下活动。中华人民共和国成立后,在北京主要从事印钞科技领域的工作,在第一个五年计划期间,柳溥庆带领团队实现了第三套人民币印制的全部国有化。

我国现行法定的货币——人民币,是中国的名片,代表着中国的实力和形象,其精美的印制也为人们所称道。有关人民币印制的过程,艰难而又曲折。此事尽管在改革开放后,曾有书刊报道,但由于比较笼统,使人没有形象生动地了解。

秉承编史写人的宗旨,拟对柳公的政治品质、情感生活和工作业绩进行描述。

本书从多个条线齐头并进,全面展现柳公高超的印刷—印钞技术,变幻的政治生涯,复杂的社会背景(经济工业),广泛的人际交往,热忱的爱情、亲情和广博的学识修养;着力表现其鲜明的党性原则、人性光辉和振兴民族工业的献身精神。

本书情节跌宕起伏、一波三折,材料翔实、图文并茂,令人耳目一新。传记视角独特,结构严谨,文笔洗练,行文生动。仿佛渐渐展开了20世纪波澜壮阔的革命和建设的雄伟画卷,是我国生动的爱国主义教育素材。柳溥庆本人也是科技人员为民族振兴而奋勇献身的楷模,青少年励志的榜样。

目录

序	不忘初心	饮水思源	001
壹章	曙光初照	江水东流	001
贰章	融入世界	奔向大海	043
叁章	国共分流	聚会苏联	077
肆章	海归辗转	九曲连环	107
伍章	独步天下	逆水行舟	157
陆章	风帆正举	波澜壮阔	189
柒章	激流猛进	勇立潮头	225
捌章	狂涛险滩	难耐春寒	257
玖章	水落石出	青松高洁	291
后记	上善若水	文化自觉	319
编后语			331
柳溥庆年谱			333
主要参考文献			339
附录			342

序

不忘初心　饮水思源

写事容易写人难。

踏上至为艰难的写作旅途,本书将记录我对父辈先贤认知的心路历程。

每当书写累乏的时候,我会随时随地停下来平躺一会,避免大脑缺氧,也因为横向与纵向的思考,角度会不同;每当实在写不下去的时候,我会翻一翻收集到的资料细细地读出声来,再从字里行间去感悟当事人的情感和心绪。

我不可能很细致地看完所有的材料再写,常常为一个新的发现,突发灵感而欲罢不能。所有的资料像滚雪球似的,越来越多。我就以一目十行的速度,粗粗浏览。哪些有用,心中自然而然给予存档归类——我会记得在一定的时间里用到它。

在寻访的过程中,我常常让对方感到诧异:您怎么知道得比我们还多,怎么还会提出这样的问题?交谈之中总有些具体的细节引起我特别的留意……

我也不想跟任何人论辩,在对待先人的问题上,用材料说话,用事实说话。多者不厌其烦,少者无伤大雅,否定之否定,还须用同时同质的证据来论述和证实。用极其平静的眼光,看待过去曾经出现过(现在更要尽量避免)的罪错、蠢傻和荒唐的事。

我在了解主人公做过的事情之外,要看历史上曾经发生的事情,还要搜寻印刷技术当时的发展情状,更想要到实地考察,感受当地氛围,采访当事人和他的后代,从他们的言谈举止,窥透基因的作用。史料仅仅记录了人物的作为功绩和大概所处的环境,至于主人公是怎样想的,他世界观的形成脉络,他有什么"活思想",还有哪些心理活动,却不得而知!毋庸避讳,不必溢美,不必隐恶,而要直面人生,解剖人性,还其本真!

尽管他在续家谱中写有自传,在思想汇报类的检查里都说了自己的想法,但用好这些素材,要考虑当时他所处的环境,揣度他为什么要这么说,他的潜台词是什么,或者他是要掩盖些什么,哪些是真心话,哪些是应景的套话,还有哪些疑点,如此等等。这一切不得不去做深入的考证和探究,这里且举几例。

比如,以往他写自己接受新思潮——

  常读《向导周刊》《先驱周刊》《中国青年》《觉悟》等进步刊物,接受了马克思主义思想……

解析:其实他阅读的刊物还是以《新青年》为主,这是由于后来牵涉陈独秀的问题,故避而不谈这本最有影响力的杂志。

又比如,他在家谱的自述中说——

  余在此斗争中所得教训至有价值,当得结论,认为政治斗争变幻莫测,甚于一切,此种生活非余之秉性所宜。勉强为之,易为他人愚弄,甚至易于作茧自缚,故决心不再从事政治活动而专心致意于文化事业即印刷技术。

点评:这段话(写于1932年)与瞿秋白的《多余的话》有异曲同工之妙。多少表达了他内心真实的想法,也在一定程度上掩饰自己在做地下党工作,因为不问政治也许是他当时最好的遁词。

再比如,研究者和家属子女反映在一些刊物上没有提到他的业绩——

  在说到印钞机上应用的"凹印多色接纹逆转擦版法"原理的时候,没有提到他,而聂荣臻签署的这项科技发明证书上却写着他的名字。他工作过的上海、北京印钞厂,他的事迹都没有报道,甚至连名字也没有。

解析:把几件事情联系起来看就比较清楚:1937年他与他人在仿制德式影写版凹印机的时候,就发现了这个现象;1943年他用仿制成的影写版机器作为加入中联印刷公司的股金;1946年又仿制机器,1950年卖给北京人民印刷厂;1953年又用自己总结的这个原理,设计改进图纸,解决了东德轮转凹印机的缺陷;1957年7月,领导北京中国人民银行印制管理局印钞机技术组,"参与研制145丙型多色轮转机的反向低速擦版法获得成功";1964年他本人获国家发明证书。从六个方面不同时间档案记录的资料来明证事实,解除疑点,避免非技术因素,将历史割裂、政治需要人为过滤和知识分子被边缘化的情况再现。

再比如,他去世的前一年,70多岁还在农场苦于无技术含量的劳作,上书主动请缨——

> 在这次"文化大革命"中我已有六年没有从事自有专业工作,现在觉得一个革命者,尤其是一个共产党员,长期脱离自己的专业,不去为祖国的社会主义建设事业服务,是违反党和毛主席的"抓革命、促生产",自力更生勤俭建国伟大教导的。因此今天我向组织上表示,自愿利用我自己所有专长,到工厂去,再为祖国的社会主义建设事业服务!

感悟:这位矢志开物的先贤长者,在生命的最后一刻,还在沿袭和顺应当时的口号,竭力振臂,希望工作。掩卷而思,那无休止的检查上诉,要耗去他多少精力啊!如果用在技术革新、创作发明上,该有多好,将会有多少有用的东西奉献出来。在这么复杂的生存环境下,他还做了那么多的事情,而且卓有成效,实在难能可贵!

我在想,他的史料都在,他的业绩也已永载史册,怎样全面反映这一个人物的丰富经历和思想品德呢?还是要有场景、动作、对话和内心独白,给人一个形象化的描写。纪传体《史记》,给我们提供了范例,因为它不仅仅是记录了事,最主要的是写活了人,一个个生动鲜活的人物,组成民族的众生相,具有文学作品的典型性的这"一个"人,牢牢印刻在一代代读者的心中。

写事容易写人难,写出一个有所争议与避讳而又真实生动的人更难。

他是怎样的一个人呢?我的眼前浮现出一组镜头:

在电影《建党伟业》中,陈独秀穿过弄堂注视自己的两个儿子在做工;陈望道、沈雁冰在排字间看稿样;张国焘在商务印书馆谈火烧赵家楼;恽代英在工人夜校上课;陈云从这里走上革命的道路……20世纪初少年立志的他也在其时(1914—1924年)也在其中(商务印书馆)。由此人物形象渐渐清晰可见——上海的石库门,在散发着"曼彻斯特铁臭"的工厂弄堂里,一位中等身材的青年,时而抱着法文书在路灯下苦读,时而在亭子间,用本家柳公权体书写下少年才俊曹植的诗句:

> 心悲动我神,弃置莫复陈。丈夫志四海,万里犹比邻。

镜头转过来:

1924年,上海茂名北路"甲秀里",毛泽东在奋笔疾书,写的是由24岁的他到法国勤工俭学时带给周恩来的介绍信,同时还捎上几份文件。

28年过去了,1952年五一劳动节,在天安门城楼上毛泽东和周恩来对着他的幼子(献花的10岁少先队员)还深情回忆起他,回忆起他与毛、周两人交往的

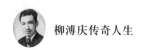 柳溥庆传奇人生

这段往事……

　　这位印刷技艺名震欧苏，在中国印刷印钞事业上青史留名的人物——他就是柳溥庆！本书的传主。

陈成造 2016 年元旦

写于中国近代印刷出版业的发祥地上海

壹章

曙光初照　江水东流

1924年,赴法留学前柳圃青全家在上海合影
一排左起:妹妹柳静、继母严孺人、四弟柳晴和父亲柳望岑;二排左起:二弟培庆、圃青和三弟长青

壹章　曙光初照　江水东流

溯源，重走靖江来上海之路

笔者出访，用卫星定位，手机导航，乘长途汽车出上海，走京沪高速，过江阴长江大桥，一路向北转西上了江平公路，两个小时便来到了江苏省靖江市生祠镇的地界。这里是本传主人公柳溥庆（圃青）的出生地。

此地本来沿长江北岸，经年的水流冲刷，淤泥积成滩涂，江水向南伸展，北边陆地扩张，生祠镇便离长江渐行渐远，大浪淘沙沧海桑田，不由得令人感慨万分、浮想联翩……

"子在川上曰，逝者如斯夫，不舍昼夜。"

当年乡贤先人们就是从脚下的团河上船出行，直达长江，走向外面"很精彩而又很无奈"的世界，闯出一番新的天地。

笔者直奔镇政府办公室。从三乡联合的镇政府，到镇上每个人，相信说起（刘）柳家都不会陌生，知情人都会引以为豪，如数家珍——

刘国钧，乃工商业巨子，中华人民共和国成立后官至江苏省副省长，镇上有他的故居和纪念馆。

柳溥庆，在中央人民银行印制局工作，是一位名扬世界的印刷印钞专家！在文化馆里有专门的版面予以介绍。

在这方圆几十里，柳溥庆、刘国钧就是当地的名人。——他们从这里走出去，走向常州，走向上海，走向世界。

被寻访的柳溥庆有家谱记载着这段历史。

苍穹俯瞰大地，从世界→海洋→长江到江苏→靖江→生祠镇，地球上的事物尽收眼底。

生祠镇不大，东西向有一条大街，其西中街是生祠镇最繁华之所在。文化馆的领导徐灿林陪着笔者来到街上，在现今卫生院的地方，指着尚未改建的街道说，这一排房子就是柳家祖居的所在地。

图 1-1　靖江生祠镇《柳氏支谱》

镇上团河穿街而过。河上有两座桥,横跨南北。一座是大房桥,一座便是柳家桥。柳家桥,因柳氏而得名。

清雍正初年,浙江兰溪的中年郎中柳国瑞(1684—1766),因仰慕民族英雄岳飞来到靖江生祠镇寻访岳王庙。他见此地南北交通便捷,民风淳朴,人丁兴旺却缺医少药,遂在岳王庙近旁,南张成段下一圩,购地建房,迁居于此,开药店名曰:"春和堂"药号,并亲自坐堂治病疗伤。

柳国瑞娶妻杨氏,续弦王氏,王氏生子正春。二世正春无子,过继其堂兄之子殿龙为嗣。三世殿龙生三子,后世将兄弟三人的后代称为柳家"老三房"。

柳家沿团河而居,"老三房"在柳家桥南,将始祖住房增建成前后五进,正侧30余间。长房和二房,在东首合伙经营药铺,三房在西首开设染坊,并继续在房后空地种植多种草药。

单说殿龙之幼孙,名柳大纯(1834—1870),排行老三,娶武进县郑氏,生有两子一女,两子相继夭折。同治九年,柳大纯37岁病故,三小时后郑氏产下遗腹子,取名望成(望岑),希望儿子长成,望子成龙。从在靖江开天辟地的柳国瑞算起是第六世——柳望岑又名柳文相(1870—1930),乃柳溥庆之父也。在柳文相留下的遗作文稿里还写有《医药集》,中医中药是他们的祖传,后人以此为业、为荣。

早在乾隆十九年(1754),因"春和堂"药号赢得一方好评,时任靖江知县康曾诏将"齿德兼优"匾额,赠予长者德行优秀的人士,特别表彰柳氏先祖柳国瑞在当地疗疾防病悬壶济世,嘘寒问暖送医送药,为老有尊,造福乡里,齿德兼优。这块匾额一直悬挂在柳家祖屋的正厅,是柳家的荣耀。柳氏家族每逢节庆吉日大事,开门祭祖,香火不断……

图1-2 靖江知县所赠"齿德兼优"牌匾,表彰柳氏先祖柳国瑞造福一方

壹章　曙光初照　江水东流

世纪之交生人的希冀

一缕清香绕到146年之后,时光定格在20世纪之初,1900年新旧世纪之交的日子,30岁的柳文相焚香祷告,祈祷祈福。

30岁那年喜得长子,那是他与妻刘氏夭亡了两女一男后迎来的贵子啊。

光绪廿六年冬十月十三,喜降甘霖,1900年12月4日,主人公在生祠镇柳家祖宅诞生,取名圃青。根据靖江风俗,左邻右舍请了一幅《张仙送子图》,晚上敲锣打鼓送到柳家,以求神灵保佑表示祝贺。

文相大喜,将画高悬于中堂,并以糖粥红蛋谢过众乡邻。

小圃青的降临,给家里带来了无穷的乐趣和希望。

尽管这一年是旧历庚子年,史称"庚子国祸",数月前,八国联军打进北京,义和团大闹华北京师,帝后出逃,中国几千年的封建社会跌落到了最低谷。

虽然中国的时运不济,柳文相深信否极泰来,中国断不会亡!

硝烟和血腥气从北方源源不断地传来,使这个近乎冷落的江边小镇,显得有些不平静。尽管时局动荡,但生活还是要过下去。临近年关,大家对新的一年还是充满了希望,因为,那是新世纪的纪元之年。

柳文相题诗曰:

"壮阳隆冬日短,靖江数点星繁。地冻坚冰已至,天寒残火福暖"。

儿子降生,耀祖光宗,乃是个好兆头,想到这里,一时间文相对未来充满希望,仰望长空,双手合十,说出心中的愿望:

"苍天在上,列祖列宗,保佑吾土、吾民和吾子啊!"

新世纪的曙光,孕育新世纪的人才,本书的主人公柳溥庆,生于常州府靖江县生祠镇,他是文相八个子女中唯一生于斯,又长于斯整整一年的人。

若干年以后,当初人们"以生我养我的地方为荣",日后地方"以我乃杰出乡贤为荣",以至于后来当地的《地方志》尊柳为"靖江第一人",其缘何?容后话再叙。

生祠镇岳王庙

又一缕清香绕到生祠镇上的岳王庙,香火颇盛。岳王庙本来叫生祠堂,是为纪念抗金名将岳飞而建造的,这便是生祠镇名的由来。为修家谱,柳圃青曾多次回故乡,听父亲和老一辈人讲那过去的故事——

图 1-3　靖江生祠镇岳王庙外景

有一说,生祠堂建于公元 1130 年,当时岳飞奉旨进击南下金兵于泰州,将随军收容的难民安置于此。民众感念岳飞,为他盖起了祠堂纪念。

又一说,时隔 11 年,1141 年,南宋皇帝赵构与宰相秦桧欲与金兀术求和,把精忠报国的岳飞视为眼中钉,一天连发 12 道金牌,急诏岳飞回临安。中原百姓依依不舍,跟随岳飞撤离至此,百姓定居靖江阴沙,岳飞由此过长江。百姓对他感恩戴德,祈望他长命百岁,在他生前为他盖了座祠堂,叫生祠堂。岳飞曾留下了对这块土地的祝福,祈愿这里父老乡亲 800 年无水灾,无旱灾,也无兵灾。后来这里形成集镇,便叫生祠镇。

滚滚的长江由西向东奔流而去,来到江苏省境内由西南折向东北起了一些变化,在江水流过的马勺形的底端,地处江左的靖江县生祠镇,本是个江中的沙洲,明朝末年,随着北岸逐渐被泥沙冲击,与泰兴县接壤,成为南北要冲,渐次成为内陆镇。阴沙在宋代临江,来往船只到此,往往会抛锚驻扎上岸观瞻一番,闻名遐迩的岳王庙寄托了人们无尽的怀念。在这块福地宝地上的人们,"皆以务农等勤力不匮,至今父老谈忠武渡江遗事,犹生气凛然出须眉也!"

这里的岳王庙是全国(河南汤阴、浙江杭州等共有 10 处)最早的一座,屋檐

壹章　曙光初照　江水东流

呈大鹏展翅式的造型,朴实端庄。

访者入得园中,见大殿东侧的碑廊,岳飞所书诸葛亮前后《出师表》,及其《满江红》词的石刻,跃入眼帘。武将的文采、气势恢宏,强大的气场震撼到了每个人。

笔者努力想象着柳溥庆后来回故乡看到这些遗迹的情景和心情。

大殿中央有块外面用玻璃罩着的石碑,十分珍贵。石碑正面刻的是一幅岳飞坐像,横额篆书"重建岳武穆像",落款为"乾隆二十五年三月"(1760年)。碑上阴刻的是岳飞手迹"纠合四方精锐,咨之群贤然后施行"和"勋业封冥下,交情气象中"等字样。

抬头再看大殿,檐下高悬一块"思岳殿"竖匾,由著名历史学家周谷城先生题写。走进大殿,前柱上挂着一副对联:

"三十功名尘与土,八千里路云和月。"

大殿正中供奉岳飞坐像,高悬"精忠报国"横匾。这尊塑像与杭州岳王庙的岳飞像十分相似,不同的是面貌之中怒而带愁,似述心中无限的忧患之情。

与岳飞生死相随的配祀岳家军八大将:岳云、牛皋、汤怀、张宪、王贵、张显、张保、王横,个个生龙活龙,栩栩如生。

耳熟能详的岳飞生平故事:"岳母刺字""少年习武""镇守江莽""恢复中原"……绘成壁画分立两厢。

这些英雄人物和事迹伴随柳圃青的成长。

以岳飞为荣耀,尤其在外国列强侵略打进来时,人们呼唤民族英雄的心情更加迫切。

长大以后溥庆回忆随父多次返乡,有一次还在生祠镇的三茅殿里对柳氏家族的历史有重大发现,得以续写了柳氏族谱。然而对小圃青印象至深的是,生祠镇上岳王庙民族英雄的气场对他产生的影响,以致他每每忆想起岳武穆公直捣黄龙府的壮怀激烈的气概,依然激动不已。

当地另一个名人、大老板刘国钧先生曾三度捐资修造祠宇。

刘国钧,早年寒门子弟,后经商,投资纺织工业,成为民族实业家,中华人民共和国成立后官至江苏省副省长、省政协副主席。

诞生于当地的刘、柳两位影响中国近代工业发展的人物,一个经商进军纺织工业,精于管理,一个研习印刷印钞技术,强于创造发明,恰恰是这个时代实业救国的两个典范。他俩走出了农耕社会的小集镇,走向大江大海,在东方大都市上

海,与外界国际社会开始接轨,做出了让世人瞩目的成就。

循着古道,文相公曾经写道:

"居东偏约行数十步,有一大港,港水洋洋,舟行不绝,南行廿余里至六圩港,即长江。有轮舟可搭,直达上海"。

记录生祠镇当时当地出行的人,有徐品章、徐吟甫、刘国钧、朱希武、陶振熙和柳文相等,他们都由大港(大靖港)走出,获得人生的进一步发展。

这些人的学成都要归功于洋务运动中的一脉思潮,它使他们与世界的发展接轨。

诗碑的隐喻

特别值得一提的是前面所提到的岳飞手书的诗碑,题曰:

勋业封冥下　交情气象中

草书字体颇难辨认,笔者反复观看后,拍照发给书法界的朋友求证。据考,此语出自杜甫,原为:"勋业青冥上,交亲气概中"。岳飞熟读杜诗,在用典时又有了小变化,想必是悟出些许的道理。

许多年过去了,访者细细品味这联充满哲理的诗句,对后世的隐喻:

凡英雄豪杰建立了功勋伟业,往往都在其人去世盖棺论定之后能得到封赏承认;另外,人与人之间的交往交情都在政治气候的影响和变幻中。

这既是岳飞人生的写照,也是中国社会特有的政治现象,这同样也为柳圃青的坎坷人生做了预言,似蒙上了神秘的色彩,后来发生的一切事情,冥冥之中,似乎都可以用这两句来诠释、来印证。

图1-4　岳飞手书诗碑:勋业封冥下　交情气象中

谓予不信? 请看"柳圃青们"以后的政治磨难。

壹章　曙光初照　江水东流

随父来常州十一年

"先帝创业未半而中道崩殂……此诚危急存亡之秋也……"

柳文相一笔一画在临写岳飞草书诸葛亮的《出师表》。

靖江生祠镇柳氏六世的文相，前面说到未出生便已失怙（父亲去世），家道中落。不得已，12岁时随母亲郑氏迁至武进县，住外祖家附近，寻孝廉为师，勤奋苦读。皇天不负有心人，20岁得中秀才之后，不想再从事医药行当。那时节，秀才的出路一个是继续寒窗苦读往上考，一个是做私塾教师。

柳文相自然不会放弃功名，一番努力，光绪二十四年（1898年）他得中堂备举人，是一喜；因光绪皇帝当年的戊戌改革新政之一是废除科举制度，使他的仕途中道断阻，与功名官爵无缘，是一遗憾。于是成为常州城里的望族争相聘为家塾的教书先生，却因1905年推行学校教育，科举制度正式寿终正寝，于是各地开始创办新学，私塾被淘汰，文相又一次面临下岗、转型。于是到知县刘仲士家做师爷，这个行当后来叫文书或秘书工作。

笔者从上海出发，乘坐动车不到一个小时就到了常州，要找一个南沙罗巷春蔼堂。

今天的常州（包括武进），既没有金陵的繁华，不似京口处在水陆码头上，也没有丹阳王陵一脉，没有无锡惠山加上二泉，没有太湖，更没有苏州称甲天下的园林，只有淹城。常州人低调，就是园林的名称也怪怪的：近园、未园、亦园。为此要为常州抱不平，它们怎么也是园林吧，怎么就成了仅仅是近似、尚未、亦算园林呢？是不是太文气、太谦虚、太谨慎了吧——这大概就是常州的非常之处。

可是在现代拆建的时候，常州一点也不文气、谦虚和谨慎，在城市拆迁工作上不甘落后，以铲旧布新为快，要找的"南沙罗巷"不见了，"春蔼堂"就更没影了！

笔者试图拉近与故人故地实际的心理距离，但却在千篇一律的楼房中迷失了自我的认知。

要去的地方整条巷子拆建了，因为有名人故居而保存了几个点，修缮新了一些，总算吕思勉、恽代英纪念馆还有一些原样……这一片就是南沙罗巷之所在地。

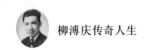

这里曾经是从光绪十六年起文相为谋生开始坐馆、担任塾师的地方，第一个东家是刑部员外郎李宝章（小说《官场现形记》作者李宝嘉的堂兄）；光绪二十七年，又成为翰林院编修恽毓嘉的西席（相传，汉明帝尊桓荣以师礼，上幸太常府，令荣坐西面东，做家教的教师尊称为西席）。

全家从靖江生祠镇迁居武进南沙罗巷春蔼堂，在这里一待就是6年，故而柳溥庆（圃青）从5岁起，就跟随父亲在私塾读书，在家中随母亲描样学画。

小圃青从5~11岁，在父亲仕途无望、被名门大户聘为塾师时，他在父亲任教的私塾里伴教，完成了启蒙教育。

"人之初，性本善，性相近，习相远……"

人之初性本善的这个"善"，文相觉得用"纯"来表达更为贴切，儿子必须要保持做人的至纯。

文相深知，家道中落对子嗣的影响，他做老师带圃青在身边，也寻得一方课桌，让儿子以学生身份与官宦富家子弟同席而坐，让幼子在人格上与大家都是平等的，没必要让儿子从人生一开始就有低人一等的感觉。

然而，他不盲目自信，还要让儿子知道，他与官二代、富二代同学的条件相去甚远，没有可以依傍的靠山，只有通过自己的努力，成绩出色，才能赢得尊重，所谓"吃得苦中苦，方为人上人"。

常州的不寻常

将常州放在大背景下，方能彰显人杰地灵优势，常州的非常之处在于人才济济一堂、文采熠熠生辉——

常州诞生过小说家李宝嘉，"孟河医派"的传人费伯雄，洋务派代表盛宣怀，故宫博物院创始人庄蕴宽，辛亥革命元老吴稚晖，被誉为"常州三杰"的中国共产党早期重要领导人瞿秋白、张太雷和恽代英，"爱国七君子"中的李公朴、史良，近代"四大史家"之一的吕思勉，蒙古史学家屠寄。

清代文字训诂学家、经学家段玉裁，清史学科奠基人孟森，语言学家赵元任周有光，实业家刘国钧，雕刻家沈逢吉，数学家华罗庚，书画家唐驼、刘海粟、吴青霞、谢稚柳，华东师范大学首任校长孟宪承，诗人徐志摩之妻陆小曼，影后周璇，著名导演、剧作家阿甲、洪深、吴祖光，医学家吴阶平，马克思主义史学家吴泽，世界史学者钱乘旦，文物保护专家谢辰生，中国资源卫星工程应用系统总设计师兼总指挥吴美蓉，前北京市委书记、北京奥组委主席刘淇，微软中国终身荣誉总裁

壹章　曙光初照　江水东流

唐骏和作家蒋怡,等等。

笔者写的人物印刷泰斗柳溥庆、柳培庆和糜文溶也应在其中。

综上所述,谦虚谨慎的常州走出来的人才,都是清一色的非常文人,曾两度担任中共最高领导人的瞿秋白,是典型的文人;就是一身戎装的恽代英也是大文人,36岁牺牲时已留有近300万字的著述……

当时的青年才俊柳圃青与同乡吴稚晖和瞿秋白都有很深的交往,也是因文而生。

越说越像,常州人才群体中的个体真有非常相似的书卷气。正应了一句话:"一方水土养一方人"。性格脾气决定了常锡文戏《双推磨》"推啊、拉呀"的情景,而没有舞刀弄枪,常州好像没有出过武夫,这一类文质彬彬的书生文人写下了一段段有学术建树的社会历史。

"柳圃青们"也应该就是这样的容貌、谈吐和举止——人不十分高大但眉清目秀,交往都以先生相称,不常往来却心存对方,客客气气君子之交淡如水,不勾肩搭背称兄道弟拍胸脯;他不说脏话粗话,最重的语气仅"岂有此理"而已!

初 到 上 海

人类学家对各个地域的人们做了田野调查,亚热带季风气候带的人物最能奋发图强,太寒地方难以出产,太暖的地方人又太懒,缺乏动力。可是苏南一带的就不一样了,要么书卷气十足,要么积极肯干,投身工业技术领域、从事技术工艺的人们不少。

宣统二年,也就是1910年,经唐驼推荐,柳文相到上海中国图书公司任校勘书记。越二年,也就是1912年4月,他接全家来到上海。

"呜……"一声长鸣,车轮滚滚。告别旧有体制,走向新世界的开端吧,不再是乘运河—苏州河里的嘭嘭船,而是从常州坐新世纪的蒸汽火车,与全国各地主要是江浙一带的移民浩浩荡荡奔向上海,在圃青面前翻开崭新的一页,时年13岁,在辛亥革命之后。

20世纪初的上海早晨,在高楼洋房的相衬下,旧式弄堂还是有点"都市里村庄"的意味,弄堂虽小,五脏俱全,前门出家里,后门进学堂。

石库门房子乃江南民居之改良,与江苏靖江——本传记主人公在常州的祖屋居所相差无几,黑漆漆的大门楣上点缀着拱形山花和西洋的石刻花纹浮雕,门上一对铜制门环,昭示中西合璧都市之风的特定样式。进得门来,可见天井、客堂、后天井、灶间、前楼、后楼、亭子间、晒台和二层阁三层阁。囿于地皮紧张,连排住宅里天井庭院的面积缩小了,院中井水、自来水并用,弄堂里有诸如马桶车之类载走生活垃圾和排泄物,不影响地下水的卫生,形成自然环保的生态环境。人们黎明即起洒扫庭除,鸡犬之声相闻,炊烟萦绕其间。

清晨,从上海南市的一条弄堂,走出一位穿长袍马褂的中年人柳文相,带着一个孩童匆匆赶着去上班,孩童就是本书主人公柳圃青。文相公与大量涌入上海的移民有所不同,是顶了秀才举人的光环,由同乡至亲唐驼先生举荐踏进中国图书公司印刷厂做校勘。那时节,文盲遍野,像他这样举人秀才的大知识分子,极为稀罕,众人都以先生尊称。他在图书公司的写字间里,校勘经史子集、明清传奇、外来著述,以及新思潮文章,此时已有3年。

和国内其他地区商业繁荣的城市发展进程不大一样,上海兴旺异常之处,主要是华洋杂处、人称"国中之国"的租界地。世界上新潮的流行物,不出3天,便会在上海租界内亮相,沾了点洋气转过身来的"上海人"也莫名地自大起来,不管是谁,都喜欢把这里以外的普天之下都叫乡下,把外来人员都叫外地人、乡下人。一时间初到上海的移民,先期不大敢住租界,一般先在闸北、虹口、杨浦、浦东、南市等租界四周国统区的地面上住了下来,这些地区的房租比租界便宜,平民百姓穷人多,洋人少见。文相公在位于九亩地的中国图书公司上班,全家就租住在南市区小南门复善堂街。

此时的上海发展势头正劲,人口已呈几何级数增长,到20世纪初上海已拥有人口108万。接下来,1910年近130万,1915年达200万——其人口增长的速度,在世界城市人口史上亦属罕见。上海人口增长,不是靠自然增长和辖区的扩大,而是大量外来人口迁沪所致。外来人口猛增,农村的破产和战乱等外因是次要的,上海城市近代经济发展才是主要原因。19世纪80年代后,劳动力密集型的近代轻纺工业崛起需要大量的劳动力,使得上海很快成为中国最大的通商口岸、商业繁荣的消费城市。

多子多福　负担加重

这一家子随迁徙大军来到上海,也为上海的人口增长做贡献,其时没有"计生办",多子多福,文相公生育抚养的10多个子女中,有8个长大成人,除了继女,7个子女名字最后一字都叫"青"。

青者,春来也,充满希望。他希望子嗣们青出于蓝而胜于蓝。

原配刘氏生圃青、培青、逸青、长青,续弦严氏生默青、光青、瑟青和志良(继女)。

在充满希望的同时,当然也有生活重负的一丝丝苦涩。

子女年幼,接不上力,人口多,负担重,从他给儿子取名中可以体见他的担忧。四子名默青,默即末,希望是最"末了"一个儿子;五子取名光青,希望后面不再有孩子,光光的;六子瑟青在出生前拟取名耆青,意思是自己老年得子,也还有希望儿子长寿之愿。不曾想,六子出生前晚,文相公梦得仙女在琴瑟仙乐声中送一小儿下凡,使他惊喜万分,因而第二天幼子出生后,他更改了原定名,取名"瑟青"。改"耆"为"瑟",有纪实之意,也是在苦涩中获得意外惊喜后改名,取琴瑟和鸣之意。

图1-5　柳圃青之父柳望岑
　　　　(字文相)之肖像

文相公本来想多做多赚来养家糊口。上海赚钱的机会也多,市面发展如日中天,世纪之交新式学堂兴起,新思潮风起云涌,教育、教材、出版、印刷,也发生了翻天覆地的变化,改版教科书、练习册和诸多印品,使印刷行业从业人员忙得不亦乐乎。文相跟不上工作节奏,他做事认真,校对的活儿又无法快速,薪金上不去,这时的大上海已是"米贵而居大不易"。无奈之下,长子圃青就成了主要倚重的首选,在他年幼还是个孩童时,便休学去当学徒。次子柳培庆(培青)也入厂作了艺徒,学习制版雕刻技术。长青和默青后来也做与印刷有关的工作。

印　刷　启　蒙

如果说,走出家乡来到上海,是迈向工业文明的一小步,那么,投身印刷接触

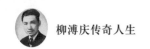

知识技能,则是本书主人公走向世界、走向未来的一大步。

文相来到上海,正值辛亥革命前后,他在中国图书公司工作。在这段时间里,他接触了许多新的著述,严复、魏源、容闳等的宏论雄文,都渐渐进入他们的视野,其实业救国的观点自觉或不自觉影响了少年柳圃青。

文相发现儿子对图文并茂的书籍感兴趣,尤其是对火车、轮船、机器一类爱不释手,经常自己拿笔专心描摹。因为圃青上过私塾,又完成了高小学业,已有相当的阅读能力,便借得图文并茂的《海国图志》给他看。《海国图志》将世界上尤其是西方现代社会的先进科技做了详尽的介绍,给圃青以耳目一新的感觉,外面的世界更精彩,对机器等的兴趣,使他收起了香烟牌子(以表现传统民间故事的画为主题),不玩了,放下花鸟的图案纹样,开始对轮船、火车、飞机、大炮等的向往。

中华民国建国初期,孙中山先生提出了实业计划。

实业计划是指粮食工业、衣服工业、居家工业、行动工业和印刷工业五种,即衣、食、住、行加印刷。衣食住行的重要性,不言而喻,谁都有切身体会;印刷工业的重要性位居第五,却未必人人都清楚明白。

因而,孙中山先生提倡的实业计划中的印刷工业指向,令人感到新鲜惊奇,从此使人对印刷业刮目相看,开始认识到其对传播思想和知识、包装产品、广告装潢的重要性,属朝阳产业。文相公对自己和儿子在图书公司工作,是印刷业中的一员,感到光荣和欣慰。

民族资本主义的有力发展使得城市化进程加快。民国初建,上海的实业集团纷纷成立,开工厂商场、设银行成为风气,出版印刷行业成为仅次于制造业的第二大产业。民族资本主义的经济力量在短短的几年内就有了显著的增长,无产阶级队伍也迅速壮大起来。柳圃青与大量的童工,渐渐成长起来成为纯正的产业工人,成为一个阶层,中国的无产阶级在这里登上了历史的舞台。

上海南市老城厢小南门复善堂街,是他们的首居地。

见父亲天天去印刷厂上班,下班回来还带着校勘的稿件。一天,小圃青问:"爹爹,什么是印刷术?"

面对儿子的问题,文相公拿起了桌上的文房四宝做比喻,他用微湿的宣纸蒙在印章上,用墨打拓——

"你看,印出来的是黑底白字,就像碑帖一样。黑底白字不如白底黑字醒目,

壹章 曙光初照 江水东流

还费墨,因此要把印章的阴刻,改成阳刻,但要反写,在字版上刷墨再转印到纸上。这拓石的方法又刷又印,就是刷印,就叫作印刷。你听明白了吗?"

印刷出版业当时在上海得到了空前的发展,是充满希望的新兴产业,文相公就这样开始对儿子的启蒙,为圃青在12周岁入行印刷打下了基础。

铸 字 童 工

然而,后来有一段时间文相公对自己的决定懊悔不已。

1913年底,在上海南市陆家浜平民小学读高小一年、才满12周岁的圃青迫于生计,作为长子分担父亲的生活重担,为助父养家糊口,同意辍学,由唐驼介绍,进中国图书公司印刷厂当了铸字童工,勤学苦干起来。还是一名儿童的圃青,投入了上海工业社会,在工厂的大熔炉里开始体会到时代的气息、新思想的感召。可是,工作中一不留神,他的双手就会被铅字烫伤。

这位日后成为印刷泰斗的人物,是在童年时,从印刷行业的第一道工序铸字开始学习入行的,他日后对印刷的全面了解,起源于此。

小铁勺在木柴火炉上化铅,把铅水慢慢倒入装好字模的翻字盒内,待稍加冷却后,再把所翻的铅字取出来,将铅字周围用手工磨平,才能使用。铸铅字的模具是用铜做的,铜的熔点比铅低,在模具里的字是正字,铸出的铅字是反字,再印到纸上就又是正字了。当时铸字是比较危险的工种,气味有毒,硝酸有腐蚀性,还经常要用手拿刚铸出的滚烫铅字,铸字工人的手上都长出了一层厚厚的老茧。因铅字需用量很大,铸字工人要昼夜开机生产,日复一日,年复一年,整日烟熏火燎,其艰辛可想而知。

看到爱子娇嫩的小手被灼伤,母亲刘孺人痛心不已。她出身书香门第,曾随其任塾师的兄长读经文史书至14岁,熟知许多历史人物,也会讲很多历史故事,尤善女红刺绣缝制,在绸布上绘花鸟虫草山水,挥洒自如。家人所需衣物及被面枕套,皆由她亲手绣制;其手工绘画、缝纫技艺知名乡里,她是3个儿子最早识字、写字、学文化与走上美术工作道路的启蒙老师。

"学什么不好?非要圃青学做这个苦差事!"

见母亲埋怨父亲了,孝顺懂事的小圃青马上安慰母亲说:"妈妈,铸铅字不很疼,没关系,这个工作能让我学到许多过去不认识的字。我一边干活,又能一边学习,蛮好的。"

圃青随即提出一个新的愿望,学书法。父亲说:"在武进时,我想让你学颜体

图 1-6　柳圃青之母刘孺人之肖像

颜真卿楷书,可是家里没钱买颜体拓片。现在来上海,见到了唐驼姑父,他的书法那么好,他缮写的课本受到了学校老师、学生的欢迎,我很想让你拜他为师学习书法。"

儿子的正当要求,当然获得了父母亲的赞同。

论亲戚辈分,圃青的祖母郑氏与唐驼的母亲郑氏是亲姐妹,按理他应该称呼唐驼为表叔,可是唐驼娶的妻子又是文相公的郑氏表妹,是圃青的表姑母,随之便称呼唐驼为姑父了。

唐驼,我国近代印刷业的开拓者,沪上著名书法家,原名成烈,字孜权,后改名唐驼,号曲人。他与沈尹默、马公愚、天台山农被合称为民初我国题额写匾的四大圣手。而他又因缮写了被誉为中国"百年语文第一书"的《澄衷蒙学堂字课图说》,在20世纪初闻名全国。这套课本也是小圃青童年时代看到的最精美、最喜欢的语文读本。

1900年,唐驼应上海富商、慈善家、澄衷学堂创始人叶澄衷先生(1840—1899)之请,以楷书缮写了该校自编的8册(4卷)语文课本——《字课图说》。

该套课本为博古通今的学堂校长刘树屏先生(1857—1917)倾力编撰,它也是中国有史以来第一部由学校编撰的语文教科书。课本中,古今文化内容丰硕,选字精准图文并茂;请唐驼写的课文都用正楷书,共3 291字,字字遒劲挺拔、潇洒秀逸;请苏州民间画匠画课本中插图762幅,幅幅有《点石斋画报》风格。1901年课本出版初期为石版印刷,印制精美,尤其是以楷书缮写课本,较此前几百年一直用仿宋体字排印的课本,字体笔画结构更加清晰明白,便于孩童学习,令人耳目一新,备受各方赞誉。该课本在两年中再版了10次,仍供不应求。

由此唐驼和印刷业接触频繁,他深感国内印刷技术之落后,曾两次自费赴日本学习印刷技术3年。回国后与富商孔祥熙、李平书在1909年创建了中国图书公司,他负责印刷工作。1914年该公司不幸被大火焚毁。其后,他被中华书局聘为该局印刷所副所长。

正是他的远见卓识,为印刷界培养的沈逢吉和柳溥庆指明方向。

壹章 曙光初照 江水东流

做工以外的书画艺徒生涯

一天,柳文相带着儿子来到了唐驼家。

唐驼见了圃青,只见小朋友长得五官端正,眉清目秀,两眼炯炯有神,唐驼先生颇为喜欢他,说他英气聪颖,所读之书,过目成诵,必为栋梁之材。圃青有家学熏陶,生活艰难却不失其志。

这位留过东洋的沪上书法大家,面对圃青这个勤奋好学的小至亲提出的学书法要求,内心充满了喜悦——

"天将降大任于斯人,必……这个道理,你学过吗?"

"知道,天将降大任于斯人也,必先苦其心志,劳其筋骨,饿其体肤,空乏其身,行拂乱其所为,所以动心忍性,曾益其所不能……"

图1-7 书法家唐驼之铜版肖像画

小圃青一字一句朗朗地背诵着。

"是啊,这是孟夫子的至理名言啊,"唐驼来回踱步。"吾爱孟夫子,风流天下闻。"他拉起小圃青的手:

"听好了,圃青,学会用毛笔把楷字写好,不是易事。人家夸我是书法家,请我缮写课本,是因为我通过苦学,继承了我国历史悠久的优秀的书法艺术传统。我从5岁起,每天早上4时起床写字,寒暑无阻。少年时,我把能得到的王羲之、欧阳询、颜真卿、柳公权等历代书法名家的楷书字帖,每本都从头到尾认真临摹了几百遍,直到自己写的字与字帖上的字相差无几。我写楷书几十年,因坐姿不正,把背都写驼了,才写出独创一格的唐体字。要知道,学好书法是个要坚持长期认真练习的苦差事,你是有专业工作的孩子,做好铸字工作是你的本分,你应该努力把自己工作学好做好。愿意学书法是好事,我可以收你为徒,但不要求你花许多时间去学。你能懂得字的结构整齐匀称,笔画端正清晰,写就的书法,让人家愿意看、能看清就可以了"。

少年圃青认为唐驼先生言之有理,便把学好做好印刷技术工作,视作本分。每天只利用业余时间认真学写一两页唐体楷字。

民国初期，唐驼写的楷字尚未印成字帖出版。为教书法，他在书写时，常要圃青站在一旁观摩。他还经常写几十个楷字送给圃青，让他在家临摹。

1921年后，在圃青的工资能允许为自己买颜体字帖时，他就开始从头学写颜真卿的书法了。他认为在自己多年写字的基础上学写颜体字，可以学得更像、进步更快。

唐驼还是不鼓励柳圃青主攻书法，是因为他发现圃青是个可以培养成印技人才的好苗子。

1913年，唐驼将他在中国图书公司发现的第一个可培养的人才沈逢吉送到日本，向著名雕刻大师细贝为次郎学习铜版雕刻技术。他想为几年后不再委托外国、自印钱钞证券作人才和技术储备。这会儿，他又发现了这个比沈逢吉小十岁的娃娃圃青，也可以成为日后的印技人才。他早听表兄文相说过，圃青四五岁起跟母亲学画虫鸟花草、跟父亲读经书、学写楷书，又在上海新办的高小读了一年新书，识得三四千汉字。小小年纪，能读会写，画什么像什么，又聪慧好学，有上进心，多好的小苗苗！他心中暗暗自喜。

他想到，正因为圃青在铸字工作中吃过苦头，可能会有改进工作的要求、想法和动力。这孩子有没有发明铸字机器的愿望？或者他会想，用什么来替代铅字印刷？……一切皆有可能。生产技术就是不断在实践中改造、演进的。

想到此，他又问：

"圃青，我再考考你，活字印刷是谁发明的？"

这难不倒圃青。他马上答道："是毕昇发明的。"他说，最近在图书馆看过中国古代的四大发明书籍。书上记载，11世纪中叶、宋朝庆历年间，毕昇用胶泥压成平面大块，再切成大小整齐的小片，他在胶泥小片上刻字，一字一印，用火烧硬后就成了活字。在有铁框的铁板上用活字排版前，先在铁板上铺一层蜡，将活字整齐排满，加热。蜡熔化了，再拿平板把活字面压平。活字粘在铁板上就可印刷了。印后把蜡化了，取下的活字还能再用。"听说毕昇还用小木块刻成活字排版呢。"

小圃青条理清晰的回答，让唐驼先生满意极了！

"对，可以给你满分！你看我收集的木刻雕版，早先是这样来印书的，每印一页都要刻在一整块版上，印罢，版上刻的字就没其他用处了，费时、费材料。到了毕昇的时代，用活字印刷，是一大进步。开始我们的老祖宗是用胶黏的泥土刻字烧制，容易磨损，如今的活字全部由金属、主要是铅来替代。所以，现在你的任务就是要把铅字铸好，这是做好印书工作的基础。同时我们还要在工作中想办法，怎样能把铅字铸得越快越多越好,能满足多印书、印好书的需要。"

师徒的这次问答讨论,为后来中国第一台照相排字机的诞生埋下了伏笔。

接着,唐驼又开始给爱徒上了堂印刷历史的课程——

"1839年,英国传教士将马六甲英华书院及其印书厂的华文活字和印刷机器,迁往中国香港。从中国香港开始,用铅字印刷了第一份中文期刊《遐迩贯珍》,这是近代中文铅字印刷之始。后来中文铅活字和印刷机器传到国内各地……"

在唐驼先生十分欣赏这位后生小圃青。不久,中国图书公司任美术策划编辑的著名画师徐咏清先生,也在印刷厂一年的观察了解中,发现了小圃青是个可育之材。1914年初,他主动提出愿收柳圃青为徒。小圃青随即高兴地调至图画部工作学习。徐咏清是上海第一代水彩画家,他从上海土山湾西画的摇篮里成长起来,将西洋绘画和上海本土审美习惯结合进行创作,开过水彩画馆,教出诸多学生,其水彩的表现清新脱俗,称誉沪上。能有如此高水平的老师收自己为徒,小圃青兴奋不已。

图1-8 水彩画家徐咏清之肖像

不料当年中国图书公司遭遇了特大火灾,印厂被毁、公司破产,不能继续营业。由唐驼先生联系,徐咏清先生与文相公带着小圃青一起转入上海的商务印书馆工作。文相公仍任校勘;小圃青在图画部继续跟着徐先生学画,边学绘画边为老师的封面设计和插图工作打下手,前后学了5年,直至1919年。

商务印书馆的文化启蒙

商务印书馆位于上海市公共租界北面的闸北地区。在馆址前不远处,一条从华北到上海的铁路,由西向东穿过市区,到此为终点。1908年在此建成的上海火车站,当地人都叫北站。铁路南面与轨道平行的天目路,是中国人的地界和租界的分界线,商务印书馆离车站不远,就在沿虬江路往北的宝山路旁。

建于1897年的商务印书馆是中国出版业中历史最悠久的出版机构,创办10多年后,该印书馆就开始为全国大、中、小学编写出版各类教材书籍,编辑《辞源》等大型工具书,译介世界学术名著,整理出版我国重要的古籍,出版我国古代与近现代文学作品,编辑《万有文库》《大学丛书》等大型系列图书,拥有《小说月报》《东方杂志》《自然界》等各科杂志数十种;还创办了藏有46万册藏书的东方图书馆,创建了尚公小学校,制造教育器械,拍电影等。她是中国现代出版业的开始。在印制业务最繁忙时期,全馆职工有3 000人!因而在20世纪初,商务印书馆与北京大学,同时被誉为中国一南一北的近代文化的双子星!

商务印书馆是国内人文和各科学者专家群英荟萃的地方,新世纪新气象,封建去了、共和来了,到处是求进向上的学习风气,不管哪个阶层,都在鼓励人们努力在走向世界的气氛和环境中勇攀高峰。

圃青比较早的独立生活工作,从做童工开始,父亲带着他去上班。

"妈妈,我明天自己去上班。你帮我做只书包——不,工具包好吗?"

妈妈用劳动用的帆布对折缝成包,把两根带子装好,好背也好拎。圃青说是去上班做工,包里全部是杂志报纸,下了班还要赶场子去读书。少年圃青在当铸字徒工时感到已有的私塾底子是不够的,他要在现代教育高小程度的基础上,扎扎实实地学习数学和英语,于是就在中国图书公司办的夜校学习国文、英文和数学。转入商务印书馆工作后,馆内设有青年励志会办的夜校,他便继续每晚上夜校学习中学的文化课程。后来为学习英语,他又转至上海青年会夜校学习。两个印刷机构都为他创造了良好学习条件和环境,满足了少年圃青如饥似渴地学习愿望,使他得以完成中学的文化知识学习,为日后进一步学习深造,打下了扎实的文化基础。

在政治思想的启示受教方面,年轻的圃青更是非常幸运,起点极高。在馆内接触的全是最为先进的思潮、运动和顶级的老师。五四运动前后,陈独秀、邵力子、陈望道、恽代英、茅盾等先后在商务印书馆聚会。俄国十月革命的一声炮响,给苦难的中国民众送来了马列主义。不久馆内就成立了马列主义学习小组,人们第一次听说实现共产主义是人类最伟大的理想;无产阶级只有解放全人类才能最后解放自己。《新青年》振聋发聩,唤醒民众,圃青的心扉被打开了——

"国人而欲脱蒙昧时代,羞为浅化之民也,则急起直追,当以科学与人权并重。"

年轻圃青的心中不时涌起投身变革洪流的冲动。

《新青年》的政治导向孵化理想

回顾几年前的中国,在辛亥革命以后,封建枷锁被打开,全体国人跌入一个完全陌生的社会环境,然而新旧杂存,军阀当道,社会往何处去?

《新青年》杂志所倡导的科学和民主,仿佛指引着方向,有了各种各样的理想。上海的租界,成为理想的孵化器,在这个兴旺异常的"国中之国",这个特殊的地方,只要努力,愿望特别容易得到实现。

在1914—1918年第一次世界大战以及之后的一段时间里,中国的民族工业发展的最好机缘出现了——各国对华输出的商品骤减,同时对中国的原料和部分商品的需求量增加,这就使中国市场稍稍出

图1-9 《新青年》杂志的封面

现了一些空隙,客观上为民族资本的发展提供了机会。打仗时外国大肆发展军工,大量需要面粉加工和纺织,中国在提供出口时,也拉动了内需。

印刷等行业也概莫如此,中国人有了经济实力,如商务印书馆1903年有日本人49%的投资,1914年就收回了他们全部股份。其时国民的民族意识空前高涨,大家看到了希望。国家富强在于发展工业,在有知识的印刷工人中间成为共识,圃青是个佼佼者、清醒者。他忙于工作,急于学习,在参加革命活动的同时,不忘努力掌握先进技术,以报效积弱多难的祖国。

然而,在社会的上层,封建余孽作祟,屡屡上演复辟之闹剧,内部争斗不止。直皖奉军阀混战,城头不断变幻大王旗。对外则弱国无外交,中国明明是战胜国,却被迫签订使日本替代德国在山东的权益的二十一条不平等条约,给人民当头浇了一盆冷水。反日反袁又起风云,圃青置身其中,上街游行。

一张名叫《时局图》的漫画,清晰呈现在面前,国人无不感到震惊,它叫多少有识之士,拍案而起励精图治,全民从昏睡中苏醒,正是从这个时候开始,中华民族才真正开始有了忧患意识——世界列强要瓜分我中国啦!

这是戊戌六月,谢缵泰感慨时事,特绘制《东亚时局形势图》,以警世人。

图1-10 漫画家谢缵泰绘制的《时局图》，描述了中国被列强欺凌的情势

图中以熊代俄国、犬代英国、蛙代法国、鹰代美国、日代日本、肠代德国。其旁题词曰：

"沉沉酣睡我中华，哪知爱国即爱家！国民知醒宜今醒，莫待土分裂似瓜。"

中国社会当时的主要矛盾就是民族矛盾！亿万中国百姓急切盼望有自己的民族英雄来拯救民众于水火！现实一次次告诉人们，就是岳武穆、戚继光在世，也抵御不了洋枪洋炮。

鸦片战争后，帝国列强日益疯狂欺凌我中华民族，致民不聊生，国将不国。除了沿海、沿江少数城市的经济呈现畸形繁荣以外，中国广大地区特别是农村的经济都濒临破产，外国帝国主义和中国封建主义的联合统治，导致近代中国经济的落后和人民的贫困。

1900年是中华民族苦难更加深重的年代，封建社会的统治者腐朽没落透顶，竟然从顶层煽动民众"反洋扶清"，愚弄百姓用冷兵器和血肉之躯与洋枪洋炮开战，仅在这一年里义和拳风生水起如昙花一现，最后自生自灭，使灾难深重的中国雪上加霜。

惨痛的教训，让国人对清王朝的失望到了极点，盼望民族出英雄，不拘一格降人才，要的就是追求民主法治和科学技术的人才，好实施实业救国、科技兴邦的建国方略。以西方为师，学习西方的工业科学技术，成为有识之士和圊青等热血青年融化在血液中的行动，一时成为时尚。

声援五四运动

圊青随着人流，走在游行的队伍里。五四运动先有学生罢课游行，再引发了罢市，工人上街罢工。"三罢"冲破了租界原来不准游行的规定，示威游行队伍从老北门出发，沿河南路直冲法租界和公共租界，路过民国日报社时，邵力子等人在二楼阳台向游行队伍招手致意，行至南京路，演讲者跳上准备好的板凳，振臂疾呼：

"同胞们，刚刚结束的巴黎和会，我们也以战胜国的资格，想要回我们的权益，结果怎么样呢？中国失败了！我们提出七项要求，统统被驳回，倒过来从德国人手里收回的青岛胶州湾给了日本……丧权辱国、丧权辱国啊！"

圕青陷入沉思，是啊，我们中国是加入英、美、日、法、俄、意协约国参战，对德、奥同盟国宣了战的。等到巴黎和会，协约国更像强盗，在中国的土地上分起赃来。想到这里，他攥紧拳头，自言自语说："非把这些外国强盗统统赶出去不可！"

"同胞们！我们为什么做不到呢，北洋政府和满清政府同样昏庸无能呀！"

"我们太弱了，呜呜，我们打不过他们呀！"演讲者乃一介大汉，撕心裂肺地哭喊起来。

众人高呼"内惩国贼，外抵日货""怎么办，怎么办？我们要团结起来，上下一心，中国睡狮醒来吧！在北京已经举行示威游行，抵制日货，火烧赵家楼，全国各地也行动起来，声援京师……"

在游行队伍中，圕青听到一位老者在说：民心可用啊！

《民国日报》1919年6月10日报道民众拥护学生游行的爱国之举："谁无子女，宁忍见此，彼威势凌人者，岂孤独无告乎！"

从少年到青年，在多年自身要求革命和环境氛围促进革命的熏陶下，年轻圕青已经认定：被帝国列强任意欺辱的旧中国必须改造，要进行社会革命、科技救国、实业兴国，学苏俄革命，将马列引入中华大地。一批有识之士迅速行动起来，在上海结社办出版，提出唤醒民众的计划。"没有上海新思潮，何来五四运动"？文化出版传播的力量，可见一斑。

有了出洋留学的想法

1919年五四运动后，圕青加入了留法勤工俭学会，每晚学习法语，为走向世界做准备。可是此事却遭到老人家的强烈反对，文相公恪守古训，对儿子出洋留学的第一反应就是，父母在，不远游，何况是去欧洲那么远的地方。他认为，在上海完全可以学习技术安身立命，为什么要参与国外的活动，有道是：君子群而不党。在他眼里长子应该是襄助自己的帮手，早点成家立业，是光宗耀祖，也是兄弟姐妹的榜样！

对长子的活络心思，文相公还要责怪表弟唐驼。他去日本学印刷也挑起了

柳溥庆传奇人生

圃青留洋的念想,使得圃青也心怀梦想,不达目的誓不罢休。

柳唐两家,应该说是亲上加亲——关系复杂,情感更复杂。

圃青的表姑妈郑氏,一生食素,与人无争,她与唐驼婚后育有一子一女,活到60岁去世。二姨太与唐驼育有一子二女。唐驼45岁那年,又纳三姨太。郑氏夫人与二姨太都去世后,圃青才从欧洲学成归来,孝敬唐驼到其1938年去世。之后,三姨太自愿留在唐家抚养二姨太的三个子女,圃青仍是每月继续送去30元,助她赡养唐驼后人(这是后话)。

也是为了知恩图报,圃青的母亲刘孺人同样以自己的辛勤劳动,逢年过节到唐家帮佣。1917年初夏,她带病去唐驼家过端午节,帮做家务一个来月,因劳累过度,回家后两天就身体不支,猝然离去。故去那年她才48岁。

圃青素来孝顺,17岁时慈母去世,他更感到父亲持家不易,不敢惹父亲生气。他知道父亲不支持他去法国留学,只得将所读法语课本上有关法文的信息掩去,对父亲只说是学习英语,是为了看外国资料。正巧1920年美国印刷技术专家海林格(L. E. Henlinger)先生来商务印书馆传授彩色照相平版术,美国和世界上都通用英语——儿子学习技术如此用功,文相公便不再加以阻挠。

圃青暗中并不懈怠,默默地在为赴法留学做努力。

跟美国人海林格学照相平版印刷术

印刷术的发明使教育得到普及,提高了国人的阅读能力,增进了社会知识传播的机会,这反过来也促进印刷业的蓬勃发展,使上海能够最快、最多获得世界先进技术的信息。于是日本的彩色石印、美国的彩色影印和德国的照相凹印制版工艺先后在商务印书馆"登陆",使印刷品质量大为改观、数量激增。

世界上现代文明的每一次进展,或多或少地都与印刷术的应用和传播有关,可以肯定,印刷术的进步有力地推动了文明进步,先进的印刷印品也成为现代文明的标志。

1920年圃青因为聪明好学兼有绘画和英语功底,被商务印书馆印刷所副所长郁厚培选中,进入美国人海林格举办的印技培训班学习,很快就崭露头角。

原来的彩色照相石印,又称"影印",用于石版印刷,需每色一石版,每一石即印刷一次,印多色,需分版分色套印之,各种彩色图画均可印刷。珂罗版印刷是在玻璃板上涂布一层用重铬酸盐和明胶溶合而成的感光胶制成感光版,经与照相底片密合曝光(晒版)制成印版进行印刷的工艺技术。其技术复杂,印品精良,多用于珍贵图片、绘画、碑帖及文献、照片的印制。

海林格先生教授的是照相平版印刷技术。他用照相机,"咔嚓"一下,将原稿在玻璃片底板上拍摄成正像阴片。就是拍摄时在镜头前面要加放转向三棱镜,这样拍摄的底片是正像,正像底片晒在印版上是反像,印刷品才能是正像。玻璃底片经冲洗、干燥后,要人工修版,制成可供晒版用的原版。这些印刷技能,圃青都学会了。

第二步是准备大型铜版、玻璃板。玻璃板因需直接印刷,厚度在 6～10 mm,并需用金刚砂研磨,使玻璃平面产生细小的砂目,在经清水或碱溶液冲洗、去除杂质后,在玻璃板上涂布媒介剂硅酸钠,以增加玻璃板面对感光胶层的黏附力。

接着,留着小胡子的美国人海林格,围上了工作裙,戴起了套袖,在准备好的玻璃板上涂布感光液明胶铬盐。感光液的涂布一定要均匀,之后放入烘箱烘烤、干燥。

随后是晒版,即将拍摄的正像阴片与感光版密合放入晒版机内,抽真空曝光,使感光版上的感光胶膜因底片深浅密度不同而产生不同程度的硬化。之后,将其放入显影槽内显影,将未受光硬化的胶膜溶解,版面形成不规则的皱纹。经干燥后,即可上机印刷。其法与石版印刷颇为相似,即用皮辊或胶辊在版面滚动上墨,覆纸印刷出清晰的画面。

自古英雄出少年。圃青 20 岁那年在培训班结业时,因成绩优异,被商务印书馆聘为印刷所影印部副部长。在与美国老师并排一起合影的时候,年轻的工人升格当了技师,有了中级职称,并在其后不久,为培养更多印技人才,他又被商务印书馆聘为厂内印技班教师,在馆内传授他向美国技师学到的印刷技术。

在反复学和教的过程中,年轻圃青对照相平版印刷的技术知识,理解更深,运用更加熟练:

从设计原稿、拍连续调阴片、修版、准备玻璃板、涂布感光液、干燥、晒版和印刷等的照相影印技术,圃青学得真传,演示得炉火纯青。

机缘是为有准备的人提供的,准备得如此充分,美国老师的碧眼也放出光来,远道而来的印刷技术传授师倾其所有,手把手教会了东方的用心弟子。

Beautiful,你们学成了!

图 1-11 1920 年，上海商务印书馆聘请美国印刷专家海林格先生来馆教授美术照相平版术，师生结业时的合影
一排左二柳溥青、左三海林格、左四糜文溶

与美国老师并排一起合影的另一侧是糜文溶，他与柳溥庆后来成为中华印坛双璧。

沈雁冰感叹后生可畏

"有一个怪物，在欧洲徘徊着，这怪物就是共产主义"。

梳着分头的茅盾（沈雁冰）在编辑《小说月报》时，常因为临时改换版面式样，自己到印刷所去指点，因此和排字及拼版的工人熟悉了。他认识了文化程度相当高的技术工人糜文溶和柳溥青，在商务这个藏龙卧虎的地方，慧眼识得英雄。

某日，茅盾来到车间——

"溥青，借你一本书，看完立即还我。"

《申报》纸包的书露出长着大胡子的外国人肖像，这位就是撰写《共产党宣言》的作者，只见封面印着：社会主义研究小组丛书，马格斯、安格尔斯合著，陈望道译。

他把这本马克思主义的经典著作连夜一口气读完。几乎一夜无眠的溥青兴奋地去上工，他怀着满腔热血，迎着初升的太阳，走到马路中央。

"共产党人不屑于隐瞒自己的观点和意图……"他把书中的句子高声朗读起来,"全世界无产者联合起来!"

后来,圃青在法国才听到邵力子讲起《共产党宣言》的译制印刷过程:当时是国民党的"文胆"戴季陶拿着日译本,委托《民国日报》主编邵力子找人翻译。邵介绍了陈望道,陈又从李大钊那里找来英译本,躲进家乡花了平素译书的5倍时间,大学者陈望道果然出手不凡,将《共产党宣言》中文本,翻译得铿锵有力,朗朗上口。

"叫那班权力阶级在共产的革命面前发抖呵!无产阶级所失的不过是他们的锁练。"

图1-12 陈望道翻译《共产党宣言》之首印本

当年陈望道将《共产党宣言》译好,随后由陈独秀、李汉俊校对,再交与苏联维金斯基筹款付印。他们在辣斐德路(今上海复兴中路)成裕里12号,租了一间房子,专门建立了一个小型印刷厂,取名"又新印刷厂"。开始承印的著作首版的封面上,有五分之四的篇幅是马克思肖像,这是中国境内第一次在印刷品上出现马克思肖像,也是中国历史上第一个中文全译本《共产党宣言》,共印了1000册。此译本很快传播开来,各地成立了共产主义小组,继而中国共产党在上海诞生。

同孚储蓄会、商务同仁俱乐部、青年励志会的干事

从来就没有什么救世主,要创造人类的幸福,全靠我们自己。

就在此时,青年圃青与许多共产党人一道,接受了共产主义的洗礼。他积极参加了馆内外蓬勃兴起的工人运动,热心公益事业,尽力在经济上为工人群众谋福利。用现在的话来说,就是抱团取暖,形成凝聚力。

政党的活动代表了一个阶级,代表了工人阶级的利益。初期都是以改善生活、谋求经济利益为手段,来贴近民众,为民众服务,提供生活的便利,并开展多

种文化活动,启发工人政治觉悟,从而赢得民心。同孚储蓄会就是这样一个性质的民间组织或者说是共产党的外围组织。

柳圃青在组织指示下,和李克镐、唐崇李于1922年10月,发起成立了"同孚消费合作社",在商务印书馆任"同孚储蓄会"兼"商务同仁俱乐部"(青年励志会)干事,同孚会成立时资本为1 000余元,每股5元,它的前身是商务印书馆的励志会消费合作社,这是上海市第一个"工人消费合作社"。

柳圃青他们起早贪黑,批发蔬菜和日常生活用品,以低于市场的零售价在厂区的合作社出售,方便了忙于上班的一族,靠微薄薪水度日的工人弟兄心存感激。

借用民间信贷的形式,提倡工人团结互助克服经济生活中的困难,来"起一脚会"。人的一生,难免会碰到一些比较大的事情需要集中用钱,吃吃做做的工薪阶层,都是"月光族",很少有多余的钱来支付一些譬如婚丧嫁娶的费用。它的形式是,比如,有需要急用钱30元的人,由同孚储蓄会担保在工人兄弟姐妹中自发组成一个10个人的会,每人每月"轧一脚"拿出3元,放在同孚储蓄会给急需用钱的人,起会者拿到27元后的9个月时间里,与会的其中一个人每月也可拿到27元,根据需要,或者投骰子决定先后顺序,同孚储蓄会监督。这种不用利息,远离高利贷的剥削帮到了工友,因此赢得大家的信赖。

这一切,被已是中共党员(后来组织上认为其在党外工作比在党内更有利)的沈雁冰看在眼里,他把他们介绍给来厂工作的共产党员、在工人中发展党团员的全国印刷总工会委员长兼管党中央机关刊物《向导》周刊的徐梅坤。

上海市闸北区的第一名团员

1921年冬,柳圃青由该馆编辑沈雁冰(茅盾)、杨贤江介绍,加入了中国社会主义青年团。

青年团是由俞秀松组织创立的。一开始青年团改革成立制度,无年龄限制,于是早期的共产主义小组成员均为团员。年过40的陈独秀也就成了俞秀松的部下。青年团的政治纲领是"打倒帝国主义、打倒封建军阀",这是当时中国有志青年为之奋斗的崇高目标。入团要冒被当局杀头之险。他立意革命,在所不惜。他是有3 000名职工的商务印书馆的第一名团员,也是上海市闸北区的第一名团员。

在早些时候,1919年柳圃青在上海美专读书时,同学张德荣每逢他去上课时,走一路谈一路,观点格外接近。途中免不了要谈谈自己的志向和愿望,指点

江山,以及对于时局的看法。当张德荣表达对当局执政的黑暗和对人民所用的酷刑痛恨不满时,圃青便问道:

"你有什么办法解除你的心头之恨?"

德荣很快不加考虑地回答说:"我有办法,去设法弄把手枪,找门路混到他们巢里去,候着机会打死他们,随后逃走,即使逃不掉,他们先死几个,我一个终是划得来的。"

圃青接着答道:"现在不须这样做了,我们要想一个办法,自己不一定要死,而把他们一同消灭。"

德荣抢着问:"有什么办法呢?如果有好办法,那我当表拜谢。"

他说:"我有几个朋友,他们有好办法,你要是愿意,我可以介绍你去见见他们"。从此德荣就参加闸北区小组会议旁听,经数次后,被批准为正式团员。

第一次国共合作时期加入了国民党

1923年第一次国共合作的蜜月期,"你中有我,我中有你"。组织决定让已是团员的圃青加入国民党,在商务印书馆组织第一个国民党区分部并担任执委,开始职业革命的生涯。

商务印书馆是中国共产党在上海立足并开展早期活动的一个"重要据点"和可以依傍的力量。

中国共产党在上海诞生后,最初一直以城市为主要活动场所,走的是以城市武装起义方式来夺取政权的道路。

上海是中国产业工人的摇篮,拥有全国最庞大的产业工人大军。据统计,1920年上海工人达56.3万余人,其中产业工人有18.14万多人。

商务印书馆的职工不仅人数可观——1922年上海总馆职工达3 000余人,1925年增至4 000人,而且多为技术工人,文化素质较高,是"一支有觉悟、有文化有组织纪律性、有战斗力的产业工人大军"。这正是中国共产党要寻找、动员和依靠的力量。所以,中共一成立就把商务印书馆列为优先发动、组织和领导城市工人运动的重要据点。

考虑到商务印书馆职工中印刷工人占绝大多数,且江苏、浙江籍工人占90%以上,中共决定派徐梅坤前来开展"建党工作"。

徐梅坤曾在杭州做过排字工人,到上海后负责组织上海印刷工人的工会工作,同时担任浙江旅沪工人同乡会理事长。他拿着陈独秀的亲笔信跟沈雁冰取

得联系后,就与沈雁冰一道在商务印书馆印刷工人中发展党、团员,筹建工会。以此为起点,中共在商务印书馆内部的组织系统迅速建立。

1921年冬,沈雁冰和徐梅坤首先介绍印刷所影印部技工糜文溶入党,介绍柳圃青加入社会主义青年团。1922年上半年,编译所字典编辑部编辑董亦湘入党。同年7月,编译所《学生杂志》编辑杨贤江入党。1924年,发行所职员恽雨棠入党。

1925年5月,商务印书馆三所一处,建立中共商务印书馆支部,董亦湘任支部书记。1925年上半年,董亦湘和恽雨棠介绍发行所职员陈云入党。

根据各方面资料及老同志回忆,1921—1927年,商务印书馆内有共产党员、共青团员近200名。

陈云后来在谈起自己在商务印书馆的工作时,曾颇感自豪地说:商务党、团、工会组织阵容之强,党、团员人数之多,在上海各产业中居于首位。

在上海美专学习西画

再说圃青在照相平版部修版技术优秀,他不满足已有的技术水平,不像现在的许多年轻人一有本事就要跳槽、要高薪,而是想办法充电、进修,怀有更远大的理想。

图1-13 上海美术专科学校旧址

厂里自然不会放掉人才,找他谈话:

"一样学习,我们同意你在上海学美术,不影响现在的工作,半天做生活,半天读书,去画图,不扣你的工资,还给学费。哪能?"

这等优待,给尚未筹集够赴法费用的他,有了缓冲的机缘,也使他得以在上海美术专科学校学习,为日后出国深造打好基础。

上海美专也是当时的艺术先锋之地,圃青如饥似渴地汲取新知识、新文化、新技法。

校长刘海粟只比圃青大5岁。刘海粟,在中国美术史上也是一个带有争议的人物,这个争议来自内部,多少带有点政治色彩,是一个时代对艺术的统一认知,放在了这一个艺术家的身上,进行评判的结果。所幸的是刘海粟长寿,迎来了改革开放的大好时机。几经周折,高层同意刘海粟在家乡和上海建立以他名字命名的美术馆。当我们要研究20世纪20年代上海美专毕业的人物时,自然要从研究刘海粟开始。

在新落成的刘海粟美术馆4楼,陈列着刘海粟的半身塑像,塑像的背面墙上,镌刻着上海美专的学生名单,笔者寻找到了柳圃青的大名。

作为一所新型美术学校,上海美专侧重于西洋美术教学,当然必须采用西洋美术教学体系和方法。为了有效地进行西洋美术教学,刘海粟先后邀请各学界名流讲课,先后聘请留学法国的傅雷(讲西方美术史)、李金发、李超士、庞薰琹、张弦、江小鹣、周碧初、滕白也、方干民,留学日本的关良、陈抱一、吕澂、倪贻德、陈之佛、陈盛铎,留学英国的李毅士等担任教授或参与配合教学绘画研究所的研究工作。

给他们上课的留洋海归李毅士,也是江苏武进(常州)人士,出身于书香世家,父亲李宝章为清末画家。说来也巧,柳文相曾在李宝章家做过家庭教师,不过其时圃青还小,李毅士也早早出国了。

任上海美术专科学校教务长,同时致力于海派油画创作的李毅士,是清末首批赴西方学习西洋画的著名画家,为我国近代早期西洋画的开拓者、传播者。李毅士1904年入英国格拉斯哥美术学院学习西画。1912年毕业后,为学习西方科学,李毅士又进入格拉斯哥大学学习物理学,1916年回国,应蔡元培之邀在北京大学理工学院任教,1918年又被聘为北京大学画法研究会导师,以后相继任教于国立北京艺专、上海美专、南京中央大学。

给圃青印象深刻的是,李毅士不但擅长油画、水彩画,还兼工国画。他在画

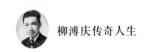

法上广泛吸收中国画的技法,将中西画法有机结合,形成具有中国民族传统特色的西画创作形式。

李毅士学习英国画家的透纳水彩画更见功夫。引进到中国的水彩画与中国水墨画的审美趋同,运用中国水墨画的笔墨技法,结合西画的严谨造型、科学透视和光线处理,精细、逼真地刻画出人物和环境,既具民族特色,又呈写实功底。

他的教学也是中西合璧,"洋装穿在我身上,我心依然是中国心",在人体写生的课堂上,讲起了谢赫的"六法",气韵生动,传移模写,一根线能画准,绝不拖泥带水。西洋画要求画人必先有画人体的功夫,研究艺用人体的解剖学和透视学(焦点透视),把习画者引向科学,给大惊小怪的民众和只重笔情墨趣的文人画一个极大的冲击。写生对临摹画谱,又是一次冲击。

圃青和男女同学第一次面对人体写生的时候,有一些紧张,正处于青年性懵懂时期,见异性解衣宽带的过程,一瞬间觉着有些异样,故用屏风挡住而脱衣服。同学们对于艺术的尊崇,对于自然的敬畏,对于人体艺术的膜拜,加之有纪律约束,未见有轻佻之状出现。全裸的人体出现在面前,画者就把模特儿当成画上和雕塑的人体,当成艺术品,大家忙于作画,因为模特儿隔段时间要休息,休息时模特儿与大家熟悉了也会一起聊聊天。

当人体作品在上海展出的时候,却掀起了轩然大波,连外国人也看不懂,这是怎么了?还因此要出动法警巡捕,保护上海美术专科学校、保护美术展览中的人体和画人体的人,以至于校长刘海粟要去法国领事馆避一下被当时军阀孙传芳通缉的风头。然而以封建礼教为代表的旧文化,终究没能阻挡更开放、更文明、也更宽容的新文明进入中国的步伐,使用模特儿人体绘画艺术,成为美术工作者的必修课。柳圃青为此打好了出国留学的绘画基础。

蔡元培"闳约深美"的学术理想

圃青不会忘记带有常州口音的刘海粟一字一句讲解蔡元培"闳约深美"的学术理想——

你们要有国际视野、跨学科的知识面,有发展的眼光看长远,即为闳;
在博采众长的知识技术中,有概括的提炼,为自己的专长所用,是为约;
至于求实专研,百折不回,脚踏实地做好自己的专业研究,就是深;
只有这样才能够把本专业的事情做得尽善尽美——美,是一个境界啊!
在我们这个贫穷落后的国家,就需要有一大批闳、约、深、美的人才。

刘海粟是这样说,也是这样做的,上海美专走出了一条不寻常的路。

圃青在其中融会贯通了这一思想,先有唐驼的书法圈,商务印书馆的文人圈,加上美专的同学和工厂的革命同志……他的交际面越来越广。

对于政治和艺术品质圃青两者兼而有之,最后没有做鲁迅先生所说的"空头美术家",而是选择了实业救国,专研印刷科学技术,不忘初心,成为上海美专初办时,蔡元培要培养"闳约深美"的人才例证。

他在上海美专的经历,在法国学画的成绩,都被他在出版印刷领域的名气所湮没。多少年以后,当回望他的成就时,他"天然去雕饰"般地成了上海美专的骄傲,成为富有美术素养的资优(gifted and talented)人士,在工业科技界脱颖而出的大师级人才。努力的圃青达到了上海美专提出"造就纯正美术人才,培养及表现个人高尚风格,造就实施美教人才,直接培养及表现国人高尚人格。养成工艺美术专门人才,改良工业,增进一般人美的趣味"之目标。

在西潮东渐,为我实业(工商业)所用的趋势下,民国时社会教育半工半读的办学特点,开了进入社会工作岗位后的职业教育、继续教育的先河。

历时3年,1923年他成为上海美专81名毕业学员之一。圃青后来赴法国学习美术,有了很好的基础,也在上海为宣传革命,他的美术才能得以一展身手。

3年上海美专的求学生涯,认识了杭稚英、李旭丹、张德荣等人;张德荣是位志诚之人,后来又去武汉营救过吃官司的柳圃青。

为纪念集会画列宁像

春寒料峭,一群人从四面八方汇集到上海老城厢小西门。1924年3月9日,由国民党上海执行部及社会主义青年团联合主持,在国民党执行部举行了列宁追悼大会。

柳圃青接受组织委托亲手绘制了列宁画像。根据一本杂志封面列宁的头像,他用8张整开的白报纸,用木炭条起了稿子,然后饱蘸浓墨,画出具有版画效果的列宁像;再把画稿卷好带到现场,用三合板上浆糊涂于画面之背面,拼接起来裱好,悬挂在主席台上。与会代表第一次瞻仰列宁这位伟人的风采。

图1-14 柳圃青手绘的列宁画像

伟大邻邦苏维埃的布尔什维克领袖列宁的去世,震惊了世界,连他的敌人也由衷地赞叹,发出评论:"伟大,可怕,不可及"。

3次见过列宁的瞿秋白,握着小同乡圃青的手连声称赞:"画得好!传神极了,我们的画家同志!"

瞿秋白戴着民国特有的圆镜片,讲话儒雅中透着书生气。他曾以记者身份参加了在莫斯科克里姆林宫举行的共产国际第三次代表大会。在这次追悼会上,他作为亲历者,对当时列宁演讲的姿态和受民众的欢迎度做了详细描述:

"同志们,今天我们在这里共同悼念全世界无产者的伟大导师弗拉基米尔·伊里奇·列宁,他是我们北方邻邦俄国苏维埃政府的创建者。他聪明过人,17岁入克山大学学法律,虽然被学校开除,但在21岁时通过校外自学,以彼得堡大学法律系校外旁听生资格赴彼得堡参加大学毕业国家考试,获金质毕业奖章与大学毕业证书。他意志坚强,开展革命活动坐过牢、被流放,百折不挠,最终取得十月革命的胜利,先成立政府,再组建军队——红军。他的文章、著作和演讲有极强的感染力,每逢列宁演说,台前拥挤不堪,椅上、桌上都站着人,电气照明灯开时,列宁伟大的身影投射在共产国际'全世界无产者联合起来'的标语上,工人群众的眼光,都注视在列宁身上。大家用心尽力听着演说,一字不肯放过。列宁演说时,用极明显的比喻,证明苏维埃政府之为劳动者自己的政府,在劳工群众之心中,这层意义一天比一天明了。列宁末后的几句话,深入人心,就像这幅列宁画像永远定格在我的心中。"

瞿秋白作为"俄国通"陪同陈独秀等共产党人参加共产国际在彼得堡(后移到莫斯科)举行的第四次代表大会,列宁在这次大会上做了报告。瞿秋白从此与共产国际取得联系。

苏联十月革命就是工人的胜利,圃青对此并不陌生,想起在《新青年》杂志上,李大钊写有《庶民的胜利》和《布尔什维克主义的胜利》。再听邵力子接着演讲:

"同胞们,你们知道的列宁就是我们工人农民劳苦大众的领袖,虽然他去世了,但他的精神还在,十月革命之后,俄国的工人农民出头了,当家做主了,我们为什么不能像他们那样?"会场沸腾起来,圃青和工友们把手掌拍红,几百人齐刷刷举起手来高呼,"团结起来!团结起来!"

这是上海较公开纪念无产阶级革命领袖的会议,也是第一次在群众中宣传列宁革命活动,到会的有国民党上海执行部和社会主义青年团30余团体,代表

300余人。

1924年3月9日的《民国日报》发表了"上海追悼列宁大会"特刊。

其时,柳圃青深受感染,他将美术素养用到宣传革命和印刷技术上,将西方的先进技术引进到中国、引进到上海,一直不断地接受着马克思列宁主义的思想,坚定了他的前进方向。

忙于考试和筹措留学的款子

出国留洋一时成为时尚,起先是到日本,因为近,比较方便。后来意识到西洋是东洋的老师,大家转而向西学工业科技。然而西去路途遥远和西方生活费用很高,使寒门子弟望而却步,因此有了半工半读,于是促成勤工俭学运动。

已有之事,后必再有,已行之事,后必再行——太阳底下无新事。所以后人把出国留学看成洋插队,外国人把中国学生留学当成产业来吸入资金。现在的留学生也在当地打工助学。

1924年柳圃青赴法勤工俭学,与许多知识青年一样,在五四运动时期,受新文化运动和反帝爱国斗争的影响,为寻求救国救民的知识和真理,为"输世界文明于国内"而参加社会各界都积极支持的这场运动。

说到长期留学海外,立志以西方之学术灌输于中国,大力倡导教育救国思想,开创近代留学教育的先河,在整个晚清时期唯有中国留学运动的奠基者容闳一人。在容闳整个的成长经历中,一套完整的西式教育对他影响非常深远,基于对中西文化的深刻认识,容闳意识到必须使中国的学生受到同样系统的西方教育,中国才有希望,因此萌生了西学可以救国,教育可以兴邦的信念。"以为予之一身既受此文明之教育,则当使后予之人亦享此同等之利益,以西方之学术思想灌输于中国,使中国日趋于文明富强之境。"可以说容闳较早地意识到知识与教育、教育与国家之间的内在联系,"中国年轻一代应当与我享有同样的教育利益",并成为他毕生的追求。

留法勤工俭学运动,得到时任教育总长的蔡元培的力赞。蔡元培、吴稚晖、张静江、李石曾等有识之士身体力行,有组织——留法俭学会,有计划——在国内有留法预备学校,在巴黎有华工学校,多方面开展教学以培训学生。留法预备学校先在北京建立,并在长辛店、河北高阳县布里村、保定育德中学及成都先后成立。上海在霞飞路247号,设立华法教育会,由前参议长张继任会长,法国驻上海领事魏武达任副会长;2名评议员,一是四川代表吴玉章,二是法国公立学

校校长高博爱；随后成立上海留法勤工俭学会，接待来自全国各地来沪候船的学生，与黄炎培创办的中华职业教育社联合，举办了预科班，为赴法勤工俭学运动的发展提供了必要的条件。

回忆起在预科班学习的情境，圃青记忆尤甚，忙碌了一天的工作，每晚都要来回步行，从闸北宝山里走到现在的淮海路，累了筋骨，换脑子，累了脑子，换筋骨。

踏上勤工俭学运动末班车的柳圃青，为此学法语5年，一直在做着积极的准备，但是最伤脑筋的还是经费的筹措。

柳曾向商务印书馆或中华书局提出借2 000银圆（作为路费和生活费），回国后用工资扣还。唐驼愿做保人，还写了保单草稿。此时，正好靖江县教育局获得省教育厅分给的2个留学生奖学金名额，靖江籍学子有权享受。柳的舅父刘茂斋（其母弟）是该县小学校长，认为柳是靖江籍，可以享受此奖学金，得此信息后便通知柳可去申请，果然获准。所以柳未向单位借钱。靖江教育局在先付2年奖学金600元后，听说柳在法国参加了革命工作，便以此为借口，停发奖学金。

商务印书馆每年资助600元，是希望柳学成归来还要为其服务，他们对圃青的技术和发展前景十分看好。

中华书局陆费逵和俞仲还每年资助600元，这是唐驼（时任中华书局印刷所副所长期间）协调的结果。唐驼大力引进日、美、英、德等国先进印刷机器，并请德国专家传授技术。数年间，使中华书局的出版和印刷事业突飞猛进，教科书印刷占全国十之有三。他寄厚望于柳圃青，并且用自己的影响力为圃青搭建发展的平台。

唐驼身体力行，既研习书法，又研制机器，不断有创新之举。他作为书法大家，在六年内挥毫三万副对联。曾雇用两三人磨墨，但磨墨费时、费力，他竟研究制成磨墨机。20年代末的一天，蓝天白云，银鹰盘旋在上海的上空，突然撒出了万千色彩斑斓写着唐驼卖字润格的小型降落伞，引起万人伫立街头仰望的轰动效应，成为中国广告史上空前杰出的创意。唐驼强烈的商业宣传意识，作为一个书法家在上海有此创举，实属难能可贵。更重要的是他还具备现代工业发展的眼光，发现人才，甘当"伯乐"。

在圃青以后的日子里，感念师恩一直成为他坚持不懈的行动。

由此凭借唐驼的面子和举荐，商务印书馆党团组织的安排及靖江教育局的资助，促成了柳圃青赴法之行。

壹章 曙光初照 江水东流

图1-15 1924年3月,唐驼率领弟子们欢送柳圃青赴法勤工俭学合影留念
一排左起:赵俊、沈逢吉、唐驼、柳圃青、柳培庆、唐六一

老爷子感叹道:兴吾门者,此儿也

事已至此,文相公见留不住长子的远行,只得任其挥手从兹去。

圃青为寻求真理,学习西方科学技术,革命意志亦甫定,但想到此一去远隔重洋,不知何时是归期,望着年迈的父亲,不知不觉悲从中来,洒泪辞别。

柳望岑——文相公开始虽不理解长子的行为,但对他依然充满希望,修订柳氏支谱时说到爱子,对圃青依然高看一眼。

柳氏支谱开宗明义,柳的姓氏,可上溯到春秋时代,说出来的都是知晓度很高的人物,柳下惠、柳世隆、柳公绰、柳公权和柳仲郢、柳宗元和柳永等都是君子和文人。

"柳下惠坐怀不乱",是大家所熟悉的一个典故,这位被孟子赞誉为"圣之和"的圣贤君子,正是中国柳姓的始祖。最早的姓氏要么与受封地有关,要么与地理环境有关,柳下惠是周公之后,鲁孝公的后裔,原来姓展名禽,由于食采于柳下,就改以柳为姓。秦始皇统一天下之后,原居鲁国的柳氏后人迁居到河东,子孙世代绵延,终于成了河东的望族,然后再从这里繁衍到全国各地。当时的河东,是指现在山西省境内黄河以东的一大片地方。

到了南北朝时期的南朝柳家,从刘宋时的武威将军柳世隆开始,世代都是南

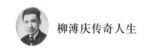

朝的显官,是一个名门世族。

文人更加相近,如唐代有柳公绰、柳公权两兄弟,以及柳公绰的儿子柳仲郢"一门三杰",更让柳氏宗族大放异彩,在中国历史上成为一个著名姓氏。

柳公权,大家都熟悉了,他所写的《玄秘塔碑》流传最广,迄今仍为习字者临帖的范本。

此后,柳姓的名人不绝于史书,像"独钓寒江雪"的古文运动主将大学者柳宗元,以及那位"奉旨填词"风流才子柳永,都是大家所熟知的人物。

文学作品中的典型形象:《柳毅传书》的柳毅、《牡丹亭》的柳梦梅,都是志诚君子。到了近现代,也出了一些名人,颇有意味的是家谱上,文相公能把自己的儿子摆上去,把"肇庆、亚子和圃青"名列在了一起。

柳肇庆,大商贾、汪伪时镇江的自治会长,一个月后辞职;

柳亚子,南社诗坛主,与毛泽东有诗词唱和;

还有一位是柳圃青!

文相公对自己的儿子充满信心,圃青交友甚广,已兼备了多项本领,再去往西方留学,应该是前程似锦。

正是:三岁看老,我儿如此刻苦耐劳,发奋读书,将来不可估量,我的眼光不会错!我的话放在这——

"兴吾门者,此儿也!"

商务印书馆的党小组送行

1924 年 3 月 26 日《申报》报道晨光美术会会员柳圃青、张德荣赴法留学。

此时的柳圃青俨然已是一位人物、一位青年画家,参加的晨光美术会是个有比较大影响的美术社会团体。

据不完全统计,民国 30 余年中,全国各地及海外留学生组织的各级各类美术社团达 300 余个,这在几千年的中国美术史上是绝无仅有的。民国初期的画坛,上承清代"以地别为派"的余绪,以大城市北京、上海、广州为中心,形成了地域性的绘画群体。他们积极举办美术作品展览会,促进了民国美术创作的繁荣。如,活跃于上海的两个著名的美术团体天马会和晨光美术会就多次举办过大型的美术展览会,当时影响甚大的《申报》对历次展览盛况都进行了较为详细的报道,引起画坛和社会各界的极大关注。

新秀出国去世界艺术中心的法国留学,也是一件大事记吧。

壹章 曙光初照 江水东流

为此,中共上海商务印书馆党小组,在商务印书馆内拍了一张合影,欢送柳圃青和张德荣。

图 1-16 中国共产党上海地方兼区执行委员会直属第二小组(即商务印书馆党小组)欢送柳圃青、张德荣赴法勤工俭学的合影
一排左起:张国焘、张人亚、张德荣、柳圃青、徐梅坤、刘仁静;二排左起:糜文溶、杨贤江、沈泽民、董亦湘、恽雨棠

研究者认为:这张照片十分珍贵,是至今为止所发现的上海党组织(也是全国党组织)最早一张党的基层组织——商务印书馆组(1925年5月成为商务印书馆党支部)的合影。

据上海党史记载:1923年,中共党员人数还很少,当时全上海的党组织一共分为4个组:上海大学、商务印书馆、西门和虹口。在商务印书馆这一组中,有早期的共产党员董亦湘、徐梅坤、杨贤江等13人。当时,共产党是秘密组织,极少有像商务印书馆党组织这样为欢送柳圃青赴法国留学的合影,这也说明:柳圃青是商务印书馆党团活动的优秀骨干成员(与张德荣两人皆为中国社会主义青年团团员)。

这张为他们送行的照片当时并不轰动,原因是党组织当时只能进行保密的地下活动。中华人民共和国成立后也不引人注意,因为照片中有后来叛党的张国焘。现在看来这张记录中共早期革命活动的珍贵照片,照片中的9位党员,都是赫赫有名的人物:

张国焘,北大学生,是参加中国共产党第一次代表大会的正式代表之一;

张人亚,是第一届中国社会主义青年团上海地委书记;

徐梅坤,是中共上海地方执行委员会兼江浙执行委员会书记;

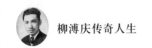

刘仁静，是中共第一次代表大会的正式代表，第二届中国社会主义青年团团中央总书记；

糜文溶，是中共党员，是商务印书馆印刷所的彩印部部长；

杨贤江，1923年加入中共，是商务印书馆《学生杂志》主编；

沈泽民，是沈雁冰的胞弟，1921年加入上海共产主义小组，是第一届中国社会主义青年团中央委员；

董亦湘，是中共商务印书馆党小组长，也是陈云、张闻天的入党介绍人；

恽雨棠，1923年加入中共，是工人运动领袖。

据悉，当时中共上海地方兼区执行委员会直属第二小组（即商务印书馆党小组）除了张秋人缺席，其余都到齐。

组织上的重视，说明圃青在商务印书馆工作时，党员和团员有时组织生活在一起过，茅盾与徐梅坤都在回忆录上写过。

当时茅盾主编《小说月报》，常常因为临时改换版面，自己到印刷所去，因此和排字、排版的工人熟悉，也认识了技术工人糜文溶和柳圃青，两位已有一定文化程度。茅盾把他们介绍给了徐梅坤，商量先在工人中发展党、团员，后来糜、柳两人都入了党。

那时的人们只想着干革命，并不在意是什么身份，圃青就是这样的人。

拿着毛泽东给周恩来的信去了法国

走进慕尔鸣路甲秀里318号，即今天的茂名北路120弄7号，看到的是典型的上海石库门建筑。在客堂间的东厢房，一位比自己大几岁面目清秀的年轻人起身迎客，如后来圃青在1957年看到的《六十年变迁》一书中描写的一样：

毛泽东，字润之，身上穿着一件半新不旧的蓝布长衫，脚上一双黑布鞋。留着长发，身体虽不胖大，个子却相当高，一双炯炯有神的眼睛，注视着访客，圃青取出商务印书馆党小组的介绍信交给毛润之。

"喔，圃青同志，坐，坐。"

"润之先生，我在《湘江评论》上看到过你的文章……"

"喔，这么说我们早就认识。"两人握手，圃青感到对方的手暖暖的，握着颇有力。"莫要称先生啰，就叫同志嘛……"

毛泽东的湖南方言说话声音尖而重，但却刚中有柔，一下子拉近了两人的距离。

壹章 曙光初照 江水东流

"这么年轻的工人阶级,通过了赴法勤工俭学的法语考试,好!……到法国学习印刷技术,好,好得很嘛!"

囤青望着毛泽东,这一面之交,在后来的日子里不断听到看到他的名字,不断加深印象,高山仰止!

润之在北京参与组织湖南同乡赴法留学,送走一批又一批学子——他的好朋友蔡和森、老师徐特立等,他却转身忙着国内的事情。他从北京回湖南,用脚丈量了祖国大地,深入农村,写出了《中国社会各阶级分析》和《湖南农民运动考察报告》。

此时,他好奇地打量这位比自己小七岁的囤青,有很好的法语和美术的功底,掌握印刷技术学徒出身的工人,不曾想日后在新的国家里,会担当法定货币的印钞技术主帅。

这时的毛泽东是中共中央委员,国民党候补中央委员,代理宣传部部长,在环龙路44号国民党秘密办事处任要职,一点没有官架子,而且衣着朴素。

在中国革命的这段历史上,共产国际的影响,国共合作,共产党、社青团,三条线交织在一起,因此,囤青是社会主义青年团团员、国民党党员,共产党内的事也都放在一块做。

其时,1923年6月12~20日在广州刚刚结束的中国共产党第三次全国代表大会上,毛泽东首度进入中央执行委员会,得票数在陈独秀、李大钊和蔡和森之后,进入以陈独秀为首类似政治局的中央局,还被推选为组织部部长兼执委秘书;第一次国共合作,毛泽东在国民党里也担任国民党中执委候补委员职务,2月中旬回到上海,在国民党上海党部工作,国民党的活动在租界一开始还不是很紧张;3月间,以中共中央执委的身份,参加社会主义青年团全会,工作繁忙。

毛泽东第一次在政治舞台上达到前所未有高位,他放下一切,以一介书生从头做起,上山打游击,打出一片天下,让囤青不由得感佩万分。

毛泽东让柳囤青给周恩来带信这件事在党的历史上,似乎微不足道,但研究者认为,对柳个人而言,却是件天大的事,是决定一个人一生命运的大事。

囤青自己也没感觉到,由于有过给主席和总理当信使的经历,冥冥之中,就有了无形的"丹书铁券",佑护了他后来在经历数次政治磨难后,而没有遭受像其他人等更为悲惨的命运。

贰章

融入世界　奔向大海

柳圃青在法国里昂(1926 年)

贰章 融入世界 奔向大海

十六铺码头送别

要走了,而且走得那么远,到法国去做工去学习。

身负另一重任的柳圃青清楚地记得——

1924年3月27日,他将张秋人开的中国社会主义青年团团员的组织关系介绍信、毛泽东开的国民党党员组织关系介绍信、毛泽东代表中共中央局写给周恩来的信件和几份文件包得好好的,用薄木板夹好。他将在毛泽东和周恩来之间当一回重要的信使!

第二天,3月28日,一行21人在上海十六铺码头上船,起碇赴法,唐驼和吴稚晖亲赴码头送别。

这里要介绍一下吴稚晖,中国近代资产阶级思想家、政治家、教育家、书法家,中华民国中央研究院院士,联合国"世界百年文化学术伟人"荣誉称号获得者。他是赴法国勤工俭学运动的倡导和执行者,在勤工俭学过程中,与共产党结下了梁子,以致向当局告密,变营救为陷害,出卖了陈延年,1927年支持蒋介石反共清党活动;同时是放着国民党的高官不做,相对清高节俭的文化人。

图 2-1 留法勤工俭学会的吴稚晖(一排右一)

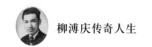

老上海的大码头是十六铺码头,这是上海开埠的象征地。在清乾隆年间,随着海禁开放,上海港处于优越的地理位置,是当时中国东西南北水上航运贸易的联结点,凡是远近贸易的货物皆从吴淞口进泊黄浦到这里,十六铺当时已经是中国最大的港口。

为啥叫"十六铺"呢?是因为在清咸丰、同治年间,为了防御太平军进攻,当时的上海县将城厢内外的商号建立了一种联保联防的"铺"。由"铺"负责铺内治安,公事则由铺内各个商号共同承担。从头铺到十六铺,其中十六铺区域最大,包括了上海县城(后来的南市区)大东门外,西至城濠,东至黄浦江,北至小东门大街与法租界接壤,南至万裕码头街及王家码头街。

后来,上海县实行地方自治,各铺随之取消。因为十六铺地处上海港最热闹的地段,客运货运集中,码头林立,来往旅客和上海居民口耳相传一直将这里称作"十六铺",作为一个地名,这个名称也就沿用到今天。

圃青叫了一辆黄包车拉行李,与两个弟弟一个妹妹,徒步从外滩走到十六铺。外滩,西边高楼林立,有号称万国建筑博览会的现代楼群,东面黄浦江里还有古老的小舢板和大帆船,走过路过,两边完全是两个世界。到了十六铺人更多了,汽车、黄包车、三轮车和专门拉货的"老虎踏车",挤在一起乱作一团。

唐驼和吴稚晖两位长辈看到这位青年才俊,欣喜不已,后生可畏,海水不可斗量。圃青诚恳认真、敏思勤学,在华法教育会,在留法预科班,或在唐驼书斋、徐咏清画室、上海美专写生教室和商务印书馆的影印部,都有不俗的表现。

是金子放在哪里就在那里发光。他们看好柳圃青,他一定会在芸芸众生沉寂一片里成为人中翘楚。

乘阿岛斯号邮轮

柳圃青与以往3 000多位赴法勤工俭学的莘莘学子一样,都是走水路坐船去法国的。

圃青和伙伴登上了"阿岛斯号"。大船启程了,挥手向兄弟和朋友告别的一瞬间,汽笛响了,圃青顿时泪崩,模糊了视线。船驶出了黄浦江、长江,驶过了崇明岛吴淞口,奔向大海。

此处应该有歌声——

啊,念你的精神,你的决心,你的勇敢;

图 2-2　赴法勤工俭学乘坐的"阿岛斯号"邮轮

兴致勃勃的向上,全凭你的奋斗壮胆。
出国去,走东海、南海、红海、地中海;
一处处的浪卷涛涌,奔腾浩瀚,
送你到那自由故乡的法兰西海岸。
到那里,举起工具,出你的劳动汗;
造你的成绩灿烂。
磨炼你的才干;
保你的天真烂漫。
他日归来,扯开自由旗;唱起独立歌。
争女权,求平等,来到社会实验。
推翻旧伦理,全凭你这心头一念。

……

这是先他而去的周恩来赴法勤工俭学时留下的诗篇。

日后诸君看到周恩来的欧体诗,那是怎样的一种豪情涌上心头。当时此刻,周恩来道出的是所有勤工俭学人的心声和愿望:

"大江歌罢掉头东,邃密群科济世穷。面壁十年图破壁,难酬蹈海亦英雄。"

这批国家民族的精英,才情超逸,他们远涉重洋,早已将自己的抱负付诸振兴中华的远大理想和实业救国的实际行动中。

柳溥庆传奇人生

真正的海阔天空

"阿岛斯号"轮船驶离了祖国,在苍茫的大海上,柳圃青不由追忆起往事。祖上历经五世,行医为业,到父亲这一辈仍大有读书入仕之向往,辛亥革命社会转型,他们来到了上海,从此改变了柳氏家族的发展走向,如今他又走向海外,人生轨迹的变幻无法预料了,但宗旨抱定要学成回来报效祖国。

留法勤工俭学学会的创始人之一吴稚晖与著名书法家唐驼来码头相送,寄予厚望,殷切之情难以忘怀。商务印书馆的党组织全体出面,合影留念。青年柳圃青念及自问:我何德何能敢屡次劳驾众位,大家出钱出力友情相送,圃青愧赧之至,心存感激。

还没从依依惜别中走出来,"阿岛斯号"轮船已驶向另外一个世界。

在船上,十几位学子在三等舱餐厅聚会,相互认识过后,大家兴致勃勃各自介绍自己的情况和抱负,一时间,或舱里座谈,或舱外甲板上散步,谈资丰富,海阔天空。

这批同学在回忆当时的时候,都是针砭时弊的"愤青",愤愤不平国中的一切,大家的思维太活跃了,有信仰马列主义共产主义的,有追崇克鲁泡特金—巴枯宁无政府主义的,还有工联主义、国家资本主义等五花八门的主义。至于这些主义的本质区别,谁是谁非,哪个好哪个坏,谁也分辨不清,争论得最多、最激烈的还是如人生观、宇宙观,物质第一性,存在决定意识,中国走什么道路的问题。

脱开了陆地,真正的海阔天空,离开了故土自己的国家,跳到了海外天上,没有禁忌,大家不约而同思想活跃起来。有时为了弄清一个问题,连续辩论好几天,做到了知无不言、言无不尽的畅谈。有的坚决主张无产阶级革命,实行无产阶级专政,反对改良主义,拥护十月革命的道路;有的在国内深受压抑,"万马齐喑究可哀",对科学和民主十分向往;还有的享乐主义逍遥派。哈哈,尽情呼吸自由的空气吧,拿出在本土的禁书分享,船上还有许许多多花花绿绿的报纸、杂志可看,40多天里还可以打打"沙哈",看看电影,跳跳舞……

海上的人权之争

在向往自由民主的航道上,忽然传来不协调的嘈杂声,前去打探的张德荣匆忙跑过来说:

同学们,不好了,法国船老板要把两个中国人沉入大海!

原本以为踏上法国的客轮就等于来到自由的国土,没想到给大家上的第一课,还是要面对如此血淋淋的残酷斗争——原来轮船起航不久,船上的法国大班在船头下舱发现两个逃票者,这两个工人身无分文,也没有护照和行李,不知怎样混上了船。法国船主知道后,下令要把这两个中国人扔进大海……

怎么办?同学们立即行动起来,开始商议如何营救自己的同胞。这批留学生有上海浦东中学的范樱、上海震旦大学的周士礼、上海纱厂的工程师王子宿、后任武汉大学教授的何定杰等。

圃青和大家一致认为船主杀人是犯法的,侵犯了人权,我们应当挺身而出,去交涉制止。

救人如救火,圃青自告奋勇,和周士礼代表大家与法国佬交涉。

走啊,大家涌上甲板。只见两位工人已被捆绑起来,法国船主叼着烟斗,正指挥一些海员,要把中国工人放在吊车缆绳的抓斗上,沉入大海。吊车轰鸣,四周是惊恐愤怒而又不知所措、议论纷纷的旅客。

"Bas ies mains!"(住手!)圃青第一次体会到理直气壮的含义,他也惊诧自己的法语会如此流利,因为法文的指向很难产生歧义。

"尔等无权处置生命,更无权加害中国人,贵国早在1789年就发表了《人与公民的权利宣言》,宣称人人平等,享有生命权、自由权和追求幸福的权利。两位工人亦有生存和出国的自由,没有办护照、买船票而乘坐你们的船,有他们的过错和闪失,即便有错误,抑或有罪,但是,错、罪不至于死啊!"

船主被震慑住了。

一贯趾高气扬、目空一切的法国佬着实大吃一惊,其惊诧程度绝对不亚于德军统帅瓦德西在北京大街上,碰到操一口流利德语的中国女子赛金花拦住他的去路。他根本没有想到船上还有这么年轻的中国人会用法语来与他谈法理,会以子之矛攻子之盾,而且句句击中要害,使他理屈词穷。

"你,什么人?"

"中国人!"

"对,中国人!中国人!"船上游客齐声叫道。

周士礼接着说:"尔等要剥夺他们的生命权是违法的,是对国际人权,对你们国家人权宣言的践踏与侵犯!"

"对!"圃青有理有节,既据理力争,又提出解决问题的方案,"他们因此而给船主造成的经济损失完全可以协商,用别的方式补偿。"

无懈可击,怎么样?——

"你说怎么样!"

被困两人叫道:"我们可以出力做工抵账!"

经过几个回合的较量,加上旅客一致的抗争,法国船主被迫收回成命,最后达成协议,同意让两位工人在船上做工,用工钱抵押,以工代票去法国。

圃青路见不平拔刀相助的大无畏精神和聪明才智,得到大家的公认与尊重,不打不相识,一番交锋,也使得船主另眼相看,邀圃青等人喝咖啡、谈油画。

两位获救的工人后来也成为柳圃青坚定的同路人。

不隐瞒自己的观点

事后,大家围着圃青询问,你作为一名印刷工,怎么会如此娴熟的法语呢?

问到这儿,圃青学习法语的甘苦自知。同学张德荣介绍:

在上海的5年内,法租界霞飞路247号,附设在中华职业学校内的留法预备科,每晚都留下20岁圃青的学习身影,白天在商务印书馆上班,来回要走十多里路,晚上回家后,为了不惊动全家人在十多平方米的屋里睡眠,他在路灯下读课文记单词,深夜12点才进屋睡觉,一早又要到马路边练发音、背课文,挤出可利用的一切时间……

圃青的经历使大家感到人有信仰理想比没有要好,有了追求的目标,才能够有精神力量积极向上克服困难;交友也要和这样富有朝气、正气的人在一起。

周士礼、何定杰和范樱,不约而同地问张德荣:

你们是CCP还是KMT?

是国民党区分部执行委员柳圃青。没有了在国内的禁忌,张德荣向大家公布了自己和圃青的政治身份,他们还是中国社会主义青年团团员。

圃青内心强大,后来的发展,也行高于众、出类拔萃,做了许多政治活动的组织工作。

思想放开了,言论自由了,身体却有点吃不消了——晕船。

云开霾散,船依然在无穷无尽的大海上航行,赴法学子们一般买的是四等舱船票,在甲板最下统舱的上下床休息。风浪起,船身摇晃不止,伴随着烟油味,头晕呕吐吃不下饭。另外,在大统舱里还养了不少活牛,牛粪臭气熏天。天气渐热,当时船上没有冷冻设备,蔬菜又少,带着活牛以备航海途中现吃现宰。每到一地上水加煤，补给供养，可以看到各国的风情。走着走着，又听说这时第一次世界大战结束时沿途水中还有鱼雷没有扫清，很怕船只碰上出事。为防万一，船上给每人发了一串软木塞，作为救生工具。

一时间大家都失语了，晕船的不适，使圃青常常跑到甲板上吹海风。

只有大海叫人看不够。海水一开始是黄的，它夹杂着陆地的尘土，一觉醒来，红日跃出大海，海水金灿灿。渐渐地海水变蓝了，近处是透明的翡翠绿，千军万马排山倒海结伴而来，此起彼伏的浪花，泛着无穷无尽的白色泡沫向船舷拍来，有时海水变黑，有时海水变褐，她是那样的神秘和美丽，又是那样的深邃和宽广！

海涛声中有提琴声飘来，拉的是西班牙作曲家萨拉萨蒂的作品，俄籍小提琴大师海菲兹演奏《流浪者之歌》悠扬的开场。

咪啦嘻哆，嘻啦，哆嘻啦嗦啦……

写诗歌散文抒情，看戏听音乐跳舞享受——年轻的主人公把它们视作诱惑，他认为自己现在没时间去遐想，因为圃青的理想是有实业、有技术，这么多事要做，占据了他内心的全部。他竭力驱散脑中不切实际的罗曼蒂克想法，掩住心中萌动的缪斯种子，把涌上心头的诗句抹平……

实践证明：他的艺术（美术）理想是服务革命，偏向科学技术的，不是为艺术而艺术，包豪斯（Bauhaus）设计学院的实用美术也许更符合他的念想。

踏上欧罗巴，法兰西我来了

回忆往事，当时柳圃青和张德荣他们的目标非常明确，决定到法国先学美术，再学印刷。圃青认为，搞好绘画、印刷的前提是，必须懂得美术，掌握美术。很难想象，一个不懂美术的人会创作出能打动人的、有高度艺术水平的美术印刷作品来。

在海上，渐趋平静的学子们都谈到自己最为实际的打算，后来也证明，这些人成了各行各业的专门人才。

圃青在谈到学美术、学印刷的时候，他又把美术—印刷—宣传—革命联系了起来。命运逆转，他被"不准革命"时，依然用他的技术继续为实业救国、建设新中国服务，后文将再议及。

当时他侃侃而谈，向同伴介绍自己的志向，而不做空泛的议论。

鸦片战争和甲午战争，都以中国失败告终，割地赔银，危机转嫁到中国和我

们平民百姓头上。遭受苦难太多的民众,苦苦追寻着救国救民的真理。中国人要站起来,要摆脱帝国主义和封建主义的统治和压迫,必须团结起来,进行革命,共同奋斗,建立一个老百姓做主的新中国。

然而,怎样革命呢?由谁来领导?信仰什么主义?怎样团结奋斗?要解决这么多问题,要提高人民大众的认识,组织、团结人民大众共同奋斗,一个重要途径,就是进行革命宣传。

宣传的方式很多,我们从事美术印刷技术工作,利用自己的特长,通过绘制各种最适合大众的图画和书刊,作为唤起民众的武器,为革命做斗争。

我们不远万里抛家别业,所为何来?就是要学艺术习科技,学习先进理念,寻找治国良方以救国救民。

大家十分感慨25岁的柳圃青有这样的见地,语言也非常清晰,逻辑缜密,仿佛是一篇赴法勤工俭学的宣言。他是这样说的,将来也是要这样做的。

圃青在旅途也一刻不闲,读书、练发音、背课文,与法国船员交流,利用一切可以利用的时间,看印刷技术书。

日落日出,环绕半个地球的行程即将结束。乘坐的这艘邮船从上海启程驰往法国的海路,途经香港、海防、西贡,绕过新加坡,从马六甲海峡进入印度洋,又经非洲东部的吉布提,之后进入红海,通过苏伊士运河,从塞得港进入地中海,在波涛起伏的大海之中航行了40个昼夜,最后才在地中海西北角的法国南部最大城市马赛港泊岸。

轮船伴随马赛曲缓缓驶入马赛港——

  神圣的祖国号召我们
  向敌人雪恨复仇
  我们渴望珍贵的自由
  决心要为她而战斗
  让我们高举自由的旗帜
  胜利地迈着大步前进
  让敌人在我们脚底下
  听着我们凯旋的歌声
  ……

马赛到了,欧罗巴大陆敞开了胸怀,中国青年学子纵情呼唤:
法兰西,我们来了!

貳章 融入世界 奔向大海

马赛是法国第二大城市,最大的商港,仅次于荷兰的阿姆斯特丹港。那里有石油加工、化工、机械制造、造船、纺织、橡胶等工业,是法国对亚洲、非洲、大洋洲的主要贸易港口。

到达马赛港,设在巴黎的勤工俭学学生会的代表、华侨协社和中国驻马赛领事馆的领事,在码头上接待了他们。在马赛住了一夜,第二天坐火车去里昂学校报到。

1924年5月,柳圃青到达法国里昂后,立即转车到巴黎找周恩来。第一件事就是立即与旅欧支部接上组织关系,柳圃青带着S.Y(中国社会主义青年团)团员的组织关系介绍信、国民党党员组织关系介绍信和毛泽东代表中共中央局写给周恩来的信件等文件,亲自交到周恩来手中。

历史资料表明,1924年2月中旬至1924年8月这段时间,毛泽东担任中共中央局秘书(相当于现在的秘书长,负责日常工作)、组织部部长和国民党上海执行部秘书(相当于秘书长和组织部部长),而周恩来是旅法的共产党支部、共青团支部、国民党支部的主要领导人。

图2-3 1924年7月,中国国民党驻法国总支部第二次代表大会代表合影
一排:左四为王京岐(国民党驻法总支部主席);二排:左八为柳圃青;三排:左二为穆青,左四为周恩来,左七为李卓然;四排:左四为沈泽民,左五为李富春

柳溥庆传奇人生

向周恩来面呈毛泽东和党中央的信

"伍豪先生,国内来人了,上海来的……"

巴黎意大利广场附近,周恩来的住处戈德弗鲁瓦(GODEFROY)大街17号,周恩来在洒满阳光的房间里正在审阅《赤光》稿件。

在异国他乡,周恩来见到国内来的同志,加上柳圃青又是他的江苏老乡,带来了毛泽东代表中央局亲笔写的信函。

"圃青同志,请坐,喝咖啡还是茶?先请等一等。"

恩来走进内室,迅速地看了文件,然后不动声色走出来,他并不说信上的事情,与圃青唠起了家常:在上海住什么地方,商务印书馆和上海美专,等等。

只见兼得南方之俊秀和北方之英武,素有收细腻和豪放于一体评价的周恩来精神饱满,英俊干练,紧紧握着圃青的手,白皙的脸庞鬓角刮得发青,浓密的黑眉毛下有一双炯炯发光的眼睛,在凝神看着自己,全神贯注地应答。

"你来得正好——革命思潮的传播,离不开美术和印刷事业,而美术和印刷两门学科也是密不可分的啊!"

"是的,任何活动,场馆布置,报纸杂志,直到工业产品,有美术设计和没有是大不一样的。"

周恩来与他聊起了勤工俭学要学习的科目和志向。

周说:好的,西洋美术重写实,不应只追寻古代的文人士大夫的品味,只讲究风花雪月山水花鸟画的个性性情。

柳答:对的,中国所缺是西人的焦点透视,有了艺术的参照系数,素描速写油画水彩都可以诠释,将科学引入艺术,故有透视学、解剖学和光色学进入美术领域,西画有完整的理论和系统的学习方法,这是中西方艺术不同的地方。

"好啊,中国美术要走出文人圈的小众,美术宣传革命、服务印刷实业,将来必是为赤色世界增彩。"

"我学欲将艺术引入印刷实业、工业美术和商业美术,上海的印刷有得天独厚的发展条件。"

"柳圃青同志,你是工人阶级中走出来的画家。谢谢你,你还这么年轻。要担当旅欧支部的事情,再请富春同志与你交代。"

周恩来身在巴黎心系祖国,想到马上就要回国,他高兴极了,立即叫上李富春、聂荣臻、邓小平几个人来到他的住处,聂荣臻弄了些葡萄酒,开怀畅饮,倾心交谈。

贰章 融入世界 奔向大海

据聂荣臻回忆:"由于高兴,恩来和大家居然都喝得有些醉意"。

圃青回忆起见周恩来的第一印象,感觉到他有一种罕有的亲和力天赋,磁石般地吸引了圃青,他在心中暗暗称奇。一番谈话,更使他感到:相由心生,帅气的相貌或许是天生的,但是令人倾慕的风采绝对是后天高洁的品德和绝佳的学识使然。

柳圃青的照相机记录了一切,搞印刷和美术离不开摄影。柳圃青的镜头指向,既为印刷工艺服务,也记录下了一段段珍贵的历史资料。在这方面,他真是个有心的人。节衣缩食置下两台摄影机,是德国的察司、莱卡,外带一个三脚架,使拍摄者也能把自己的身影记录在其中。多少年过去了,位居中共和国民党高位的许多人,再从这发黄的照片中看到了自己,都激动不已。回首当初,现在才知道摄影师本身也是一位大名鼎鼎的印刷技术权威。

图 2-4 1924 年 7 月,旅欧中国共产主义青年团第五次代表大会代表在巴黎合影

左起,一排:聂荣臻、周子君、刘伯庄、周恩来、罗振声、李富春、刘伯坚、傅烈、李季达;二排:柳圃青、林蔚、任卓宣、周维桢等;三排:余增生、方至刚、李卓然等;四排:穆青、李大章、邓小平、丁肇青等。合影一个月后,周恩来与罗振声、刘伯庄、周子君三人一起回国

从 1920 年 10 月到 1921 年上半年,中国共产党成立之前,有八个共产主义小组,其中之一有旅法共产主义小组,在巴黎成立。同年 2 月,赵世炎、李立三等在巴黎创建勤工俭学会。7 月,工学世界社与勤工俭学会实现联合。1923 年 2 月,旅欧中国少年共产党在巴黎西郊召开代表大会。会议决定加入中国社会主义青年团,受国内团中央领导,将旅欧中国少年共产党改名为旅欧中国共产主义青年团(中国社会主义青年团旅欧支部),将中央执行委员会改名为执行委员会。

从 1923 年 3 月起，旅欧党、团组织分批选送百余名骨干成员赴苏联莫斯科东方劳动大学和莫斯科中山大学等学校学习。1923 年 6 月，旅欧共青团员 80 多人全部以个人名义加入中国国民党。11 月 25 日，中国国民党旅法支部成立。王京岐任执行部长，周恩来任总务主任。1924 年 6 月，中国国民党旅法支部改名为驻法总支部。柳圃青在周恩来领导下工作。

他们在法国，一起经历了留法勤工俭学运动后期的过程。

摄影记录了中共旅欧史

圃青来法国虽然到了勤工俭学运动的尾声，却得到了一个机遇，有了一个起点，找到一个施展政治抱负的平台。

研究者认为：一定是毛泽东写给周恩来的信起了很大作用。柳圃青当了毛泽东和周恩来的"信使"，说明毛泽东信任柳圃青，周恩来接到毛泽东的信，顺理成章信任柳圃青，因为毛泽东同志信任的人，也就是党信任的人，周恩来是个党性观念很强和极富聪明才智的人，理所当然信任柳圃青。因此，周恩来在离开法国前，利用各种机会带柳圃青参加旅欧支部共产党、国民党、青年团的会议与活动，熟悉情况，认识人员，为柳圃青很快成为旅欧支部的重要人物，并利用国民党党员的合法身份开展党的活动，做出很好的铺垫。

图 2-5　1924 年 7 月，在巴黎的中国国民党驻法总支部成员欢送周恩来回国时合影（柳圃青摄）
前排左起：王京岐、周恩来、赵栋；后排右起：李富春、林蔚

1924年7月,柳圃青与周恩来、邓小平、李富春、聂荣臻、何长工等同志一起在巴黎参加了"中国共产主义青年团旅欧总支部第五次代表大会"(如不计"少共"两次代表大会,又称第三次)。

同月,又与周恩来、李富春等参加了"中国国民党左派驻法国总支部第二次代表大会"。这个大会宣布了国内实现了第一次国共合作,孙中山先生在广州成立国民革命政府,直接领导旅欧的国民党总支部;并由旅欧共产党组织决定在欧洲的80多名中国共青团员全部加入国共合作的国民党。会后,周恩来、李富春等同志回国参加国共合作的黄埔军校建设和北伐。

周恩来离开巴黎回国,先后担任中共两广区委委员长,黄埔军校政治部主任,国民革命军第一军政治部主任。

因此,研究者推测:这是毛泽东托柳圃青带给周恩来的信所起的作用,令毛泽东和周恩来在30年之后还念念不忘,说明这封信很重要。毛泽东给周恩来的这次调令,开启了毛泽东与周恩来长达52年的同志与战友的密切合作和友谊。

周恩来机敏过人,记忆力极强,知人善任,为将来排兵布阵,处处都有预设,各条线都有可用之人,将来均可独当一面。这时,柳圃青的才干还没充分显示,但也已经进入了周恩来网罗人才的视野。

圃青回忆当时第一次和毛泽东、周恩来的见面,同样留下了深刻的印象,对中国共产党、中国革命充满了希望。

不为艺术而艺术

那时中国人去法国大多数都是这么走的,先到马赛,因此马赛的中国人最多,因为许多人到了马赛就没钱北上了,会在马赛找工作想办法生活。巴黎在法国北部,离马赛很远,路费多,生活费用最高;而里昂在法国的中东部,离马赛近一半路程,所以,许多中国人都去里昂学习或工作。圃青去法国时带了足够的路费,而且早就决定去里昂国立美术学院学习。他接上组织关系,参加了几次活动,随即就去里昂入学了。

入学时间应是4月底。机会是为有准备的人提供的——赴法前他凭借上海美专多年学习美术的功底,顺利通过入学考试,在上海已学习法文5年,可以在法国免修已学已懂的课程,他在法国学校听课没有语言障碍。

上海美专是个民国初期,由年轻人在租界办的学校。它是一所完全民办的私立学校,创办人很年轻,理念很新,但在中国本土看来是件胆大妄为的事,在西

图 2-6　在法国里昂国立美术学院的师生合影
柳溥青(一排左一)

方美术史上是司空见惯了的,迈出这一步有反封建的意义,也具备了现代国际化城市的象征意义。

　　民国以来涌现的人物,真正做到了学贯中西,这恐怕是现代改革开放的人才所缺乏的对本土文化的了解,抑或对西方的了解胜过对自身的通晓。因此在100年前,既能保守中国传统文化,又能吸收外来知识,实属难能可贵。再看上海美专虽然是专科(这件事情让许多人士因为大上海许多年没有美术大学而耿耿于怀),但学习的知识却是与国际接轨的。法国人知道上海,知道上海美专,上海美专也确实孵化了现代画坛的雏鹰,他们用作品说话,一次次赢得法国人的青睐;同样,柳溥青的素描、速写和色彩都在里昂美术学院得到认可。艺术本身是没有国界的,是一个国际共通的交流工具,不仅如此,柳溥青法语也在行,因此学习如鱼得水。

　　"Paris, le pèlerinage des arts du monde, je viens pour la démocratie libérale."(巴黎,世界艺术的朝圣地,我为自由民主而来。)

　　沃克什尔——法国里昂国立美术学院的法文老师,透过眼镜片,用惊奇的目光,打量着这位来自东方的中国人,能操着流利的法语一顿说,把法兰西人的高傲激发出来,这位激进的社会党人也同样高看柳溥青。

　　"Je viens pour l'art!"(我为艺术而来!)

贰章 融入世界 奔向大海

谈笑有鸿儒,往来无白丁

柳圃青与文化名人的结交,源于他的姑父兼师傅唐驼。

唐驼是上海文化圈的名人,曾与张元济、蔡元培、吴稚晖、蒋维乔、董亦湘、刘海粟有很深的交情。

唐驼与蔡元培的交情,始于1901年夏。蔡元培到上海代理澄衷学堂(现上海市澄衷高级中学)校长,唐驼应邀为上海澄衷学堂缮写课本《字课图说》8册,3 000多字正楷书写,清晰优美,从而名扬沪上。蔡元培后任中华民国首任教育总长、北京大学校长、中法大学校长,热衷于教育事业,曾提出"五育"等诸多教育、教学新主张,为我国教育、文化、科学事业的发展做出了富有开创性的杰出贡献。蔡元培和唐驼之间可谓是:君子之交惺惺相惜。唐驼对蔡元培格外敬重,柳圃青对恩师敬重的蔡元培先生更是敬重有加。因此,蔡元培成立留法勤工俭学会后,柳圃青毫不犹豫报名参加,积极投身留法勤工俭学的运动中。

人生有缘,更为巧合的是,1924年3月,柳圃青赴法国里昂国立美术学院留学,与蔡元培的长女蔡威廉是同班同学,随蔡威廉、潘玉良、张德荣等同学拜访过蔡元培、李石曾等前辈,聆听这些大师级人物的教诲。

图2-7 李石曾看望里昂国立美术学院的中国留学生
一排:蔡威廉(左一)、潘玉良(左三)、苏雪林(左四);二排左二起:柳圃青、李石曾、林文铮

1925年秋,李石曾(蔡元培的好友、里昂中法大学创办人)赴里昂国立美术

学院看望中国留学生。

这张照片上每个人,都有一段非凡的故事。照片上的李石曾、林文铮、蔡威廉、潘玉良、苏雪林等都是青史留名的人物。蔡威廉生于1904年,小柳溥庆三岁多,与邓小平同岁,这一年出生的杰出女性代表,还有才女林徽因和女作家丁玲。

当柳圃青在苏联忙于革命的时候,1928年4月,时任中央研究院院长的蔡元培偕夫人周峻、长女蔡威廉由南京到杭州,参加由他提议创办的杭州国立艺术学院(今中国美术学院)成立仪式,任命林风眠为院长,林文铮为教务处长兼西洋美术史教授。蔡元培还把回国不久的威廉留在该院,担任西画教授,成为该校首批专业教师之一。她的油画有现代感,脱开古典风

图2-8　1926年2月,留学生与蔡元培的夫人周峻(当时正在巴黎美术学院学习油画)合影
一排左起:张西平、周峻、柳圃青;二排左起:汪盛荻、沙可夫

写实性,有符号化、意象感和平面装饰的美感。蔡威廉与林文铮一见钟情,喜结良缘,亦成为一段艺术史上的佳话。

柳圃青有绘画才华和艺术天赋,但都用于革命和印刷事业。与柳圃青合影的同学和友人,有很多都是才华出众、卓尔不凡的艺术家、名人或伟人。柳圃青之所以后来能在印刷界中出类拔萃,不仅是因为他具有渊博的学识、掌握了精湛的印刷技术,更得益于他深厚的绘画功底和高超的艺术鉴赏水平。柳圃青在画家的朋友圈里,是著名的印刷技术专家,在印刷界的专家圈中,是有很高艺术造诣的画家,他的独特之处在于他是一个既懂美术又懂印刷技术的复合型人才。像柳圃青这样的顶级印刷专家是设计印刷钞票(融政治性、艺术性、民族性、最高的防伪技术、最好的印刷质量于一体)的稀有人才。

日积月累,厚积薄发,他高深的艺术才华在中华人民共和国成立后达到巅峰,在人民币的设计印制过程中得到了淋漓尽致的发挥。他的很多见解和指点,犹如画龙点睛,精辟深刻。名师出高徒,他培养的学生、带出的徒弟遍布各印钞企业。人民币的设计印刷水平能很快达到国际先进水平,柳圃青作为人民币科

技研发的发明家和领军人物劳苦功高、功不可没。

这是后话,立此存照。

法国里昂国立美术学院的优等生

更让里昂国立美术学院惊奇的是美术测试,一群考生坐在礼堂,音乐声起,一位吉卜赛女郎从舞台的一侧跳舞跳到另一侧。唰唰唰,一阵铅笔声,2分钟后柳圃青的速写同样引人注目。学校艺术委员会的画家们把这几张速写捞了出来,面试的时候与圃青进行了探讨。

里昂国立美术学院的导师赛加(Dega)是形式主义滥觞于欧洲艺术的中心、古典主义在巴黎美术界成为绝响的代表人物,他反对"L'art est un vassal de la politique!"(艺术是政治的附庸!)

法兰西革命是最彻底的反对封建王朝的革命。攻占巴士底狱,把国王及皇室成员和可能复辟者(后来专制的革命党人)统统送上了断头台。艺术在自由的空间领导着人民,走向多元开放。

赛加显然不愿接政治的话题。

"圃青柳,你的线条有东方艺术的神韵,中国人喜欢跟着书法的线条走,据我看来,你好像还学过人体解剖。"

"是的,导师,我在上海美专西画专业习画,画过素描也是皮毛,最主要是来学习油画。在雕塑陈列大厅,学生用油画画白色晶莹的大理石刻,那细腻的色彩分辨和洒脱的笔触造型,我很喜欢……"

"啊,上海,东方巴黎,我们对上海并不陌生,上海美专,这里有先你而来的刘海粟、林文铮,还有女士蔡威廉、潘玉良和苏雪林……"

在出洋留学的美术人流中,去西方的最早有李铁夫、周湘、李毅士等,柳圃青与林风眠、徐悲鸿几乎同时,稍后有颜文梁、刘开渠、吴作人、张充仁等。

综观美术史,在印象派以及以后形形色色的画派面前,像徐悲鸿和柳圃青这样苦出身的艺术家对于艺术倾向还是在现实主义的范畴里,多少有一点视形式主义的东西为异端的看法,心中虽然喜欢现代派的画作,啊,画还可以这样画!但更多的会赞同后来演绎成苏联和中国的革命的现实主义和革命的浪漫主义相结合的主流艺术创作道路。

柳圃青1924—1927年分别在法国里昂和巴黎美术学院学画。

图2-9　1925年,柳圃青(二排左一)于法国里昂国立美术学院与同学在人体画科合影

1924年在里昂国立美术学院获二等第一名奖状。

1925年获人体写生素描和速写一等第一名奖状。

1926年获油画人体写生二等第一名奖状。

A　　　　　　　　　　　　　B

图2-10　柳圃青在法国里昂国立美术学院的获奖证书

这些奖状是中国人在法国学习西洋油画艺术取得很高成绩的历史记录。他的同学张德荣回忆说:柳圃青三个学年考试的成绩,在中国留学生中名列前茅,在全年级中也属佼佼者,为中国人争了光。

周令钊等纪念恩师的文章,对此评价:在当时学美术的中国留学生中,柳圃青的成绩是最好的。

柳家至今唯一珍藏的,只有一张他20世纪20年代中期画的肖像素描。画中的这位老人是法国里昂国立美术学院的图书管理员。该画发表在20世纪30年代的《美术生活》杂志上。

法国里昂国立美术学院,是继意大利佛罗伦萨美术学院、博洛尼亚美术学院后的世界第三所美术学院,已有300年的历史。作为全世界顶尖殿堂级的美术学院,它不仅在全世界的高等美术院校中影响巨大,在中国美术界影响也最为深远,中国的老一代油画家徐悲鸿、林风眠、颜文梁、潘玉良、刘开渠、吴冠中和李风白等名家都毕业于这所学校。

图 2 - 11 柳圃青在里昂国立美术学院时画的法国老人素描像

应该说由于柳圃青服从革命的需要,长期没再拿起画笔从事创作,因而影响了他个人在美术绘画专业上的发展,并淹没了他的特长,从而使得个人这段辉煌美术历史没能进入史料的记载。

在里昂国立美术学院学习期间,圃青被选任法国共青团里昂支部宣教委员。

在周恩来领导下的三个月

资料表明,柳圃青和周恩来在法国共同工作有三个月之久。

先介绍办杂志的情况。研究者来到巴黎,了解《赤光》杂志的一些情况。

"少共"1922年成立的旧址——巴黎西郊布伦森林中的一个空地,现已成为一片工地废墟。2011年3月4日,研究者终于在里昂市立图书馆找到多期珍贵的《少年》和《赤光》原刊!

这本杂志原先是旅欧中国少年共产党机关刊物《少年》月刊,于1922年8月1日创刊,担负起传播共产主义理论,用共产主义思想教育、团结广大旅欧青年的重任。

《少年》月刊第 8 期后改为双月刊,蜡版油印。1923 年 2 月,旅欧中国少年共产党改名为旅欧中国共产主义青年团(归属国内的中国社会主义青年团,为其旅欧支部)。

1924 年 2 月 1 日,中国社会主义青年团旅欧组织将《少年》改办为《赤光》半月刊,由偏重理论宣传转而紧密结合国内革命的实际,侧重揭露帝国主义列强和封建军阀相互勾结,压迫奴役中国人民的黑暗现实。其现实性和战斗性都得到了明显增强。

当年周恩来编写的《政治经济学浅说》《唯物史观》等马克思主义通俗读本,是由柳圃青和张德荣利用课余时间手工刻写、印刷、装订和分发的。周恩来在法国的几次重要演讲,柳圃青都亲自前去做组织工作。1924 年柳圃青还与邓小平一起为《赤光》工作。周恩来、李富春、蔡畅等在刊物上撰写了大量文章,由柳圃青负责阅稿、设计、排版,邓小平则负责策划联系并亲自动手刻写。

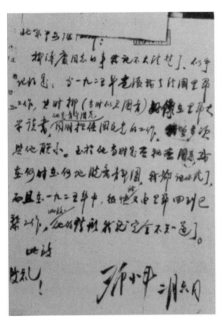

图 2-12　邓小平书证与柳圃青在法国共事和联系

现代中国最早的平面设计——少年中国《赤光》封面

少年中国,目标是民族的民主革命,《赤光》的宗旨是宣传社会主义革命,实现共产主义理想。

通过深入交谈,柳圃青洋溢的青春朝气、绘画才能和艺术气质得到了周恩来的赞赏和喜爱,请他为《赤光》设计封面,设计意图希望能够体现"少年中国共产党",犹如初升的太阳,朝气蓬勃,追求光明,追求革命,追求理想,要表达出彻底砸烂一个旧世界、建设一个新社会的雄心壮志。

说干就干。柳圃青立即拿出随身带着的纸笔,一边听着周恩来、李富春、邓小平等人热烈的讨论,一边勾画起草图来。

封面绘的是一个赤身小孩,左脚踩火轮,右手高举红旗的肖像,被刊登在该刊1924年第10期。该图原稿在"文革"抄家时丢失。

中央美术学院设计学院副院长许平教授在采访柳家后代时,见到了柳圃青为《赤光》设计的封面,甚为感动。他说,这是他见到的民国以来最早的平面设计作品,在我国的美术史上创造了一个可贵的第一。这幅画作受到了人们欢迎,被多期《赤光》采用,一度成为《赤光》的固定封面。

为此,许平教授在他2013年写的《一组不能忘记的历史影像》文章中进一步写道:

前中国人民银行印制科学技术研究所首任所长柳溥庆,不仅是我国特种印刷技术领域的重要先驱者、开拓者,同时还是一位鲜为人知的、运用印刷设计特长参与中国共产党早期革命活动、为中国革命做出过重要贡献的红色专家。

他是中共早期革命活动中极为罕见的专家型革命者,在他身上,具有那个时代中华民族优秀人物所具有的一系列鲜明特征,不仅有追求真理、关心民众、民族自尊的气节与品格,还有着渴望学习和勤于创造的旺盛精力。他自觉地把自己的专业能力与斗争活动的需要结合起来,留下了一段值得中国平面设计史特别记录的史料,这就是1924年柳溥庆赴法之后参与编印的《赤光》杂志。

他掌握的设计专业能力,不仅成为对敌斗争的重要工具,还成为日后新中国特种印刷业务向着国际高水准发展的直接动力之一。

他的工作,为理解20世纪初现代设计力量在中国社会现实中艰难生长的路径提供了一条重要的线索。

图2-13 柳圃青设计的《赤光》封面流传广泛,被誉为中国最早的平面设计作品

柳溥庆传奇人生

柳圃青的这一段极为特殊的历史不仅在中共历史上不应被遗忘,也是中国现代设计史研究中不应被忽略的组成部分。

赏析《赤光》的封面设计

笔者认为该封面设计,既有中国风又有国际范。

如何实现周恩来的设想,用形象的视觉语言体现杂志的内涵,旗帜鲜明地宣传革命的主张,在柳圃青这里颇费周章。

他想到了梁启超的雄文《少年中国说》,想到了登高远望揭竿而起振臂一呼的形象……

中国共产党成立只有三年,共青团是更为年轻人的组织,画出的少年形象符合主题,还要具备中国的传统元素:

圃青以哪吒闹海为原型,去掉肚兜;还要有现代的、世界的绘画语言:人体。人体在西洋绘画中屡见不鲜,小天使的形象更加深入人心,他去掉天使的翅膀,脚踏实地。

画家用了一个大的动作,让执拗的头和身体不平行,高昂地向着上方右手高举旗帜的方向,形成一个强烈的动态,左手握着一支军号,仿佛号声还在回响。只见少年郎振臂一呼,脚下的三个圆形图案,仿佛车轮滚滚向前,有了向上向前的动感。

在升向地平线的道路上前行;背景秉承《赤光》的主题太阳的形象,用辐射的直线由深到浅整齐排列,很好地衬托了曲线主体的少年形象。从这个英雄少年的形象上,我们仿佛听到了他在黑暗中大声疾呼,高举旗帜充满活力引导人们向前,与德拉克洛瓦的油画《自由领导人民》同样具有象征意味。

成文于 1900 年,梁启超的《少年中国说》,大家都不陌生。圃青手书《少年中国说》于墙上激励自己:

> 欲言国之老少,请先言人之老少。老年人常思既往,少年人常思将来。惟思既往也,故生留恋心;惟思将来也,故生希望心。惟留恋也,故保守;惟希望也,故进取。惟保守也,故永旧;惟进取也,故日新。惟思既往也,事事皆其所已经者,故惟知照例;惟思将来也,事事皆其所未经者,故常敢破格。老年人常多忧虑,少年人常好行乐。惟多忧也,故灰心;惟行乐也,故盛气。惟灰心也,故怯懦;惟盛气也,故豪壮。

在梁启超的一气呵成的文章里，圕青汲取力量，寻得激情，获取灵感：

> 少年智则国智，少年富则国富；少年强则国强，少年独立则国独立；少年自由则国自由；少年进步则国进步；少年胜于欧洲，则国胜于欧洲；少年雄于地球，则国雄于地球。红日初升，其道大光。河出伏流，一泻汪洋。潜龙腾渊，鳞爪飞扬。乳虎啸谷，百兽震惶。鹰隼试翼，风尘翕张。奇花初胎，矞矞皇皇。干将发硎，有作其芒。天戴其苍，地履其黄。纵有千古，横有八荒。前途似海，来日方长。美哉我少年中国，与天不老！壮哉我中国少年，与国无疆！

柳圕青设计的《赤光》封面，赢得一片叫好声，最终成为杂志的标志性封面。

对于《赤光》的封面，邓榕在《我的父亲邓小平》中曾这样描述："一个正欲跃起的少年，他赤身裸体，无牵无挂；他手持号角，高擎旗帜；他背靠光芒四射的赤光，脚踩无边无际的山川……它极好地表现出了旅法中共党员和青年团员们的风貌和气质"。

邓小平赠送照片惜别

青春焕发的邓小平对《赤光》满腔热情、十分投入。他办刊态度更加认真踏实，技术精湛，刻印的刊物装帧简雅，字体秀挺，版面清晰，赢得同学们的信任和赞许。期间，他曾以"希贤"或其他化名写过许多充满激情的战斗檄文发表于《赤光》，他的笔触尖锐、泼辣，富有强烈的战斗性。20岁的邓小平刻印的一篇篇激扬文字，在勤工俭学学生和华工中具有很大的影响，也写下了自己人生履历的重要一页。

在《赤光》主编周恩来的领导和影响下，耳濡目染，邓小平坚定了自己一生的革命追求和道路。需要指出的是，邓小平在《赤光》编辑部的工作，为后来他在中央苏区和红军长征期间主编《红星报》积累了经验。

柳圕青也力争成为使我国印刷技术赶超世界先进水平的印刷专门人才。后来他在上海期间主编《美术生活》《漫画生活》《中国印刷》《华东画报》等刊物，无不是当年累积经验的叠加和发挥。

在满眼的史料文书中，研究者找到了七本不同时期出版的《少年》和《赤光》原刊，有1923年4月出版的《少年》第8期和1930年初出版的《赤光》第54期等。据介绍，这是现已发现的最后一期《赤光》。

1924年《少年》专刊改为《赤光》半月刊,周恩来任主编,后于1925年6月停刊,1928年在巴黎复刊,成仿吾等任主编。

每本期刊的封面图案不尽相同,早期《少年》封面均为简洁的橘色,上面印有恩格斯语录:"成就这个解放世界的事业,这就是近代无产阶级的历史使命"。到了后期,期刊封面显现出更多设计:《赤光》第48期的封面是一名挥锤劳作的工人画像,第54期的封面上则有一轮光芒四射的太阳。在页面左下角,印有杂志的价格:"法国:一法郎;美国:二角",一旁特别标注着"工人半价"的字样。

《赤光》第54期则主要报道了朱毛红军的消息:"朱毛红军在共产党领导之下,掩护着广大的革命工农群众,奋勇地向着资产阶级地主豪绅的剥夺榨取的统治进攻,辛苦转战于湘赣闽粤间……"

邓小平、李富春、聂荣臻当时都参加了编辑部的工作。蔡畅在《谈赴法勤工俭学和社会主义青年团旅欧支部》中回忆说:"《少年》刊物是轮流编辑,邓小平、李畅英刻蜡版,李富春发行。邓小平、李富春是白天做工,晚上搞党的工作,而周恩来则全部脱产。"

平日里,编辑部的人员聚集在周恩来不到10平方米的"斗室"里,讨论选题、写稿、编版、刻印,虽然拥挤,但大家工作热情高涨。

值得一提的是邓小平刻写蜡版的字体工整匀称、美观大方,同时油印、装订工作也完成得十分干净利落。每期刊物出版后,大家都赞不绝口,不约而同地将"油印博士"这项桂冠戴在了他的头上。柳圃青设计的图案和版面,邓小平都能出色刻印在蜡纸上,印好装订好。

1924年7月,旅欧中国共产主义青年团五大召开,邓小平当选为执行委员会书记局成员。根据中共中央有关规定,凡担任旅欧共青团执委会领导成员,自动转为中共党员。会议期间,代表们和将要回国的周恩来等合影留念,柳圃青的照相机及

图2-14　邓小平赠柳圃青的17岁时初到法国的照片

时地记录了这一切。

惺惺相惜。邓小平(又名邓希贤)得知将被调去苏联学习与柳圃青惜别时,赠给了一张他于1921年在法国里昂拍摄的全身照片留念,这张照片承载了20年代柳圃青与邓小平在法国的革命情谊,见证了共同编写油印《赤光》刊物,宣传马列主义以及在同一支部进行革命工作的经历。

邓小平在照片的背面写道:圃青兄惠存　希贤赠　一九二五年、五、二十三日　里昂

照片上的小平同志,当时叫邓希贤,展现了他17岁时在巴黎勤工俭学初登历史舞台的风采,充满稚气的脸,少年老成,眉宇之间有一丝淡淡的忧患。

又有谁会想到日后这个小个子会起到力挽狂澜的作用:领导百色起义、创建红军和根据地;担任军委总政治部秘书长、红军的《红星》报主编;参加了中国革命重大转折的遵义会议;抗日战争时期任129师政治委员,同师长刘伯承共同领导创建了晋冀豫等抗日根据地;刘邓大军千里挺进大别山,开始了人民解放军对国民党军队的全国性战略进攻;淮海战役时任总前委书记;解放大西南后,进京任中央人民政府国务院副总理;在八届一中全会上当选为中央政治局常务委员、中央委员会总书记;1956-1963年,曾多次赴莫斯科同苏共领导人进行谈判和斗争;1974年4月代表中国政府出席联合国大会第六届特别会议;在全国一片动乱、人民在浩劫中迷茫苦难的"文革"后期,第三次复出的邓小平挽狂澜于既倒,与"四人帮"展开了针锋相对、毫不含糊的斗争,为最后全党粉碎"四害"奠定了党心和民意的力量……

柳圃青一直深藏着照片,照片后来的命运,引发了几十年政治舞台上的起落,睹物思人,柳圃青常想起曾经的辉煌,而邓小平也始终记得这段友情。

在邓小平女儿邓榕写的《我的父亲邓小平》一书中,写到这张照片是送给柳圃青的,但是,书中说到《赤光》杂志的封面,少年英雄的形象,却不知是由谁人设计,在法国的旅欧革命活动的照片,也没有提到是柳圃青拍摄、保存和提供。

这说明对柳圃青宣传是远远不够的。

周恩来回国了,邓小平也要走了,在走之前,柳圃青与邓小平一起,参加旅欧党、团组织发动勤工俭学生及各界侨胞声援上海五卅反帝斗争。1925年8月17日,他们最后一次合作,在巴黎主持召开了中国国民党驻法国总支部第四次代表大会,邓小平任大会主席,柳圃青任秘书长。

在《我的父亲邓小平》一书中,邓榕引用了法国国家档案:

1925年11月15日,法国情报员报告,在巴黎举行了一次国民党的群众大会,由邓希贤主持,纪念国民党旅欧支部负责人并揭露国际帝国主义和法国帝国主义对进步人士的迫害。

法国档案记录了邓小平等人的革命活动,他们被当局盯上了,只好远走高飞去苏联。

1926年1月,旅欧的共产党和共青团组织撤回国内。经徐孝祥、沙可夫(又名陈微明,法共海外部中国组支部书记)介绍,柳圃青加入法国共产党,任法共海外部中国组宣传委员,同时兼任国民党左派驻法国总支部主任秘书、代主席等职,成为旅法支部的实际负责人。

柳圃青后来到莫斯科,参加共产国际的工作,出席六大,既是工作人员,也是旅欧旅法共产党的代表。

加入法国共产党

后来者一时半会儿看不懂当时的党派林立,在这里有必要再说明一下共产主义小组、社会主义青年团、共产主义青年团、共产党和国民党之间的关系。

图2-15 1927年2月,世界反帝大同盟成立大会后,中国国民党驻法国总支部成员(左、右派)在巴黎的合影
一排:左二起柳圃青、陈齐、邵力子、周峻、李平衡(左七);二排:李星辉(左四)、汪盛荻(左六)

听上海市中国共产党史学会副秘书长俞敏（俞秀松的继子）介绍：是先有共产主义小组，1920年7月陈独秀、俞秀松、邵力子和李达等发起研究筹备成立中国共产党，同年8月22日中国社会主义青年团在上海霞飞路渔阳里6号正式成立，在创始人、第一任书记的俞秀松的领导下，早年中国共产党发起小组的成员都先加入了中国社会主义青年团，陈独秀、沈雁冰也在其中，以后他们一部分参加1921年7月成立的中国共产党，而柳圃青则由沈雁冰、杨贤江介绍入团，当时党团员人数少，常合在一起活动。

国共合作，共产党员又作为个人加入了国民党，帮助国民党改组。1924年初，国民党成立了上海执行部，组织部长是胡汉民，毛泽东任秘书；工人农民部长为于右任，邵力子任秘书；毛泽东还做过国民党宣传部的代部长。《柳溥庆自述》写道：1923年12月上旬，中国社会主义青年团组织命我加入国民党，并由董亦湘、邵力子介绍我加入了国民党，当年我被选为国民党商务印书馆分部执行委员，兼商务印书馆工会干事。

一直到1925年，在中国社会主义青年团第三次全国代表大会上，中国社会主义青年团才更名为中国共产主义青年团。

因此，柳圃青在巴黎是国民党的身份，实际还是共青团——共产党人，1926年底，柳圃青在巴黎加入共产党，其时没有候补期。1927年1-2月间，柳圃青任总支书记。徐孝祥赴苏联学习时，该组织改选党委时，被任为宣委，即法国共产党中国部执委会委员。

同时，柳圃青依然担任国民党驻法国总支部的常务执行委员和组织部长、主任秘书、代总支主席，法国总支部还管辖德国、比利时、荷兰及瑞士等国支部。

1926年11月3日《广东公报》报道，呼吁关心中国公众利益，中国国民党驻法国支部代表杨堃、柳圃青同志去日内瓦参加会议。

其时法国华侨中政治情况特别复杂，有无政府党、青年党、社会党和国民党等。在以蒋介石为首的国民党新右派在上海发动"四一二"武装政变之后，随着国共关系的破裂，斗争日益激烈，使得旅欧国民党内左、中、右派的分野开始明显起来。国民党右派竭力攻击旅欧中国共产党人，采取行凶打人、捣乱会场、甚至企图枪杀共产党人等卑劣伎俩，破坏中共旅欧党组织。

这时"左派"国民党中也发生剧烈斗争，其时在柳圃青领导下，把反动分子如陈书农、李星辉、谷正纲等开除出去并发宣言，通电声讨蒋介石背叛革命的行径。

他号召在法、德、比利时、荷兰及瑞士等国的国民党左派支部、西欧各国留学生和华工、华商、华侨,开展反蒋倒蒋运动,并亲自参与领导了这场斗争。

图2-16 1927年7月"中国国民党驻法总支部第八届代表大会"在柳圃青等人领导下,通过了反对蒋介石4月12日反革命政变决议后的全体合影
谢清(一排左三)、郑一俊(一排左五)、柳圃青(二排右四)

1927年7月,柳圃青不惧危险,来到会场,所留下的照片上可以看到他在黑板上写了"第八届第六次大会"几个字,他以代主席的身份,坚持主持国民党左派在法国巴黎召开的第八届第六次代表大会,这也是中国国民党(左派)驻法国总支部组织召开的最后一次代表大会。

柳圃青含泪挥毫写下孙中山的遗言"革命尚未成功,同志仍须努力"。

他手中的相机拍摄下了几十张照片,填补了国民党和共产党旅欧史的图片资料的空白,珍贵的文献资料现在保存在国家博物馆。

远在欧洲的声音,也传到了国内。政府之间交涉,法国当局开始驱散在欧洲游荡的共产主义幽灵。

由勤工俭学的洪流到国共分裂,柳圃青和在欧洲遭驱逐的共产党人和进步人士去到苏联,开始新的征程。

被驱逐出境

风声越来越紧,在20世纪20年代的法国,中共党、团组织都被视作非法,不能公开活动。

1926年起,柳圃青利用在国民党担任领导职务的身份,积极贯彻共产党的纲领政策。他主持编印的《国民周刊》,每期都宣传马列主义与民主革命。他还多次亲临日内瓦、布鲁塞尔或派人去国际联盟、反帝大同盟会和巴黎社会党全国代表大会等处,宣传中国国内的革命形势,揭露帝国主义的侵华暴行。

由于柳圃青领导的国民党左派的频繁活动,上了当局的黑名单,法国政府对共产党员和国民党左派接连不断进行抓捕关押和驱逐出境。1927年柳圃青被法国当局宣布驱逐出境。

何去何从?党组织指明了方向,不再勤工俭学,不在欧洲宣传革命,中国的同志追随周恩来、李富春、邓小平、聂荣臻,纷纷回国,谴责不如行动,以革命的武装反对反革命的武装。

共产国际的中心在苏联,中国革命需要大批人才。1927年秋,沙可夫、郑一俊、徐孝祥、柳圃青、谢清、汪盛荻、肖特夫等10余人被派到苏联莫斯科中山大学学习。

这是在"八七会议"以后形成的一个格局。

中共中央政治局于1927年8月7日在汉口召开紧急会议。会议批判和纠正了陈独秀右倾机会主义错误,撤销了他在党内的职务,选出了新的临时中央政治局,确定了土地革命和武装斗争的总方针。毛泽东出席了这次会议,并提出了著名的"枪杆子里出政权"的论断。这次会议对于挽救大革命失败所造成的危局,实现党的战略转变起了重要作用。这是由大革命失败到土地革命战争兴起的历史性转变,党的工作重心由城市转向农村。

共产国际及其代表的"左"倾错误观点和中国共产党内的"左"倾情绪相结合,使"八七会议"在反对右倾错误的同时,却为"左"倾错误开辟了道路,给后来的中国革命造成很大的危害。主要表现在对当时的革命形势缺乏科学的、实事求是的分析,不是组织正确的反攻或必要的策略上的退却,借以保存和聚集革命力量,而是容许和助长冒险主义和命令主义的倾向(特别是强迫工人罢工)。

柳溥庆传奇人生

老父亲的牵挂

柳圃青在法国干得轰轰烈烈,上海家中却并不知情,老爷子柳文相工作之余,寄情于诗文,其诗抄录如下:

自序

诗犹文也,文以达我意,诗以写我情,殊途而同归。

任取何人之文读之,必有其体,体为散者,知其不能越乎长短句也;体为整者,知其不能越乎骈俪句也。

任取何人之诗读之,亦必有其体,体为奇者,知其不能逾乎五七古也,体为偶者,知其不能逾乎五七律也,浸假我之情寄于文,则由长短句骈俪句而达之;浸假我之情寄于诗,则凭五七古五七律而写之,此其大较也。

文有唐宋大家文集,诗有唐宋大家诗集,苟取而熟读之,文不难能,诗亦易易。

先贤有云:雕虫小技,壮夫不为,则以其为咬文嚼字,呕心肝损寿命也,不知吟风弄月,本属稚人事业,彼不知学者焉足以知之,至其牢愁抑郁穷而后工,斯亦诗人惯习,得志者固不暇及此也,我平昔虽不工诗,偶作又复弃掷,鲜有存者,兹检故箧中得古今体若干篇,实之不讲久矣,惟感念前尘吉光片羽,悉为心血所留贻也,虽寄想匪遥,而其风肆好,因果集之,并盖以近年所得,都为一卷,亦聊以志昔年岁月,与历经境地云尔。

时在民国十七年夏四月靖江柳文相望岑自序

其实,柳文相的日子过得还是很艰难的,不然不会这么早就让老大柳圃青去做童工;也不然会这么早让16岁的老二柳培庆只身出远门到北平学艺;老三柳静(逸青)一度失学帮着承担家务。自从柳母去世以后,中年丧妻的日子更加艰难。家中没有女眷,也不是个事儿,于是又续弦了一位妻子,又添了4个孩子,虽然还有一些股份,能够贴补家用,但日子过得非常艰难。就这样,他还关心时事忧国忧民。

柳文相关心国家大事,用流畅的文笔记录他的心得:

大哉中华,是吾之乡。得尔同志,整理工场。

招罗英俊,先定之章。鼓吹所业,团体坚强。

侨民归国,运动多方。集成资本,黄白盈箱。

贰章 融入世界 奔向大海

振兴工作,出品惟良。挽回权利,母邦有光。

日子过得真快呀,转眼6年过去了。儿子的消息时断时续,他不知道儿子被法国当局驱逐;他更不知道儿子被开除党籍;儿子娶了媳妇,他也不会知道。一切都在想念之中,思念远在天边的儿子,在题为"刘孺人六月六日哀期感怀寄溥儿留法里昂大学"一诗中把思儿之情表现得淋漓尽致:

外邦留学,一心切磋。海洋万里,乡思若何。
慈帏缥缈,夜梦成魔。如怨如慕,欲泣欲歌。
纪念忌日,六月初荷。家庭团叙,离少会多。
每临祭桌,不醉微醺。谁知今夕,只影长拖。
天涯地角,迢递山河。不堪回首,莫诉经过。
带病工作,精力消磨。我已衰老,岁月蹉跎。
念子留法,学术分科。长于摄影,欲吹法螺。
画图设色,尤善描摹。只因久别,难写心瘥。
朝来临镜,白发婆娑。感怀今者,世道偏颇。
人心险恶,若坡若陀。主权在我,搬弄奈何。
屦书辩驳,徒唤有讹。

祭奠逝去的妻子,想念远方的长子,柳文相心中充满了惆怅。何以解忧?只浊酒一杯。年近60的他看上去苍老许多,身患有疾病,精力还要消磨。

想起了儿子,心绪好了些许,儿子在法国留学,又会摄影,又会画画。他知道的儿子也就这么多了,他对儿子的了解也就这么多了。儿子投身革命所做的贡献,他浑然不知。儿子从事印刷事业有成,他是能相信的。但是,也不知道他怎么样了,也不知道现在怎么样?!

想到这里感慨万千,白色恐怖,防止赤化……各种各样的信息传来,难以辩驳。那么,只好听之任之,或姑妄听之,也罢。

国共分流　聚会苏联

柳溥庆在苏联

叁章　国共分流　聚会苏联

莫斯科中山大学

夕发朝至，笔者追随先贤柳圃青的脚步由欧洲入苏联，再从圣彼得堡乘坐一夜卧铺到莫斯科。在漫漫长夜的火车上，笔者如斯，凝视着天边的一抹红霞，远远的苏俄电视塔灯光闪烁，越来越近，越来越激动人心……

回想当年，寻求真理来西方取经的中国革命者，旅欧的和国内派往苏联学习的人们，在以民主革命的先行者孙中山名字命名的中山大学的旗帜下会合了。

图3-1　1928—1930年，柳圃青和周砥在莫斯科中山大学居住过的学生宿舍

莫斯科中山大学俄文全称"中国劳动者孙逸仙大学"，是联共（布）中央在孙中山去世后为纪念他而开办的，目的是为中国培养革命人才。

当时正是国共合作时期，国民党启用的俄国顾问鲍罗庭于1925年10月7日，在国民党中央政治会议第66次会议上正式宣布莫斯科中山大学的建立。

坐落在莫斯科市中心沃尔洪卡街16号，这座4层楼的方形建筑学校，专收以中国为主的亚洲国家的学生。一开始学制为2年，后改为中国共产主义劳动大学，学制为3年。虽然易名，大家依旧亲切地称呼它为"中大"。

学校旨在传播马列主义，培养共产国际的干部，设有"列宁主义""联共（布）党史""社会发展史""东西方革命运动史""政治经济学""辩证唯物主义"和"历史唯物主义"等课程，学习党的建设、苏维埃法制、国家建设和军事军队政治建制，还有一部分课程是"大学中文"。

此外，设有翻译局、印刷厂和中国问题科学研究所三个附属机构为教学工作服务。

2018年，在黑河旅俄华侨博物馆中，笔者看到了中国的国民党和共产党的人士都在这里留学驻足，宋庆龄等国共两党的知名人士前去访问讲学。还有中国大革命失败后到校的一些共产党的高级干部，如王明、博古、张闻天、邓小平、叶剑英、林伯渠、吴玉章、徐特立、夏曦、方维夏、杨之华、帅孟奇、李国暄、李哲时等。

还有两个工人预备班，约有八九十人，主要是从欧洲去的华工、从国内去的工人。这些速成班学习的时间比较短，是准备尽早回国参加革命工作的；还有个翻译班，凡是俄语较为熟练或其他外语较好的都编入翻译班。

蒋介石还派儿子蒋经国去学习，和圃青的妻子周砥同班。

解放全人类、扶助中国革命，来自东方邻邦的学生们受到苏共当局共产国际的特别关照，周砥回忆道：

"我们在那里留学4年，苏联人对我们很友好。20年代的苏联，十月革命成功才几年，那时的经济比较困难，生产不够发达，物资供应不够多，老百姓生活比较苦。可是给我们的待遇比苏联老百姓的要高，上学不收学费，衣食住行都是国家供给，每个星期能吃到一次鸡；每个月都发点津贴费；每年夏天，学校还组织学生旅游避暑，到列宁格勒参观冬宫，还去黑海边的避暑胜地——高加索，学游泳。"

资料表明：留学生被给予特殊的照顾，实行供给制，按照每人每月120卢布的标准，配有白面包、牛奶、黄油，周末还能经常吃到鸡、鱼和牛肉等食品；每人发有学生装、衬衫、外套、帽子、皮鞋、雨靴等，甚至连手帕、梳子、牙膏、牙刷也一并发放，还有每月12卢布的津贴。

柳圃青在苏联前几年的学校生活，过得很愉快。

本来校园环境静谧幽雅，可来的人却因为党派和理论的不同站队而分化，开始小有争斗。不稳定的因素，使得校园也不平静起来。

1927年"四一二"政变，国共关系彻底破裂，在国内国民党占了上风。消息传来,在共产党国家的苏联中山大学,国民党变弱了,连蒋经国也开始骂起了自己的父亲。

学校索性直接改名为"中国共产主义劳动大学",专门培养中国共产党的干部;中共六大也琢磨着到莫斯科郊外召开。

这样一来,国共两党在学校倒是不斗了,可共产党内部的斗争却尖锐起来,曾被选为党支部宣教委员的柳圃青后来遭遇了政治上的"滑铁卢"。

人生是公平的,所谓"关上一扇门,打开两扇窗"。政治舞台消失的革命家,在工业技术领域里大展宏图,成就了一代印刷印钞泰斗(这是后话);不再从事革命活动的柳圃青,在眼下实实在在地收获了爱情,与周砥结成忠贞不渝的夫妻——亲密的战友。

一 段 姻 缘

8月的莫斯科,迎来了从欧洲被驱逐出境的柳圃青一行七人。他们先来到列宁格勒,参观斯莫尔尼宫,瞻仰涅瓦河边的青铜骑士,见证一声炮响给我们送来马列主义的阿芙乐尔巡洋舰,在莫斯科忙着去红场拜谒列宁墓,亲眼看到安卧在水晶棺中的那位领袖。

图3-2　1927年,柳圃青(左一)与入党介绍人徐孝祥(左二)、沙可夫(右一),以及郑一俊(右二)一起来到莫斯科的合影

感受着社会主义明媚的阳光,克里姆林宫的红墙和尖塔在蓝天白云的映衬下,一切是那么美好,心旷神怡。

见到了久违的老朋友沈泽民、胡福海等人,结识了张崇德、张崇文和瞿云白,等等。

在这么多人里面,一位女性的出现,改变了柳圃青的生活。如果说他以前不大相信有一见钟情的事情,自周砥出现在面前之后他改变了自己的想法,他深信不疑的缘分到来了,这可是20世纪20年代的可遇而不可求的新女性呀。

同学们陆续走进教室,苏联大胡子老师带来了一位年轻的中国姑娘。
大家好,我叫周砥,她随手拿起粉笔在黑板上工工整整地写下了自己的名字。
"中流砥柱的砥……来自湖南长沙周南学校"。
啊,中流砥柱!
柳圃青显然被眼前的女子落落大方的自我介绍惊艳到了,更有意思的是,她落座在平排相隔一个过道的位置上,余光不用侧目就可端详她的脸庞轮廓。举目示意,以致后来多少年回忆起初次见面的一瞬间,彼此有一种似曾相识的感觉。

课后,圃青审视这堂介绍普列汉诺夫的马克思主义唯物主义史观课的笔记,有点乱得不能相信是自己所写。

沈泽民看出了端倪,通过张琴秋、袁溥之介绍周砥给柳圃青,在一间教室里他们有了正式接触。

沈泽民是茅盾的兄弟,圃青早在上海就认识,张琴秋是周砥的同学加闺蜜。经沈泽民、张琴秋夫妇撮合,邀约了一帮人开会,大家一起谈了墙报的征稿工作,也只有他们和柳、周知道,就是为了介绍交友。

沈泽民这样介绍道:这位来自上海的圃青兄是最纯粹的工人阶级,得到美国和欧洲技师的印刷技艺真传,还是一位职业革命家,如果印名片,柳圃青的头衔是:共青团旅欧总支部与国民党驻法总支部执行委员、法国共产党海外部中国组宣传委员、中国国民党驻法国总支部主任秘书代主席。

"你还会画画呀……"
面对上海美专和里昂美院的高才生,周砥的眼中充满了好奇。

比同志更近一步

莫斯科中山大学是中国现代革命干部的摇篮,也摇出了许多的爱情,比同学更进一步,成为革命的终身伴侣,成为这批年轻人上好的选择。当时大部分人到了谈婚论嫁的年龄,大多数并没有完全受极"左"的思潮影响,如:消灭家庭论、事业不成何以家为,更有激烈者(如潘汉年),一心为革命,听从克格勃的建议,考虑到日后工作的复杂难测,还先做了绝育手术……

在特殊年代的婚姻,打上掩护工作真真假假的烙印,有太多的分分合合。许多年过去了,只有柳圃青的传奇人生的爱情故事,相随厮守,历久弥新,如歌传扬——

只因为在人群中多看了你一眼/再也没能忘掉你容颜……

多少年以后,当我们听到由李健谱曲、刘兵填词,李健演唱的《传奇》一歌,非常贴切地道出了他们俩相看两不厌的真情实感,似曾见过的,是因为何其相似,郎才女貌,女才郎貌;

梦想着偶然能有一天再相见/从此我开始孤单思念……

柳圃青铺纸奋笔疾书,写下他的情书:

想你时你在天边/想你时你在眼前/想你时你在脑海/想你时你在心田——

与其苦苦相思还不如长相厮守,用法国式的浪漫,行动快于思想,用俄罗斯式的豪爽,直接表白,最重要的是彼此拥有共同的理想信念,才会走到一起。想到这里,柳圃青鼓起了勇气,敲响了周砥宿舍的房门:

"我们可不可以比同志更进一步?"

镜头定格在周砥青春洋溢的脸上,她在倾听柳圃青的自报家门。

"我的家在长江两岸,先出生在江左靖江,后随父去江右,一直到江之尾入海,定居上海。我能够接触到许多高端的技术和知名的人士,得益于印刷行业的圈子,我的姑夫唐驼是我的启蒙老师和引路人,知恩图报,不会忘记,妈妈为之做出了表率,她老人家早早过世,也有在唐驼家帮佣劳累所致的原因。"

说到这里圃青的眼圈红了,潸然泪下。

柳圃青接过了周砥递上的湘绣的罗帕,拭了拭眼角的泪痕,便默不作声。

湖南周南女校豪杰

周砥被面前的这位青年对母亲的孝子之情所感动,外表刚毅果敢的男子汉,也有侠骨柔肠的细腻一面,也许是可以托付终身……想多了,开心就好!她不由

图3-3 周砥在莫斯科中山大学

地脸红了,一会,她自然也说起了自己的母亲和身世——

"我是个清末在穷乡僻壤出生的湘妹子,本名淑端、德华,1906年10月9日(光绪三十二年9月23日)出生于湖南长沙蝶屏乡一个破落的封建大家庭,比你小6岁……"

"那我叫你华妹吧……"

"好的,圃青兄。"

"我在兄弟姐妹八人中排行第二,因家贫,又是女孩,不能与兄弟一起进私塾读书。到了14岁才由姨母资助进长沙周南女校上学。"

就读的长沙周南女校,是在我出生前一年,1905年由恩师朱剑凡先生创办的。为啥叫周南?取自《诗经·周南》:"周礼尽在,南化流行"之义。到我6岁时,1910年正式定校名为周南女子师范学堂,附设小学和幼稚园。我读了2年小学,4年中学,1926年毕业。那时女校中学学制4年,不分初、高中,设有国文、英文、数学、物理、历史、地理、音乐、体育和劳作等课程,知识内容丰富新鲜,老师讲课平易生动。我一边如饥似渴地学习各种知识,一边积极参加学校组织的各项活动,还有缝纫、音乐和体育专修科目。

不是一般人都能上学,女子读书,在封建社会少,上现代学校更是少之又少,这一切归功于创办周南女校的朱剑凡先生。他留学日本归国,认为女子沉沦黑暗,非教育无以拨高明,于是不顾清廷禁止设女校明令,毅然献出泰安里私宅、卖掉宁乡全部田产,捐银近12万元办周氏家塾,该校强调启发学生的觉醒,培养学生的自治能力,鼓励学生立志,求妇女解放。

兴办女校的办学宗旨:教学要与社会生活相结合,要为社会改造和建设服务,凡未婚及订婚未嫁者都可入学,贫困学生可在校半工半读。该校自开办到1916年共培养5个班的师范生,均先后从事教育工作,延续女校的事业。

在学校培育下,周砥关心国家大事,向往妇女彻底解放,1925年在周围人士的影响下也参加了革命活动。

"啊哈,你还是个体育运动员呢!"圃青高兴地看到,周砥百米赛跑获亚军奖牌。"我只会打打太极拳……"

"我两次被选为女校体育运动队代表,去武汉参加华中地区学生运动会的球赛!"

叁章　国共分流　聚会苏联

"什么球？"

"排球！"

考试选送入中大的佼佼者

笔者后来到长沙，岳麓山秀美，湘江水清澈，是读书的好去处。在校史陈列室中看到，校长朱剑凡毁家兴学、呕心沥血培养人才的事迹，在校内广泛流传，该校创作了纪念朱校长的歌，建有剑凡堂。

该校学生在五四运动中，办起周刊《女界钟》传播新思想、新文化，唤起妇女冲破古人"三从四德"的樊篱；参加新民学会有女会员19人。大批妇女人才，如被誉为中国妇女运动先驱的中共中央妇女部第一任部长向警予，以及蔡畅、陶斯咏、丁玲、劳君展、廖静文、曹孟君等，都是该校毕业生。

该校拥有一批知名教师，如徐特立、张唯一、周以栗、陈章甫、吴芳吉、李肖聃、唐梅村等。

朱剑凡校长与林伯渠、吴玉章、徐特立、谢觉哉、熊瑾玎、何叔衡、杨昌济、毛泽东、蔡和森、李富春等结为知己挚友，向往"十月革命"。20年代，朱校长与革命的先行者孙中山先生相识，拥护"联俄、联共、扶助农工"的新三民主义政策，他还参加了在广州召开的国民党第一次和第二次全国代表大会。

这一切周砥在女校学习时就有耳闻。1925年国共第一次合作期间，周砥由老师、共产党员凌炳(凌东林)介绍，加入国民党。到了1926年，由苏联支持的国共第一次合作的北伐军已由广东打到了湖南。长沙城里也动了起来，以俄为师，要求去苏联学习的人很多。

革命运动蓬勃发展，策应者决定由国民党湖南省党部负责人周以栗、谢觉哉、王凌波、凌炳(均为共产党员)4人主持，举行公开的招生考试。条件是入党1年以上(国民党、共产党均可)，革命工作成绩与学业优秀，思想纯正的青年学生与教师，经考试合格者，去苏联学习。

当年在长沙参加考试者200多人，录取约20人。周砥条件合格，由国民党湖南省党部选送，作为第二批学员，与甘泗淇、章章、周光亚、萧范、曾月琴等同志一起，由共产党员袁溥之同志(1921年入党)带领，于1926年年底，由上海乘轮船至海参崴，再横穿西伯利亚大铁道至莫斯科中山大学。

1927年春，周砥在莫斯科中山大学加入共产主义青年团，吃得苦、耐得烦、霸得蛮的湖南湘妹子，巾帼不让须眉，有外国血统(上上代人随左宗棠打到新疆

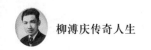

娶回哈萨克斯坦妻子）的周砥开始了新的学习生活。

不顾"六冲"的"闪婚"

与湖南来的周砥相爱，用传统的说法是：一见钟情；如现在的做法叫：闪婚。两个中国青年男女擦出爱情的火花，将要共同走过不平常的人生经历。

柳圃青和周砥走到一起，在异国他乡，实在是有个共同的目标，没法征得双方家人同意，自由恋爱取代了婚姻大事父母之命媒妁之言。

你没听说婚嫁年龄，两人年龄相差6岁，叫作"六冲"？

圃青问对方，好像民间有此说。

不会的，我们相亲相爱，不相信犯冲，何况我们在崭新的世界里，是全新的人也不会冲碰啊！

1928年3月24日，一个星期六的晚上，经同学们欢乐喜庆的祝贺，两人结为相敬相爱、相濡以沫、同甘共苦、并肩战斗的终身革命伴侣。

我们是来学习的，不会沉湎于男欢女爱，有了爱情就有了更强的动力。

新婚时，学校课程多，学习任务重，无婚假，不可能度蜜月。并且按规定，在校学员分别住男、女生宿舍，已婚者，只有节假日可同住学校招待所。

两情若在久长时，又岂在朝朝暮暮。

"叮铃铃"下课了，大家鱼贯而出涌向了餐厅，平日里，夫妻见面就在学校食堂。在周砥心中，每天与柳圃青在食堂同坐一桌就餐，是新婚生活中最快乐的时刻。

田野小河边红莓花儿开，有一位少年真使我心爱……

我在给你写信，还要怎样呢……

感谢你在我的身边，炽热的感情和温暖的陪伴，使我不再孤单……

中大同学的各式人等

中华人民共和国成立后柳圃青与解放军少将张崇文来往密切，莫斯科中山大学（简称中大）的见闻，从张崇文留下的文字，可以窥见当时的学习生活的点点滴滴——

我的哥哥张崇德喜欢打篮球，每次比赛都有他。

图 3-4　柳圃青(左一)与莫斯科中山大学的同学们

话剧组很活跃,记得我们曾演出话剧《打倒蒋介石》,吴福海(三囡)同志饰演蒋介石,演得很像。以后大家见到他,就开玩笑地喊他"蒋介石"。

去莫斯科整三年,所学过的功课,以"社会发展史"收获最大。教我们的苏联教员满脸胡须,是个著名教授。他课讲得好,由浅入深,从具体到抽象。中大校楼第四层,就是社会发展史的教室,里面摆放着从猿到人的实物模型。每讲一课之后,还到莫斯科历史博物馆参观学习。每次参加学习,我们这位老教授总是跟着边指点边讲解。

社会发展史确实是奠定革命人生观的理论基础,这门课程使我获益匪浅,回中国后对我从事教学工作和领导工作帮助很大。

此外,还学了"西方革命史",讲课的是王稼祥同志;讲"经济学"的是傅胜蓝同志;"联共党史"是由苏联同志讲的,主要是讲斯大林的联共党史教程;讲得最差的是"中国革命问题",没有专职的主讲人。

在苏联三年的学习中,课堂教学、参观学习、工厂劳动三者密切结合。我们曾经去各个大工厂参观,也去过农场,进行军事野营,去列宁格勒、明斯克、白俄罗斯、基辅等地参观学习。1930 年 3 月,还曾到莫斯科的第七印刷厂劳动。学习马列主义,为我们奠定革命人生观、坚定革命意志,打下了良好的基础。

青春万岁。一群年轻貌美、充满朝气的青年男女,可以想象他(她)们之间的婚恋,引发出太多的恩怨情仇。

在中大学习的近四年里,柳、周还与袁溥之、杨之华、帅孟奇、朱仲芷、李文宜、李沐英、吴福海、陈祥生等同学志同道合,结为挚友。

这中间还有国民党要员的子弟,如蒋经国等;国民党中坚分子郑介民、邓文仪、谷正纲、谷正鼎、康泽、肖赞育、刘咏尧、吴家钰、张秀兰、何重汉、卜涛明等;后为汪伪政权服务的汉奸李士群、裘公白、廖家傅等;还有一些科学家和学者。

图3-5　柳圃青与沈泽民、张琴秋合影

中国人讲师承重来历,更看重同学的情谊,老同学和老战友一样,织成一张网互相照应。这层关系建构了柳圃青、周砥的人脉,作为伏笔,到后来的任何时候,遇到问题,总有人能出面施以援手,圃青多少次遇难呈祥,同学起了很好的疏通掩护作用。

就在此时柳圃青不见了,彻底失联。

失联的新郎

说好周末在招待所相会,4月里的一天,周砥提前去打扫屋子,挂上柳圃青喜欢的列维坦的风景画和两人的照片,久等新郎而不见。

周砥心想,他一定有重要的事情去忙了,但是再忙也要打个招呼呀!

圃青兄,你在哪里啊?!

叁章 国共分流 聚会苏联

一日三餐在食堂都见不到柳圃青！柳圃青不告而别了！

昔我往矣，杨柳依依，今我来思，雨雪霏霏。

婚后才半个多月，柳圃青能去哪儿了呢？周砥问了与他同班的几个同学，都说不知道。

大家都学过保密条例，对最亲的人也要严守秘密，这是纪律，大家都懂得，也不便再问。周砥明白柳圃青是她的心上人，更是党的人！

那时期，中大学生分大、小班级10多个，有500多人。平日里，随时插班入学的新生很多，未结业、临时被抽调回国工作的也不少，学生中多了几张陌生脸或少了几个人是常事，一般不会有人关注。

周砥不可能到处去找，便一下课就在校门口等。等了好多天，仍不见圃青身影。

周砥着急了，她想，圃青参加革命早，一贯勤学奋进，埋头苦干，办事作风严谨，性格沉稳内向，对人诚恳实在，从不开玩笑做荒唐事。

绝不会在结婚没几天就移情别恋，就是回国工作也不用不告而别呀，会不会在政治上出麻烦事了？

想到这里，她不由害怕起来：那时中大校内师生政治理念与观点颇有分歧，有派有系，校方不能容纳政治上的异己分子，有的学员会在深夜里大家熟睡时突然失踪，听说是被清洗，或是被流放至遥远荒僻的西伯利亚劳改……

一想到这些，周砥不禁忐忑不安，心急如焚！

白桦林叶更加茂盛了，周砥仍坐在校门旁苦等，天黑得很晚，一阵晚风，倍感凄凉孤单。突然有人拽了她的衣裳。

回头只见张琴秋在身旁。

"吓了我一跳。"

张琴秋笑吟吟地问："你在做什么？还说没做什么？脸都急红了，还说没想他……"

琴秋近前悄悄说："圃青有事去了，会回来的，你别着急，也不用去打听。"

尽管当时琴秋没有说明圃青去向，但周砥相信她说的，柳圃青没有发生意外，会回来的，先前日夜悬在心中的一块重石，总算落地了！

然而免不了思念，周砥用忘我的学习、整理打扫卫生，忙于打发一天又一天的时光。又过了两个多月，直到7月底，柳圃青终于露面。

"华妹，我回来了！"

"你还晓得回来。"周砥十分生气地责怪他分别几个月不给任何信息。

"我不是回来了么!"

柳圃青没有表示歉意,只坦然地一笑说:

"这次我的活动,属于党的秘密,纪律规定不许向任何人,包括自己的爱人泄露。我必须遵守党的纪律。现在我还是不能告诉你这些日子我去了哪里,干了些什么。

我相信,如果党把任务交给了你,你也会像我这样做!"

周砥只能为柳圃青一丝不苟地遵守党的纪律,为他高度的组织观念和高度的党性、原则性,暗自赞许钦佩——几个月的幽怨烟消云散。

"好了,别生气了。"

"我还能说什么,你不知道我有多想你……"

"我何尝不是如此!"

两人相拥而视,从圃青幸福的目光里,华妹读懂了圃青失联的这段时间里发生了很重要的事情。

参加中共六大的代表

图3-6 中国共产党第六次全国代表大会会址常设展览馆铭牌

又过了几个月,柳圃青才向周砥说出这段不平凡的经历——

1928年4月,他被临时调至共产国际中国代表团,在周恩来同志直接领导下的秘书处工作,参加了中共"六大"筹备工作。这是柳圃青在中国共产党的政治舞台上的最后一次亮相,他既是中国共产党第六次代表大会的工作人员,也是中共旅法支部的"六大"代表。

这之前,赤色职工国际第四次代表大会、共产国际第六次代表大会和少共国际第五次代表大会都在莫斯科召开,考虑到届时中国共产党都将派代表团出席这几个大会,而且中共中央也迫切希望能够得到共产国际的及时指导,在1927年大革命失败后,由于国内宁汉合流清共,正处在极为严重的白色恐怖中,很难找到一个安全开会的地点,遂决定党的六大在莫斯科召开。1928年3月,共产国际来电同意中共六大在苏联境内召开,并把会议的举办地点定在了莫斯科郊外的五一村公园街18号。

叁章　国共分流　聚会苏联

自1928年4月下旬开始,出席中共六大的100多名代表,冒着被国民党抓捕的危险,分批前往莫斯科。为确保安全,中共采取了一系列措施,从代表到达会场报到之日起就不再使用自己的名字,一律使用编号。

柳圃青与邓颖超、王明等30多人作为指定和旁听代表,参加了当年6月18日至7月11日在莫斯科郊区兹维尼果罗德镇举行的中国共产党第六次全国代表大会。

开会前,斯大林召集大会主要负责人瞿秋白、向忠发、苏兆征、周恩来、李立三等谈话。他着重谈了两个问题,一是中国革命的性质,二是革命的高潮与低潮。他指出,中国革命是资产阶级民主革命,不是"不断革命",也不是社会主义革命,并以俄国二月革命为例加以说明,指出,中国革命是处于两个革命高潮之间的低潮。

中共六大是在20世纪20年代中国大革命失败后召开的,有共产国际和苏联等国共产党代表参加的,代表人数最多,讨论较充分、通过的决议最多,具有重大历史意义的代表大会。大会总结了国内第一次革命战争时期的经验教训,批评了陈独秀右倾投降主义的错误及党内"左""右"倾思想。根据党的任务和革命形势,大会制定了中国革命的任务和策略,通过了《中国共产党章程》《政治决议案》《土地问题决议案》《农民运动决议案》《军事工作决议案》《职工运动决议案》《妇女运动决议案》《关于共产青年运动的决议案》《苏维埃政治的组织问题决议案》等决定中国革命一系列大政方针的12个决议;选举了含中央委员23名、候

图3-7　召开中国共产党第六次全国代表大会的莫斯科郊区兹维尼果罗德镇的纪念馆

补中央委员 13 名的中央委员会,由 14 人组成的政治局。会议还决定,大会结束后,代表们立即回国工作,号召在读的代表回中山大学、东方大学等校学习后,也应尽快回国参加斗争。

如果不是因为迫于国内白色恐怖的压力,一切都需要保密,柳圃青一定会用他的照相机记录这段历史,就像他在旅欧活动留下的独一份的影像资料。

中共六大的文字资料也都留在莫斯科,代表们回国传达也要背下来,不留一点纸片。

于是就有了笔者要亲赴六大会址,寻得一手资料的动力。

90年后中共六大代表魂归莫斯科

笔者终于踏上俄罗斯的大地,天时阴时雨,云层低压,整个天空灰灰的……脱开难免的沉重感,终于迎来莫斯科清晨的明媚阳光,来到了向往已久的中国共产党第六次代表大会(简称六大)会址纪念馆。

图 3-8　笔者向纪念馆赠送六大代表柳圃青的照片

"当我们知青采风团一行迈出车站时,钟声响起,9 月 13 日时针正指 6 点。从火车站出发到位于莫斯科近郊兹维尼果罗德镇,约一个半小时车程,我们乘坐的大巴一个转弯急停,一座有穹顶的银色大楼迎面而来。啊,这就是笔者画过几遍非常熟悉的圣地——中共六大纪念馆!我们来了,就像旧地重游。"

大楼在八九点钟的阳光下熠熠生辉,廊檐下挂着大红灯笼,看到与周围建筑不同的中国元素,大家感到十分亲切,极力体会近 90 年前,来自我国的革命先驱们汇聚在这里开会的情境。笔者的感觉尤其强烈，因为是带着使命来到这里。

行前备课，笔者读了中共党史出版社出版的《中共六大代表回忆录》，并收到柳溥庆的长女柳伦提供的资料：

1928年4月至7月，柳溥庆（曾用名柳圃青）被党组织派至共产国际中国代表团工作。他在塞列布若那乡间的银色别墅，参加了中共六大的筹备，在周恩来任大会秘书长的秘书处工作。他也是旁听代表，柳圃青的代表证编号为71号，俄文名为：Бабушкин（巴布什金）。

因此，笔者将此行称为柳溥庆魂归莫斯科。

捧着柳老的照片，面对蓝天白云绿树如茵，笔者轻声呼唤：柳溥庆，您老人家又回来了，这里是你们曾经战斗过的地方啊……

走进大楼，见到莫斯科中国文化中心分部、中共六大会址常设展览馆副馆长兼研究员马先军，他对我们的到来表示热烈欢迎，称这是接待的第一个国内的知青代表团，也是中共六大代表的后人（代表），第一次向纪念馆贡献资料。

大会旧址的别墅历经几次大火摧残，几成废墟。参会代表后来回忆起，竟无法确定地方，俄方查证就在此地。马先军副馆长热情介绍馆史：2016年7月4日，中国共产党第六次全国代表大会会址常设展览馆建成仪式在这里举行。中共中央政治局委员、国务院副总理刘延东和俄罗斯副总理戈洛杰茨共同为展览馆揭幕。两国元首高度重视，为此专门签署协议，租期49年，租费为一年一卢布。

2013年，在中俄双方高层的协调下，中国建筑者们按莫斯科中央科学修复设计院的设计开始施工，按照"修旧如故"的原则在原址上复原了会址原貌，并建成精美的展览馆。开幕当日，刘延东与戈洛杰茨宣读了两国元首习近平和普京的贺词，可见两国的重视。

笔者在收集馆史资料的同时，重点拍摄了馆藏陈列首次问世的原始文献（中俄文对照）。在周恩来秘书长领导下的工作人员名单上有柳圃青的名字，文件中手稿和装帧表格，可能是柳圃青留下的工作痕迹——有待与他的后代家人详细辨认。

与所有六大代表熟悉

中共六大的秘书处人员名单在6月18日大会开幕式上由全体代表一致通过，周恩来被推举为大会秘书长，下设文书科、记录科、翻译科和庶务科。柳圃青在文书科工作，科主任是龚饮冰，科内有罗章龙、柳圃青、郑于瑜，大会需要各种图表，制图工作由柳圃青负责。

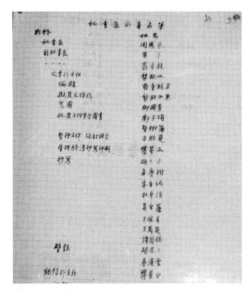

图 3-9 在周恩来领导下的六大秘书处人员名单

这次大会完全是秘密的。出席大会的代表,从国内秘密分批到达莫斯科。

代表们大部分不懂俄语,工农代表文化程度比较低,柳圃青等工作人员就发挥作用,进行接待。

中共中央受共产国际和斯大林的影响,在发出召开六大的通知中特别强调要选派工农分子。斯大林看好工人阶级,唯成分论,差点误了大事。向忠发、顾顺章根本没有信念,回国后一被捕便叛变;斯大林不喜欢知识分子瞿秋白,认为周恩来也是布尔乔亚……

出席这次大会的正式代表 84 人,其中工人 44 人,占 52%;农民 6 人,占 7%;知识分子 34 人,占 40%。代表全国的共产党员是 4 万多人。他们中有鼎鼎大名的革命者:

广东省:杨殷、李立三、苏兆征和黄平等 19 人。

广西壮族自治区:胡福田 1 人。

江苏省:王若飞、项英、蔡畅和严朴等 12 人。

浙江省:夏曦等 5 人。

福建省:罗明、孟坚和许奎璧 3 人。

江西省:王凤飞、曾文甫和张世熙 3 人。

湖南省:罗章龙、陈海清、何资琛和毛简青等 8 人。

湖北省:向忠发、祁松亭和叶开寅等 7 人。

安徽省：龚德元1人。

河南省：李鸣、徐兰芝2人。

顺直地区：张昆弟、王子清、蔡和森、李占泉和王藻文等9人。

山东省：丁君羊、郭金祥、黄文3人。

满洲(东北三省)省：唐宏经、张任光和于冶勋等5人。

内蒙古：白海峰1人。

陕西省：张金刃1人。

四川省：刘坚予、徐活荣2人。

云南省：王懋廷1人。

团中央：关向应、华少峰、李子芬、胡均鹤、汤正清5人。

被指定参加及旁听代表有(49人)：邓颖超(28号)、刘伯承(51号)、陈绍禹(王明,72号)、沈泽民(73号)、徐特立(138号)等。

非正式代表：中央委员(4人)邓中夏、瞿秋白、周恩来、杨之华。

特约代表：张国焘(1人)。

A

B

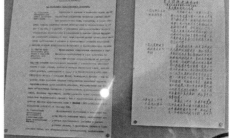

C

图3-10 中国共产党第六次全国代表大会会议资料

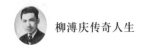

与文人和同乡相近相亲,他与瞿秋白、杨之华等同志结为亲密的挚友,大会唯一的小孩是瞿、杨的女儿,柳圃青常带她玩。

又过了许多年,柳圃青回忆道:

步入六大会场,见一排排条凳,代表们必须正襟危坐,听斯大林委托布哈林指示。在前排就座的大会主席有斯大林、布哈林、向忠发、周恩来、瞿秋白、项英、关向应、李立三、蔡和森、邓中夏和苏兆征等21人。

向忠发主持并致辞,他说:"我们大会对于过去死难的同志和其他的烈士,英勇的无产阶级的先锋战士,应当表示热忱的哀悼,我们应当全体起来默哀三分钟"。

向忠发文化程度不高,遇到问题会问瞿秋白同志。瞿秋白是典型的文人,他以第五届中央名义向大会致开会辞,他说:

图3-11 中国共产党第六次全国代表大会会场

蒋介石和汪精卫相继叛变革命,使中国革命转变到一个很严重的危急时期,可是中国共产党,始终领导中国工农群众,团结于自己的周围,与国际帝国主义及一切的反革命作坚决的斗争。

他要求大会追认"八七"会议决议的正确选择,并"希望大会全体同志能充分地发表意见,使党得以纠正一切错误"。

随后,共产国际代表、意大利共产党代表、苏联共产党代表、少共国际代表、中国少共中央代表关向应和中华全国总工会代表,分别向大会祝词。

瞿秋白、李立三和周恩来等报告……

因为要保密,所有的资料不能做笔记,也不发文件,要宣传、传达都要靠背下来。

这些都作为功课要完成。

会议结束还有"契卡"情报工作培训,比如如何反侦查……

刘伯承进行军事培训,如何使用武器长枪、手枪及其步兵炮兵协同……

一切在莫斯科郊外晚上的封闭状态中进行。

后来圃青在上海白区工作,眼看当选的中央委员和候补委员后来有一半不是壮烈牺牲,就是叛变和离党……

彭湃、恽代英、蔡和森、瞿秋白等就义;

向忠发、顾顺章、张国焘等叛变;

还有脱党的……

至此,柳圃青对斗争的残酷性、人物的沉浮沧桑和历史的大浪淘沙有了更深刻的了解。

当选的毛泽东、朱德代表了井冈山革命根据地的工农武装,特别引人注目。

作为工作人员,大会结束后,柳圃青又参加了扫尾工作。

从筹备到迎进和送走最后一位代表,他为大会整整忙了3个多月。柳圃青见到了苏共的高层,与所有的"六大"代表都有接触,他能够记住每个人,但他不说,对有争议的人避而远之。

天下谁人不识君,一个搞技术的人士,这便是柳圃青给大家后来的印象。

十天大会的斗争

和王明的纠葛,柳圃青实在是看不惯他的所作所为!王明原是一个没有实际工作经验的学生,到了莫斯科中山大学后,由于紧跟副校长米夫(后升为校长),成为中大的秘书,深得米夫的信任。他经常以领导人自居。口才好,记忆力强,阿宝背书功夫一流,来参加中大的大会,一讲话就长篇大论,引经据典,摆出一副未来"中国列宁"的样子,可以想见他后来在中共内部盛气凌人,使得党内左派幼稚病泛滥成灾。

莫斯科中山大学的十天大会在进行中。

校党总支召开工作总结大会。会议的时间是1929年9月,王明没有参加会议,但他还是影响、左右着大会。

大会开始,在提主席团7人名单时就引起了争论。名单里有余笃三、李剑如、中共中央代表团成员张国焘、区委书记芬可夫斯基,还有共产国际监委主席索里茨。

大会的争论焦点是:支部局执行的路线是否正确。支部局的领导人认为支

部局执行了一条"百分之百的布尔什维克路线";广大党团员群众则说,支部局执行了"实践中的右倾机会主义路线"。

大会由支部局领导人主持。报告一开始就指责广大学生群众,毫无自我批评。当区委书记芬可夫斯基说支部局是如何正确、是真正的布尔什维克时,会场乱哄哄的,呼喊着要这位区委书记下台,甚至有人要上前把他拖下来。

这时,张国焘在台上连连喊着"静下!静下!"会场才静下来。

在大会上发言的,有秦邦宪、盛忠亮、余笃三、李剑如、吴福海、张崇德、李一凡、柳圃青、唐有章、吴玉章、王稼祥、郭妙根、张祖俭、张崇文等。

当时斗争很激烈,张崇德、李剑如的发言同支持支部局的人的发言针锋相对。余笃三、李剑如等也在发言中批评了以王明为首的宗派主义小集团的错误。当时有的还批评学校的中国革命问题教材不切实际,有的批评学校党组织把中国共产党员降为苏共候补党员很不合理,有的批评王明等人老虎屁股摸不得,有的批评了翻译工作中的问题,等等。

据王观澜同志回忆,当时董必武立场是正确的、坚定的。他反对王明一伙操纵、控制支部局,搞宗派,搞教条,搞唯成分论,打击人、整人。把凡是反对他们的都说成是反党分子、托派阶级异己分子,帽子满天飞。

李一凡发言说:中大的任务应是为中国共产党培养中、下层干部。上层干部只能通过阶级斗争的实际锻炼和考验,从群众斗争中产生,仅有一知半解的书本知识的人是不能胜任的;派往红色教授学院深造,必须从党的利益出发,实事求是地从较有实际经验的同志中选拔,不能仅凭俄语程度,尤其不能以好恶取舍;批评民族沙文主义。

二十八个半布尔什维克

这一次支部局的总结报告在全校大会上受到了众多同志的严厉批评,很多发言人指出,支部局没有正确贯彻执行党的"六大"路线,总结空洞,认识肤浅,应检讨和纠正错误和缺点……大家情绪激动、气氛激烈。

王明宗派小集团着急了,他们害怕失去中大党组织的领导权,更害怕失去校长米夫的信任,便要求停止大会讨论。结束前,支部局把一份《党总支工作总结》提交上午的大会表决,结果遭到绝大多数同志的反对。表决的结果,几百名党员,举手赞成的仅有29人,这29个人后来自诩为"二十八个半布尔什维克"。

有28个党员,所谓半就是有一位是共青团员,算半个。

柳圃青后来在回忆时为便于统计,加了序号,这 29 人是:

1. 博古(秦邦宪) 2. 殷鉴 3. 杨尚昆 4. 张琴秋 5. 卜业奇 6. 汪盛荻 7. 傅继英 8. 徐孝祥 9. 杜卓强 10. 王云程 11. 陈昌浩 12. 孟庆树(王明的妻子) 13. 刘杰(刘英) 14. 肖特夫 15. 谢建民 16. 李竹声 17. 盛忠亮(盛岳) 18. 孙济明 19. 毛子芳(毛齐华) 20. 潘方 21. 徐以新(团员) 22. 章汉夫 23. 夏曦 24. 谭国辅(夏曦妻子) 25. 洛甫(张闻天) 26. 沈泽民 27. 陈铁铮(孔原) 28. 陈达邦 29. 朱自纯。

一直等到 1975 年 4 月 27 日,毛泽东同志在中共中央政治局会议上说,28 个半统治了 4 年,打着共产国际的旗号吓唬中国共产党,凡不赞成我的就要打倒。

1980 年 5 月,我国著名经济学家孙冶方给乔木同志的一封信中,建议中央找现在还活着的留苏同学开一次座谈会,以回忆王明宗派集团形成的经过和留苏学生中反王明的情况。

于是中央党史资料征集委员会通知:根据乔木同志的批示,定于 1981 年 8 月在中共中央党校召开"二十八个半布尔什维克"问题调查会。

该会由冯文彬同志主持。约请熟悉当时情况的老同志杨尚昆、伍修权、孔原、吴亮平、王观澜、孙冶方、徐以新、冯定、张崇文、陈一诚、陈修良、夏之栩、李沐英、李文宜、周砥等参加了这次会议。

会上大家一致认为:今后宜把所谓的"二十八个半布尔什维克"的叫法,改称为"莫斯科中山大学王明教条宗派"。

反对托洛茨基主义的无限扩大

十天大会虽然结束了,斗争并没有停止。

托洛茨基眼看斯大林自基洛夫暗杀事件后,开始大搞专制。

在苏俄后来的历史书上,理论家、革命家、军事家、政治家托洛茨基,以苏共中央政治局委员的身份出席了中大的会议并作精彩的演讲。这位仅次于列宁,在共产国际和苏联享有崇高威望的政治家、外交家以其诙谐的语言说:"从现在起,任何一个俄国人,如果他用轻蔑的态度对待中国学生,见面时双肩一耸,那他就绝不配当俄国的共产党人和苏联公民……"托洛茨基一番"革命加人情"的讲话给中国留学生留下了深刻的印象。"托洛茨基主义"也就自然地在中大校园滋润了一片土壤。

随着列宁去世,托洛茨基遭到斯大林的嫉恨,视托氏为敌人。1929 年托被

驱逐，斯大林开始肃反，给对立面带上托派的帽子是件十分容易的事情，以至于曾任苏联革命军事委员会主席的托洛茨基所领导的三大元帅布柳赫尔、图恰切夫斯基、叶戈罗夫等也被杀害。

在这样的背景下，中大所发生的事，实在是小巫见大巫。

大概在年底的时候，支部局忽然召开了一次全体党员大会。向大会宣布一个十分骇人听闻的消息：校内存在着一个庞大的秘密托派组织，在这次斗争中操纵广大党团员群众向党支部局进攻，反对党的领导。还提供了一个有百十来人的托派名单。此后，就陆陆续续有许多同志从学校失踪了。说这些人是被派送回国或去共产国际谈话去了，实际上是把他们逮捕了，这其中就有唐有章、李一凡、张崇德等同志。

1929年11月，学校党组织宣布全校清党。在清党过程中，实行"人人过关""残酷斗争，无情打击"的方针，方法简单粗暴。几位清党委员并排坐在一张桌子后面，被审查的人站在桌前，就像是在法庭受审一样。由清党委员向被审查者提出问题，旁听者也提出问题，然后由清党委员会做结论。他们既不核对事实，也不进行调查，便根据揭发出的所谓问题，做出结论，开除党籍或予以别的处分。

十天大会后进行的清党，究竟逮捕了多少同志，无法准确统计。按李一凡同志估计，至少有五六十人。使我党许多好同志，有的受到警告处分或被开除出党，有的被捕，有的被送到西伯利亚做苦工，有的被迫害致死。

吴福海在"十天大会"上发言反对支部局，之后与博古争论，失手打了他一拳，因此，清党开始之后被开除党籍。他在中共代表团的支持下，向共产国际申诉。由于他家庭出身贫苦，本人成分是工人，参加过上海工人第三次武装起义，所以，校清党委员会又把对他开除党籍的处分改为警告处分。

孙冶方敢于同王明教条宗派进行斗争，先是被诬为"江浙同乡会"分子，后又被当作阶级异己分子开除党籍。

张崇德在中大期间，王明一伙曾多次拉拢他，都遭到严词拒绝。因此，他以莫须有的罪名被逮捕。未经任何法庭程序，由格别乌的特殊会议判处5年劳改。释放后又抓回，终于被迫害死在苏联。

李国暄同志出于同情俞秀松、周达明、董亦湘，为他们送了毛毯而被隔离，到1937年上半年后，就再也听不到他的任何消息了。

余笃三、李剑如两位同志都是坚决反对王明一伙的，在"十天大会"上是主席团成员，后都被送回中国，到苏区工作。

据成仿吾写的《张国焘在鄂豫皖根据地的罪行》《中共党史资料》1982年第

4辑)讲到,余笃三因反对王明"左"倾路线被撤掉了红四军政委的职务,被张国焘杀害。

王嘉翔著的《大将许光达》一书中,有三处提到李剑如,说王明路线的中央把湘鄂西当时不同意见的争论笼统说成反革命分子的破坏活动。他们组织肃反委员会杀了许多人;许光达当十七师师长时的师政委李剑如也被杀害。

王孚美在苏联学习期间,因反对王明被关进监狱,1937年与家中断绝通信,1953年病死狱中。据其在苏联的女儿友兰说:后来也为王孚美恢复了名誉。

《江苏革命史料》1983年第8期上报道,董亦湘被王明诬为托派,于1938年被捕。经他的苏联妻子和董亦湘的弟弟董涤臣请国际红十字会帮助寻找,苏联中央军事检察院1959年通知:他没有罪行,应恢复其名誉。

对上述这场冤案错案进行一次有组织的清查,并作出应有的结论是完全必要的。

这样做是符合实际的,是很得人心的。

遭王明集团迫害

在传达了"中共六大"会议的种种决议和精神后,莫斯科中山大学的内部矛盾和斗争,随着人们对会议精神的领会、讨论,校支部局对决议的贯彻、执行,产生的矛盾逐步发展而且公开化。矛盾的核心是代表中大党支部局的王明宗派小集团执行的路线、工作,与中共六大的决议不相一致,遭到了群众的批判与反对。

经过情况如下:

1928年秋后至1929年春,在全校党团员连续几个月的组织生活讨论中,柳圃青和许多同学认为,参加了"中共六大"的支部局副书记王明(陈绍禹),未能坚决贯彻落实大会的决议和精神;对中国革命的性质、任务、战略、方法、路线等一系列大政方针缺少正确认识,也未能引导大家开展有效讨论、取得共同一致的正确认识;作为学生出身、没有革命实践经验的王明及其宗派小集团一贯不尊重别人,不重视实践,满足于夸夸其谈,藐视国内农民运动,脱离中国革命实际搬弄教条;担任支部局领导,工作不力;贪图在苏联的安逸生活,不愿回国参加革命实际工作;既不能自我批评,又不能听取批评,还不讲民主,将自己许多错误的政治主张和观点,强加于人,严重脱离群众等。

对于上述批评意见,王明等不予接受。同志们越讨论,意见越多,支部局领导人和党员群众在认识上的矛盾,逐渐加大。但是,共产国际的领导人支持他。

为什么?

道理很简单,莫斯科中山大学是苏联出钱创办的,名义上受共产国际领导,实际受苏联领导。派至中大的校长兼党支部局书记、俄罗斯人米夫,同时又担任了共产国际东方部副部长,分工主管中共革命事务,是个可以参与决定中共方针大计的领导人。

1927年才26岁就当了中大校长的米夫,是个军人出身、16岁入党的青年党员,他骄傲自负,有大国主义和大党主义思想。他不了解中国历史和中国革命的性质及特点,不了解当时中国国内革命情况,也看不起当时的中共领导人瞿秋白等同志。

米夫一心企图利用莫斯科中山大学培植亲信,利用他信任和扶持的王明及其宗派小集团,进入中共领导层,建立自己的权威,掌控和指挥中国革命。因而,俄语学得较好、马列理论背得较多、善于拍马追捧、唯米夫是从的王明,深受米夫的偏爱,在1927年他被任命为中大支部局副书记,成了在俄国人主宰的中大职权最高的中国人。

1928年春,共产国际派米夫参与中共六大筹备工作,王明又被米夫作为指定和旁听代表,参加了"六大"秘书处工作;斯大林会见中共领导人时,米夫就派王明当翻译。王明吹捧追随米夫,米夫提携保护王明。因此,王明在中大的所作所为,必然受到米夫的支持。

柳圃青回忆道:

我在1929年参加了反对王明宗派集团的斗争,在莫斯科中山大学党总支部大会上发言,批评了王明及其后台米夫对中国革命形势的错误看法,王明等不愿马上回国参加实际斗争是错误的,等等。结果遭到了王明宗派集团的嫉恨。

王明不能容忍柳圃青出来成为对立面。柳圃青比王明资历深,1921年入团,是纯粹的工人出身,参加过工人运动,符合共产国际的要求,在中共六大上,柳圃青代表中共旅欧支部;王明则是一个学生。同为六大代表,平起平坐,王明、柳圃青、孟庆树(王明的夫人)三人的代表证号连在一起。

1930年,厄运降临,王明宗派小集团设局,让柳圃青参加批斗会,对他进行诬陷迫害,给他扣上"反党组织者""冒充工人""国民党残余"等帽子,最后决定将他开除出党。

会上还装模作样搞什么表决,当然全体一致通过。

莫须有的"江浙派"

"顺我者昌,逆我者亡"的一系列做法和苏联当时的大清洗有关。

支部局先后召开了由他们"指定人员"组成的"清党委员会",对被迫害者分别进行"围剿"、打击和处置,名曰"各个击破"。

凄风苦雨在莫斯科中山大学横扫了数月,许多热血沸腾的革命同志先后被一一"击破"。

至此,1930年秋莫斯科中山大学停办关门。

"残酷斗争,无情打击"在中国共产党内开了一个很不好的头。

可是在当时,王明还是代表共产国际,一度还是中共的"太上皇",在中大做什么动作都易如反掌。王明一伙造谣说有人组织了个"江浙同乡会",是反革命组织。而后台老板,则是瞿秋白。

图3-12　1929年春,柳圃青在莫斯科中山大学

苏联国家安全委员会(克格勃)调查结果,竟然认为确有这种"反动组织"存在。瞿秋白、周恩来等人调查后,认为并不存在这样一个组织。瞿秋白于是给联共政治局写信,对苏联克格勃的调查结论提出异议。后来,共产国际监委、联共监委、中共代表团联合组成审查委员会审理此事,最终做出了不存在"江浙同乡会"这样一个组织的结论,并由周恩来在莫斯科中山大学全体师生大会上宣布,但还是造成一些学生的被开除、被逮捕。

中大还请到莫斯科开会的向忠发前去讲话。向忠发不做调查,就声称他们如不坦白,要逮捕、枪毙。"枪毙"两字说得特别响亮,使在中大的江浙学生人心惶惶。

大概在1928年七八月间,周恩来来到中大,代表中共中央宣布中大并没有"江浙同乡会"的反革命组织,只是某些学生爱吃中国菜,周末在一起烧中国菜吃而已。

江浙派还是成了莫须有的反党集团,随后——

张崇德,浙江人,失联失踪了,江苏的柳圃青也危险了。

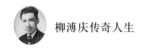

为免除不明不白流放遭清洗，关键时刻，周恩来出来挡驾：

"柳圃青，你认识自己的错误吗？不顾全大局！到工厂去发挥你的专长，下去劳动，好好改造自己的世界观吧。"

最早的援苏印刷专家

柳圃青放下在中大读书的书本、俱乐部绘制舞台的布景、做博物馆绘图员和在莫斯科美术学校时的画笔，又听、闻到了工厂久违的机器和油墨的声息。任莫斯科第14印刷厂、苏联消息报印刷厂、工人日报印刷厂和莫斯科中央彩色照相制版中心的技师，使其美术照相制版时间，由2个月缩短为2周，不但提高了工效3倍，还提高了印刷质量，受到苏方的欢迎。

在当时，苏联的印刷技术落后于欧美，由周恩来推荐，柳圃青接受委派，1929—1931年，先后到上述四大印厂，培训印技人才，传授先进的制版技术。

而柳圃青早在1921年就学得美国印刷制版技术，1926—1927年，他主动到巴黎印刷学校印刷厂勤工俭学，通过印刷实践，掌握了当时欧洲最先进的制版技艺。通过自学，他又学会了英、德、日、俄语言中印刷行业的专门用语。他长期订阅欧美印刷技术的刊物，是我国唯一能用5种外语及时关注世界各国印技动态的学者。从那时起，他已经是一位既有先进理论知识，又有丰富实践经验的印刷专家了。

1957年柳圃青再赴苏考察，再访莫斯科中央彩色照相制版中心时，该厂对他20年代做出卓有成效的技术贡献仍未忘怀，专赠镌刻着"柳圃青"姓名的金表，以示感谢。

A

B

图 3-13 柳圃青1929—1930年在苏联印刷厂制作的照相版四色印样

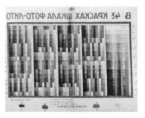

图 3-14 柳圃青为苏联印刷厂亲自制作的"照相石印制版四色图解表"

回国在实际工作中解决党籍问题

柳圃青在当时（1930年）立即向共产国际提出申诉。不料得到的答复是："回国后在实际工作中解决"。

柳圃青无可奈何。当时，他并不知道共产国际是王明的后台，王明在中大对党内同志的政治迫害，得到了米夫的支持，柳圃青等向共产国际的申诉，绝不可能得到米夫的公正处理。

后来一再说是王明开除他，知者为知之，不知为不知。再怎么说也是一级组织，代表中国共产党，是党做出的开除1921年参加革命、1926年入党的柳圃青。

一记闷棍沉重地打击了柳圃青，使他从此失去了党的组织关系，改变了他继续作为职业革命者的命运。但是，柳圃青的革命信念和革命立场从未动摇，他坚持服务，相信总有一天党会纠正错案，会恢复他的党籍，让他重回党的怀抱。一等等到1949年解放，一直到去世后9年才得以平反，是所谓的"勋业封冥下"。

接下来的遭遇，第一次证明政治生涯也在"交情气象中"。

遭受牵连的周砥也被罚至莫斯科灯泡厂及印刷厂劳动数月。

于是他俩学习在一起，工厂劳动又在一起。

在政治上失意，却收获了爱情的结晶。1930年夏，周砥有喜，怀孕了！

组织上还得安排她与萧劲光、朱仲芷（朱剑凡校长次女）夫妇一起回国。

柳圃青当时应聘在莫斯科中央美术印刷制版中心工作，事情没做完。所以，他回到上海的时间，比周砥晚了一年多。

在中大的十天会议上，最受欢迎的是共产国际监委主席索里茨，他的声音又一次在柳圃青和周砥耳边响起，成为这批在莫斯科结束学习的人们回国的巨大动力。

他严厉地批评革命者脱离斗争实际，说：

"你们在这里，在莫斯科，无论说得多好听，都不能完全说明你们是好样的！"

"你们必须在中国，在流血斗争中，用自己的实际行动，才能证明你们是真正好样的！"

"不是在这里，而是在那里！"

不是这里，而是那里！他手指东方。

肆章

海归辗转　九曲连环

青年柳溥庆

肆章　海归辗转　九曲连环

回国者归心如箭

20世纪初的中国社会，刚刚结束了封建社会，开创共和。一时间，在人们的面前好像有无穷的发展空间，现代文明和工业革命都影响着与国际接轨的上海，挑战与机遇并存——是时势造英雄，抑或英雄造时势，各路人马在这里上演了最精彩的一幕幕活剧。

人若积极奋进，或投身革命，或跻身精英集团，寻求真理，开创局面，也时不时地得占先机。

人要投机，也有许多机会。体制机制交替、社会跌宕起伏风云诡谲，其中有主观能动性的作用，也有身不由己的地方。

于是就有了高峰和低谷，有"过五关斩六将"的辉煌，也有"败走麦城"的苦涩。

命运似乎是公平的。

福兮祸所伏，祸兮福所倚，是事物发展的辩证关系；塞翁失马焉知非福，乃坏事变好事，好事变坏事，转危为安，遇难又呈祥……

岳王庙的碑文一语成谶：

"勋业封冥下，交情气象中。"

综观柳圃青的一生，充满传奇色彩，与人脉交情有关。尽管事情过去很长时间，但依然有一种周而复始、历久弥新的感觉。

中共六大在莫斯科闭幕之后，在莫斯科中山大学，也是圃青退出中国未来政治顶层舞台的开始。戛然而止的告别，使他被遣散下放到工厂劳动，然而也正是他从事印刷技术研究的一技之长，给周恩来找到保护他的理由，使之没被枪决或流放，被安排在工厂劳动而躲过一劫。风头过后又过去了三年，他被告知可以回国。

从上海到巴黎，再到苏联，回国到上海、北京一大圈，走到莫斯科是个分水岭，柳圃青从此在政治舞台的谢幕，以展现自己工业技术才能的新面貌重新登场。

黑河是柳圃青归国的新开始。

从莫斯科到远东，走了20天的蒸汽火车，喘着粗气，缓缓驶来，终于停泊在苏联远东的第三大城市——阿穆尔州首府布拉戈维申斯克的车站。从宽轨车上走下来三位年轻的中国人，他们分别是本传传主柳圃青，时年31岁；同在法国学音乐的沙可夫,时年 28 岁;李瑛(邓中夏的夫人),时年 22 岁。他们显然是有人(达瓦里希)接应。于是乘着"伴我走天涯的老马"拉爬犁沿着黑龙江往正北方向的上游走去,在现在中国一端的上马厂乡不远的对岸驻足。在隆起的山坡上树丛间,向导把军用望远镜交给了三位中国人,眺望这边,那一马平川的大地——"是我日思夜想的祖国啊!"

黑龙江上的"偷渡客"

柳圃青等人已经站在黑龙江的那侧,中国人叫海兰泡的地方,在隆起不高的山坡上眺望着祖国,用望远镜搜寻着江面、江岸和江中小岛的枝枝杈杈,被冰雪覆盖了的一切如同平地。这一段是边疆关卡设防的结合部,有限的巡逻顾不过来,这里也是江面的最窄处,也就是四五百米就能过界,当然过了界,还要走很长一段路才能走出边防区。

图 4-1 黑龙江中苏边境黑河上马厂乡"偷渡"处

时光定格在 1931 年 11 月下旬的某天晚上,三人要从这里(一条秘密红色通道)穿越国境线,回到国内。

三位南方青年在这里接受北疆原始莽原冰川严寒的考验。

风雪交加,可视度将收拢的目光从崇山峻岭中渐渐伸向远方,在稍显平坦处江天一色,黝黑的山林和惨白的冰面形成对比,虚白处一览无余。

再推近察看,在夜色中极力辨别冰面上好像有蠕动的人形,在雪地里留下的脚印,很快被飞雪掩盖。一个大特写,渐渐可以看清三个黑色的点,再仔细一看,兜着白床单的狗皮帽下露出了年轻的脸庞,灵动的眼睛,睫毛上沾着白霜,大口喘着气呵出一团团白雾……

月黑风高,圃青在冰天雪地里走着,此时内心是孤寂苦闷的。在离开家国的七年里,他无时无刻思念着报效祖国,憧憬有朝一日凯旋,几几回梦里来到上海——特别是在爱人周砥怀有身孕已先期回国以后,他更加归心似箭百感交集。

脚上蹬着高帮的毡鞋,连走带爬在冰面上的人,从肢体到思绪都要被冻得凝固了,唯有不停地动,将身体最后的一点原动力焕发出来,才有生的希望,才能回到故乡,寻找组织,见到思念的亲人……

偷渡,这也许是返回国内最安全的选择。

原先从苏联回国的共产党人,都是沿着西伯利亚大铁路到海参崴,然后坐船回国。摸到门路的中国当局一抓一个准,抓住了就拉去做苦役,然后人便失踪。因此后来的归国者开始把目光投向别处,从黑河地界边防哨卡衔接不到的地方过界,不失为一个最佳方案——

在苏联一侧的峡谷间似有道下达江边树丛中,这里藏多少人也不会被发现。据上马厂乡史记载,1939—1945年,以陈雷(后任黑龙江省省长)为首的抗联部队一干人等,就是从这里出境去苏联学习和休整,再与日寇作战有了回旋的余地。

这是一条秘密的红色通道呀!

柳氏后人提供的这条线索,是苏联往中国境内来。这一发现"把黑河市上马

图4-2 上马厂乡党委书记齐峰(右一),黑龙江省侨联副主席、黑河旅俄华侨(旅苏、俄留学生)纪念馆创始人、第一任馆长曹明龙(中),陪同笔者(右三)踏勘红色通道

厂乡开辟的红色通道的时间推前了8年"。笔者由黑龙江省侨联副主席曹明龙陪同,到实地进行考察,为曹明龙创办的全国唯一的黑河旅俄留学生华侨纪念馆,留下柳圃青的有关资料,在乡党委书记齐峰和副乡长徐加恒的指引下,参观了黑河上马厂乡的乡史陈列馆,并到可以过江过国界的实地进行了踏勘。

亲吻祖国大地

他们从莫斯科乘火车来到远东的海兰泡,后更名为布拉戈维申斯克(俄语报喜之城的意思,是沙俄侵占中国领土的庆祝)。脚下的大地,海兰泡,是典型的中国东北地名,这些地方本来都在中国的版图之内,江对面的黑河市瑷珲区,就是因为此签订《中俄瑷珲条约》而丢人现眼,闻名于世。第一次鸦片战争,沙俄没闲着,成了掠夺土地的最大受益者,使中国一下子失去了黑龙江以北、外兴安岭以东约60万平方千米的领土,把中国的内河黑龙江变成了边境河。

黑龙江蜿蜒数百公里,中苏两国在远东地区从此以江为界。海兰泡与黑河市隔江相望,城区相距仅750米,是中苏边境线上两国距离最近的边境城市,黑河市郊外正北一段的上马厂乡的西南江面,最近处两岸的直线距离只有五六百米。因地处北纬50多度,一年中无霜期3个多月,10月就进入冬季,11月可以在冰上行走。最冷时达零下50多度,江水结成冰,风吹雪浪堆积高低不平,不能滑冰,为避免被边防军发现,偷渡者披着白床单在夜色的掩映下一步步走上江面,进入祖国的北大门。

走啊走,爬呀爬,身下的土地升高起来,那是中国一侧的小岛,再走几十步,就上了岸。

三人几乎同时伸长了胳膊,双手紧紧抓住了身下的土地,扯开了口罩、围巾,将炽热的嘴唇深深埋入雪地,拥吻久违的祖国。

轻轻"嘘"一声,我们登上了彼岸,我们回到了中国。心啊,安—安,气啊,喘—喘……

再努力啊,他们互相鼓励着,携手走向一个高处。抖落身上的雪霜,在一棵大树下,抱团取暖,等待黎明。

天亮了,依旧阴沉沉,眺望林海聆听松涛,圃青活动着关节对同伴说,你们看,这里多么像希斯金笔下的油画《眺望远山》啊。

"咪嗦啦咪嘻哆啦咪……"沙可夫用嘶哑的嗓子哼唱起柴可夫斯基《悲怆》的旋律,李瑛刚活动开四肢就跳起舞来。

祖国!我们终于回来啦!

三人继续向南,晓伏夜行寻找铁路。

做足功课的圃青,循着所画方位地图,凭借在中共六大期间训练使用指北针和野外生存的能力,一步步向550千米之遥的哈尔滨走去。来到哈尔滨才坐上火车出山海关,一直到天津坐上船,对外称是直接从海参崴回来的。

在困苦和无奈的时刻,回忆幸福往事是他们三人在路途中谈话的乐趣。

在痛苦的时候回忆幸福的时光,有时会加深自己的痛苦,本想凯旋荣归故里——为此他预设过许许多多的回国与亲人见面的情形,但怎么也没想到会是卧雪爬冰"偷渡"入境,和出国时的风光形成强烈对比……

离开祖国的时候阳光灿烂,1924年3月28日柳圃青一行在上海上船,起碇赴法,唐驼、吴稚晖等一干人亲赴码头送别。当时的情境就在眼前——

勤工俭学主倡者之一的吴稚晖,与蔡元培、张静江、李石曾,是国民党4位元老,他来送行自然风光无比,阳光灿烂。

今非昔比,月黑风急,冰雪夜偷渡……

游 子 归 来

随着一声声沉闷的汽笛声,来自远东海参崴—天津—上海的邮轮进了黄浦江,船开过的地方,把水面分开,有一条甬道,远远地从后面看船向右侧倾斜——人们都走上靠浦西的一侧观景,看到杨浦发电厂高耸入云的两个大烟囱,上海到了! 接下来自来水厂、百老汇大厦、外白渡桥、外滩的万国建筑一一掠过。十六铺码头的字样跃入眼帘。

呜,呜,呜——迎着猛烈的江风,站在甲板上的主人公摘下铜盆帽,长长地叹了口气:终于回到了阔别七年故乡的他,走下舷梯时稍微停顿了一下脚步,就被蜂拥下船的人囔了起来。他习惯地说了句"对不起",侧身让过。

他这一刻没有游子的归心如箭,好像也高兴不起来,怎么说呢,好像什么也不能说,学成归来? 奉调回国? ——他还清楚记得临别莫斯科的情景如在昨天,上级对他已不是共产党员而向共产国际提出申诉的材料,未置可否。

他挥了挥手仿佛要驱散纷乱的思绪,面对现实,回到家中马上要见到家人兄弟,还有分别一年多的妻子女儿,他应该高兴才是。

再者远离了政治,无官一身轻了,自己应该可以有自己新的开始,想到这儿,他顿时有了一种新的感觉,望着远远过来迎接的培庆、长青两兄弟,心绪好了起来。

柳圃青见到妻子周砥,抱起了第一次见面的女儿,与妻诉说起这段往事,不

禁热泪盈眶。

先期回国的周砥，路上的境遇要好得多，与萧劲光、朱仲止夫妇以兄妹、姑嫂相称，也是三人结伴而行。不同的是在夏天，肖劲光化装成汽车司机，经西伯利亚大铁路到海参崴，然后乘船回上海。

然而不久，1931年初春，周砥在上海也遭磨难。因为圃青要轻装上阵潜回国内，把一部分重要的东西寄回来，考虑到寄上海目标太大，就寄往靖江老家柳茂斋校长，柳校长一看原封不动转寄上海，当局通过邮政截获，看到来自苏俄的邮戳，以赤色分子嫌疑，将怀有身孕的周砥锒铛入狱，后被柳圃青的大兄弟柳培庆保释出来，不久女儿降生。

长女柳伦1931年生于上海，这位在毛泽东身边工作过（中央警卫局学校文化教员）的人，是在娘肚子里就坐过国民党监牢4个月的离休干部，她与两位老人最亲近，了解的事情最多，对父母的感情也最深。采访时87岁的柳伦大姐言道："我听妈妈说过，为避免被捕被害，父亲是从黑龙江黑河对岸的一个小城市海兰泡的一侧，黑龙江上游最窄的边防薄弱处，在下雪结冰时偷渡爬过来的。一起结伴回来的有后来一直关系很好的沙可夫和李瑛。到黑河后因无车可乘，他步行半个月，走到哈尔滨，然后坐火车进关。那时从苏联回国的同志，大多是走这条路。可是父亲每次都写成是他从海参崴返申"。

如果说他们三人出国时还是热血青年，经过政治风波、血雨腥风、冰天雪地的洗礼，当他们重新从冰河上爬上来，站起来，一步步脚踏实地行进在祖国大地上的时候，面对国内的白色恐怖和日寇的挑衅，仿佛炽热的钢铁完成了淬火，成为无坚不摧的冷峻坚强的革命家。

在上海入境处，他又迟疑了一下，然后快速地用派克金笔在入境单上写下自己的中文名字：柳溥庆。

这是他第一次启用这个名字，取的是原来"圃青"的谐音（从这里开始主人公启用现名）。

柳溥庆，标志他新的人生的开始。柳溥庆这个名字，从此以后将要在另外一个舞台，印刷技术领域大放异彩。

静心研修家谱

柳溥庆，三个字用颜体楷书书写放在柳文相的遗像面前。

父亲1930年的去世，远在海外的他并不知道。

秋风萧瑟，满目凄凉，柳溥庆与父亲对话，爹爹我回来了！那音容笑貌如在眼前：

"哦，你还晓得回来，晓得回……回来就好了！这趟不会再走了吧，身为柳家的长子你要做的事情很多，三十而立，安身立命在上海你的技术也不差，完全可以过上像培庆家这样的好日子……"

柳溥庆悲从中来，哭出声来，父母在不远游，我一走就是7年……孩儿不孝啊！

柳静妹妹亭亭玉立陪哭在一旁：

"爹爹就是因为思念你心切，在挂你画的时候，而不小心摔了一跤，此后再也起不来了……"

柳溥庆面前模糊成一片，无言以对：

"爹爹，爹爹，爹爹呀，我来迟了！"

他老人家还留下有一摞书稿，让我细细看来！

读一读家世，柳溥庆逐渐静下心来。众所周知，在过去的封建帝王时代，爱国家、爱人民、有理想、有抱负，品德高尚，愿意真心为民服务的忠厚正直的读书人，择业之路主要有：

一是十年寒窗，勤奋读书，考上状元进士，做一个清官，为人民主持公道。

二是研究医药，当医生，开药店，救死扶伤，为人民健康延寿服务。

还有就是做老师教书。

靖江县康知事向柳国瑞赠送褒扬赞美的匾额，对当事人是莫大光荣，说明他的医药经营理念与行为受到了人们的敬重与欢迎。

柳国瑞去世后，他的后代二世三世四世，都继承了他的事业，在生祠镇将治病救人、为民造福的医药卫生事业，延续到19世纪柳氏第八代。今天，在六世文相公撰写的他见到的实人传记中，五世大纯公、六世文华公、七世吉庆公、祥庆公、八世百章、百虞、百弟等柳氏族人，都是怀有高超医术的医生，他们在靖江开药店治病，以救死扶伤的实际行为传承祖业200多年。

在先人影响下，柳溥庆的父亲六世文相公（1870—1930）也有志继承祖业，年轻时他也热衷于学医。期间，因家贫失怙，无钱开办药店，不得不走科举之道。

不料在他中举后，科举制度被废除了。他只得给人当塾师，同时念念不忘祖业。他与堂侄柳余庆志同道合，感情甚笃。余庆年轻时刻苦学医，曾在江阴县人家开的药号当伙计,很想有自己的药店,文相公一直鼓励他、帮助他。

经几十年艰苦奋斗,余庆的理想终于实现了。从1927年起至1939年,也就是他43岁至55岁的12年间,他向七人集资,先后在上海开过四家"同保康药号",有总号、分号、东号、西号。

抗战前,因地区偏僻,业务萧条,仅留下虹口区的总号和分号。1927年开第一家药铺时,文相公将多年的工资储蓄一千元交给余庆,作为对余庆创办药店的资助,也算是初步实现了他与余庆一起继承祖业的愿望。

柳余庆于1884年出生在靖江,为人忠厚正直,做事勤恳踏实,办事认真公道。"同保康药号"创办才三年,1930年夏,文相公去世了,余庆将他的一千元资助换作股票,成了他唯一遗产。

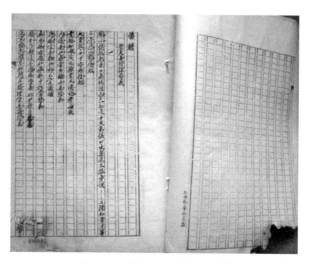

图4-3　柳文相的遗稿《医鲭》

父辈们商议决定,将全部股票交给当时尚未成年的老五老六两位小弟弟,用每年的一点股票利息,补贴他们生活之用。三四十年代,战乱不断,陷为孤岛和敌占区的上海,风雨飘摇,百业萧条,余庆呕心沥血、苦心经营。至上海解放那年,他的药店只剩下了一家。那时,余庆已65岁,仍在坚持祖业,苦苦支撑着药店。

算起来,从康熙年始祖的"柳春和药铺"起,到上海解放时余庆的"同保康药号",这一支柳氏族人坚持悬壶济世,有300年了!

望着垂垂老矣的父亲相片,他读懂了老一辈支撑一大家子的艰辛,这其中还有经营药店的经济来源,老人的慈爱和期许,好像都留在文稿和药方里,可是面对病入膏肓的社会,吾等还能开出怎么样的良方呢?

白色恐怖笼罩着上海

上海还是七年前离开的样子,还没重新认识上海,孤寂和陌生笼罩着柳溥庆。

这是我的上海么?原来奉职的单位商务印书馆、中华书局冷冷地打发了柳溥庆,说他有共党赤化的嫌疑,奉当局谕,无法接纳。亲戚朋友也因而避之不及,那种尴尬,只有回到家中无言以对周砥,当然也没有地方去联络,向党组织申诉和寻求工作安排。

事态越来越明了,1931年着实是中共党史上多灾多难的一年,相比之下柳的境遇还算不了什么。白色恐怖迎面压来,上海的地下党组织接二连三被敌人破坏。36名共产党员和50多名左翼人士被捕,左联青年作家等24位革命者被国民党秘密枪杀。

祸不单行,中共的上层出了大问题。4月24日,中共六届中央政治局委员、中央特科负责人顾顺章在武汉被捕,当即叛变投敌,他的破坏力之大,险些给上海的中共中央机关造成灭顶之灾,以致恽代英、蔡和森、彭湃等遭到出卖而被杀害。6月22至25日,时任中共中央总书记的向忠发被捕、被杀,也就是一步之差,周恩来、陈云、杨尚昆、邓小平逃过一劫。

图4-4 顾顺章:中共党史上最危险的叛徒、特务

图4-5 向忠发:中共级别最高的叛徒

同时回来的沙可夫、李瑛也被捕。

之所以用这么多的文字资料介绍柳溥庆回到上海后面临的白色恐怖环境，尽量还原当时的历史场景，是为了便于大家真正认识到，在那样一种危机四伏、随时都有生命危险的环境中，柳溥庆的坚持是多么难能可贵。

"忍看朋辈成新鬼，怒向刀丛觅小诗"。

鲁迅1931年的诗作，道出了柳溥庆当时的心境。

他认得的共产党的要人，剩下的都随之与中央机关撤离了上海，奔根据地而去。

夫妻俩都远离组织，原来周砥回到上海，被分配在上海赤色总工会做交通联络工作。8月，由谭寿林（龄）、吴福海介绍加入共产党。她住在国民党白色恐怖统治的虹口地区，1931年春，因收到来自苏联的邮件，不幸被捕，关押在提篮桥监狱。

在狱中，周砥未暴露自己的党员身份和工作机密，又以即将分娩之躯，精心护理同狱难友、留苏同学李沐英同志，并为她保管和转送地下党机关钥匙，传递信息。4月中旬，周砥被取保释放。

当时因单线联系领导人章夷白也被捕入狱，周砥也失去了组织关系。

表明远离政治的"心灰意冷"

夫妻两人宅在家中，柳溥庆一时没有了方向，钻进故纸堆，在父亲文相公为靖江县生祠镇的柳氏族人撰修家谱的基础上进行续写。

他清楚地记得，在他出国前，父亲文相公又多次到靖江住地访问族人，予以记录，并在1914—1929年，撰写了5篇有实物见证的家族历史和17篇亲属个人的传记。传记内容翔实多彩，有其父柳大纯公，其母郑太孺人，伯父柳大纶公，堂伯父柳大英公，堂兄柳文荣、柳文华、柳文蔚；堂侄柳余庆、柳吉庆、柳祥庆，侄女柳季芳；侄孙柳百章、柳百庚等族人的生平事迹；他还为自己和原配夫人刘孺人，儿子圃青、培青、长青，女儿柳静等亲人，分别写了传记，共3万多字。

文相公辛勤笔耕10多年，为修编《柳氏支谱》打下了良好基础，成了柳溥庆后来编撰《柳氏支谱》的第一手资料。

等柳溥庆从国外回来，失意于政，也续写了一段以志纪念。

秉承老人家的意思修家谱，但对于政治的见解也有所涉及。他在家谱书中这样表述道：

余在此斗争中所得教训至有价值，当得结论，认为政治斗争变幻莫测，甚于一切,此种生活非余之秉性所宜。勉强为之易为他人愚弄,甚至易于作茧自缚。故决心不再从事政治活动,而专心致意于文化事业即印刷技术。

他真的政治热情磨灭了吗?事业之心平静如水么?外人还是看不出有什么破绽。这一修身养性的宣言一出,他真的钻到古籍堆里,习习书法,收收碑帖,修修家谱,当然少不了钻研一些技术,回到出国之前的状态,希望重新拾起实业救国的梦想。

冤家路窄　失群的孤雁

真正的冤家路窄,柳溥庆又撞到躲在上海中央机关的王明的枪口上。

这时的王明如日中天,在共产国际代表、原莫斯科中山大学校长、王明老师米夫的操纵和强力安排下,1931年1月,王明被在上海召开的中共六届四中全会指定为政治局委员,接着被仓促选为中央委员会的总书记,以填补向忠发的空缺。9月间,他借口需要到苏联担任中共驻共产国际代表团团长,离开了上海。临行前,他提出要找一个顾顺章不认识的人当领导,于是让自己年轻的同学博古代理中央负责人,实际上掌握了中共中央的领导权。

可这一切柳溥庆并不知会,他依然漫无边际地寻找。

图4-6　王明:共产国际的代表,中共的主要负责人,推行"左"倾教条主义,开党内残酷斗争之先河

1931年8月的一天,柳溥庆在白克路与留苏同学擦肩而过,双方停住。

"你是吴锦中同学?你忘了,我是柳圊青呀。"

"噢,噢,侬好。"时任中共江苏省委组织部部长吴锦中一面敷衍着,一面快速走着,江苏省委机关就在不远处,

柳溥庆要求组织分配工作。"我的情况你是知道的。"

"好,好。"吴锦中约他在凯司令咖啡馆见面。

隔两天,柳溥庆早早来到指定的地方等待,服务生递过一封信,通知他:"你到工厂自谋职业,等待联系"(这实际上是按"派回中国,但不接关系"的决定处理)。

他的希望与失望一样,刚有了线索,又断了,茫茫人海何处寻。

正所谓:屋漏偏逢连夜雨,船迟又遇打头风。

阔别多年的上海为归来者敞开了大门,是熟悉也陌生,柳溥庆走过一段篱笆墙,想起了里面曾是商务印书馆党小组送走自己的地方,今非昔比,人各一方,何况,自己已不在组织,失群孤雁又复何求,谋生求职乃第一要务。

失去了组织关系和工作关系的柳溥庆,虽然痛苦但不消极,没有动摇革命意志。他对周砥说:"王明能开除我的党籍,但是,他不能开除我为共产主义奋斗一生的信念,我献身于党的事业的决心不会动摇!"

周砥心里明白,这个在中大给她献殷勤的王明是个什么样的人。本来这些20多岁的青年男女在一块相处,心机很重、夸夸其谈的男人,不会被姑娘看好。周砥的直觉告诉自己,王明不会放过柳溥庆。

柳溥庆他哪里知道,以王明为代表的"左"倾教条主义会错误统治全党达四年之久,他更不知道直到1935年1月召开的遵义会议,才结束了王明"左"倾机会主义路线在党中央的统治,开始确立以毛泽东为代表的马克思主义的正确路线在中共中央的领导地位。抗日开始,国共第二次合作,王明还在长江局不断干扰党的正确路线,直到在延安召开的"七大",才彻底清除了王明路线的影响。

月份牌大王杭稚英的举荐

惺惺相惜。曾是上海美专的同学杭稚英可不管柳溥庆的政治背景如何,他们聊起美术依然非常投缘,而且他俩从事的都是实用美术、商业美术,其中还有艺术家对艺术品位的追求,时尚而又能符合普通民众的审美要求。

图4-7 柳溥庆在上海美专的同学杭稚英,是中国印刷学会的最后一名会员

杭稚英对柳溥庆的印刷技术是了解的,尤其留洋以后,柳溥庆一直也没有离开印刷行业,加上他的刻苦精神和对唯美主义的追求,其为人做事有成效,杭稚英深信不疑。通过他介绍,柳溥庆被上海三一印刷公司聘为平版部部长兼技师长,月薪220块大洋,高薪聘用,相当不错。找到了稳当职业,安顿了下来,利用自己掌握的照相制版和印刷技术专长,主持该厂的技术改造。

笔者找资料、找线索与柳溥庆在上海找组织、找工作的情景有相同之处——

笔者从后来成立的中国印刷学会会员的名单里，看到最后一名会员杭稚英，联想到他与柳溥庆的关系，原来他们是上海美专的同学。

笔者在电视上看到了杭稚英的儿子杭鸣时，了解到杭鸣时与徐纯中的师生关系，苏州方向乐也曾拜于他的门下。有了这个线索，我去苏州讲学的同时，与方向乐一起拜访了杭鸣时。

听说我从上海来有上一辈的事求教，杭先生问："你父亲是做什么的？"

对曰："搞印刷印钞的！"

"那么你认识柳溥庆么？"

"啊哈，这正是我下一句要问您的，怎么您先问起我来了！"

笔者拿出刊登在《文汇报》风雨同舟的征文，杭鸣时先生说"等等"，径直走向电话机。

"北京阿姊吗？华初姐，柳百琪在吗？上海有人寻伊！"

……

原来杭先生的表姊嫁给了柳溥庆的大儿子，杭稚英和柳溥庆是姻亲。

真巧。

杭稚英人长得帅气，浓眉大眼，月份牌大王，人物画得也漂亮。更令人钦佩的是他的侠肝义胆，不为日本人画和服美女庆祝他们的胜利而潦倒……

图4-8　笔者拜访杭稚英之子杭鸣时（左一）

 柳溥庆传奇人生

自谋职业在上海三一印刷公司

杭稚英的举荐不仅使柳溥庆解决了生活问题，也给久违印刷的柳溥庆一个机会与平台，可以施展拳脚。回顾出国的七年间，国内绝大多数印刷厂的印制技术仍普遍停留在手工刻石的石印阶段，一版只能印三四百张，且质量没法保证，与国外先进的平印、凹印技术一版可印几万、几十万张相比，至少落后20年。

有眼光的个别老板也进口了先进印刷机器，但维修、印刷工艺和制版技术跟不上，也仍保留着石印，或者机印与石印并举。业内人士感到最为遗憾的是，没有地方可以生产照相制版感光材料，进口的又太昂贵，印刷成本价一飙升，客户实在吃不消；柳溥庆看到了市场特别是国内民族企业的发展瓶颈，看准了这是个机会——没人宣传新技术，缺少革新要求；无印刷学校，无教材，无人传授印技；缺少样板，也学无目标。新技术到底好到怎么样？怎么操作？谁也没见过！怎么办？我来！

天生我材必有用，我要打出一片天地，让弃我而去的人们看看，我辈岂是蓬蒿人。

三一印刷公司老板金有成算是觅到宝了，上海滩的工业先进技术主要是留洋学生带回来的，柳溥庆留法学的是美术和印刷，又有充分的实践经验，真的能够解决问题。眼看柳溥庆首创"平凹版制版法"，淘汰了手工绘石的石版印刷工艺，上海印刷界在国内率先普及了平印工艺，实现了印制技术大跨度的飞跃，一时间门庭若市，印制生意应接不暇。

在商言商，金有成看好其一流技术，不管柳溥庆的政治背景，就柳溥庆的人脉关系而言，是做生意人所看重的。他鼓动柳溥庆召集各方人士、文化人，开神仙会，让志士仁人出金点子，办国内没有的即将流行时尚的产业。

就像改革开放后从美国回来的陈逸飞，知道国际流行什么，国内短缺什么，先一口气注册8个公司，等市场全部开放回暖了，人们再要创业筑巢，回旋空间就小了，他再上市转让……他办的《青年视觉》好像是步了柳溥庆的后尘，但作为文化商人看好杂志赚钱的前景。柳溥庆却是个有理想的，以宣传民主、传播文化艺术、普及印刷知识，为大众服务的人才，并以一流的印刷质量赢得社会的信赖。

柳溥庆带来了《美术生活》超豪华的编辑队伍，总编辑是钟山隐，编辑是郎静山、刘旭沧，邀请张大千、徐悲鸿、林风眠、黄宾虹、吴湖帆、梁鼎铭、贺天健、俞剑

华、陈抱一、颜文樑等当年的一些大画家为特约编辑。他们除参与编辑之外还提供画作,不在特约编辑之列的黄苗子、蔡若虹、钱瘦铁、齐白石、叶浅予、高奇峰、庞熏琹、万籁鸣、朱屺瞻等名家也纷纷向《美术生活》投稿,使《美术生活》这份画报汇集了当年美术界的精英,这是其他美术类杂志难以比拟的。

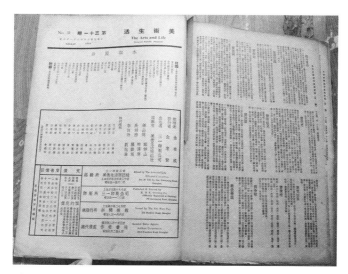

图4-9 《美术生活》杂志的编辑有钟山隐、郎静山、吴朗西、柳溥庆、李旭丹、罗壳荪和刘旭沧

创办《美术生活》杂志

风靡全国的《美术生活》,获得"全国唯一的美术杂志"之赞誉。

当红的影后胡蝶来了。

其落落大方,没有女儿家的忸怩之态,性格沉稳,反应灵敏,谈吐爽利。张恨水曾这样评价胡蝶:"如与《红楼梦》中人相比拟,十分之五六若宝钗,十分之二三若袭人,十分之一二若晴雯。"陈寿荫则赞美她的表演风格:"喜怒哀乐似乎信手拈来,收放自如毫无雕琢痕迹,亭亭玉立之中透着一股大家闺秀的风范。"

搞艺术的有两类人,一是富家子弟,一是贫苦出身。胡蝶是前者,受过良好的教育,见的场面多,形成与后者不同的艺术风格;不论别的,单就台词功夫,胡蝶通京沪粤语言,这对阮玲玉而言就是短板,在有声电影时代开始的时候,胡蝶又有了三次问鼎电影皇后的机会。

图4-10 影星胡蝶参观三一公司时的合影。
左起：柳溥庆、俞象贤、金有成、胡蝶、潘有声

杂志要靠名人效应吸引粉丝，像安迪奥夫什么流行画什么，为的是吸引眼球；柳溥庆与大明星接触下来，一点不像腕儿、角儿那么架子十足，也没有经纪人和助理，轻车简从只有老公陪着。

天生的衣架子，即便是简单的服饰，胡蝶都能穿出时尚精致的美。柳溥庆拍照的时候，胡蝶非常配合，而且她礼数周到。

"好的，柳先生，侬看我这样好伐？

耐末（沪语"接下来"的意思）要借侬个大手笔，谢谢侬啰。"

照片洗出来送到胡蝶手里，她更是称赞不已。

"用光巧妙，像伦勃朗，对焦清晰，速度恰当，柳先生一瞬间，拍出了我的优点。"

胡蝶为画报增光，杂志为胡蝶增辉。

果然，这本美术杂志"内容丰富、取材精绝、编排新颖、印刷优良"，在十里洋场广受好评；有旅欧苏背景的柳溥庆具备国际视野和学贯东西的艺术素养，他带回的画册，他的翻拍技术，不断以专题形式介绍世界美术史上的经典作品。如灾难题材有梅陀萨之筏、庞贝城末日、希阿岛屠杀和伊凡杀子等，精湛的画技、有趣的过程和画作背后的故事，吸引了无数读者。

除刊登大量精彩美术作品外，《美术生活》还涉及新闻、生活、金石、雕塑、建筑、工艺美术、摄影、电影等内容。其中以两位常务编辑郎静山、刘旭沧的人体摄影作品最为大胆前卫，和10年前上海美专刘海粟闹的人体模特风波事件，好有

一比,但不是很轰动,算是进了一大步,毕竟上海国际化大都市,老百姓见多识广。

《美术生活》出版了41期,版面内容出了不少应时应景的专题专刊,有《儿童专号》《二周年美术专号》和《第二届全国美展特大号》等9期专刊。

1937年4月1日至4月23日,第二届全国美展在南京举行。

柳溥庆在展览会上遇到了他在法国的同学,蔡威廉和林文铮夫妇、苏雪林和潘玉良。老同学们都送了画作参展。大家问柳溥庆:

"你怎么不画呢?可惜了!"

"我在做与美术有关的事情,办《美术生活》和研究印刷技术。你们以后要出画册,找我,保证色彩还原度好。"

应征作品经审查委员会资格评审共有1913件作品入选,作品涵盖18省及5市,故宫博物院、中央研究院和中央图书馆等机构也选送了作品。展品分6室展出,有国画、刻印、美术工艺、建筑图案及模型、雕塑、西画、现代书画、古代书画、摄影等。为配合展览还举行了学术讲演、话剧演出和音乐演奏会。

展品中杰出作品,由教育部指定中央研究院等机构购买并永久陈列。

美展按期闭幕后,《中央日报》曾发表社评:第二届全国美展已于昨日完成其使命,圆满闭幕。总计二十余日之中,参观者达十三四万人之多,开历来各种展览会未有之盛况。

美在生活,美术即生活,美术活动融入现代人的生活,得益于印刷极其精美的《美术生活》期刊的传播,也完全得益于柳溥庆超一流的制版技术和采用的先进印刷工艺。

柳溥庆又是主编又是记者,图文并茂在1937年5月1日第三十八期的"第二届全国美展特大号"专刊上,详细报道了民国时期第二届全国美展的盛况。

翻开《中华印刷通史》,有关章节记载:

"1933年,当时在上海三一印刷厂的柳溥庆先生,采用当时先进的平凹版制版工艺,成功地印制了《美术生活》杂志"。

更于1936年,采用四色平凹版新工艺,印制了《中国印刷》第一期的插页。所印画面,层次丰富、网点光洁,至今仍色彩鲜艳(中国印刷博物馆藏有),为中国20世纪30年代印刷水平的实物见证。

"照相平凹版工艺先进,耐印率高,成本低,质量好,制版迅速。它的采用,将中国印刷技术水平提高到了一个新的高度"。

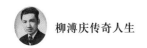

创办《美术生活》杂志,为中国印刷学会做准备,《中国印刷》是学会的会刊(稍后论及)。

兄 妹 情 深

柳溥庆主编《美术生活》月刊杂志以后,像上紧了发条,穿上不能停歇的"红舞鞋"。众所周知,期刊是一月一期,就是说到了时间就一定要刊出的!

征稿、收稿、编稿,与作者联系,排版、校对、制版、付梓、印刷,还要接受审查,最后是发行,方方面面的各个环节都要照顾到,大量的事务性工作,尤其是文字编辑……柳溥庆感到力不从心,于是他想起了里里外外一把手的小妹柳静。

柳溥庆的妹妹柳静,原名逸青,排行第三,是柳家的独养女,从小就帮助家里做家务,勤勤恳恳,省吃俭用,自强自立,中学毕业,在当时也是个文化人,做过小学教员和图书管理员。能够艰苦奋斗、任劳任怨、多才多能、勤俭节约,为人宽厚热诚,处事果断有方,是财务、总务的理想人选。

分开时间长了常常会想起她来。

柳静短发童花头,中式大襟中袖,眉清目秀炯炯有神,做起家务来是一把好手,女红活计也游刃有余,特别爱读书,珍惜学习机会且非常刻苦。

回想起童年时代,随父来到上海,全家三代七人,租住一个10平方米的小屋,置两床、一桌、两条长凳,屋里就塞满了。祖母郑氏睡一小床,父母挤一中床,柳静与三个兄弟,四个孩子睡在床下、桌下,头与胸露在外边,起来时要钻出来才能爬起来。

柳溥庆13岁,就辍学养家,随父亲到商务印书馆当铸字徒工。靠父子的微薄收入苦度光阴,七口人的穿着都是柳静跟着母亲边学边做,自己裁剪缝制。

后来祖母与母亲相继病逝,才11岁年纪的小柳静,便挑起了全家五口人的家务重担。一日三餐"买汰烧",量入为出,一年四季纳鞋底缝衣裳,洗洗补补,全由她包下了。真是穷人的孩子早当家啊,那许多年的劳累辛苦可想而知。

在这样困苦的条件下,兄妹还能读书,自强不息,在柳静的眼中,大哥是榜样,读书改变命运,知识就是力量,大哥的革命思想与行动,潜移默化地影响着柳静。

1921年父亲柳文相再婚后,15岁的她才开始获得去尚公小学读书的机会。

那时期,地下党、团员每次到他大哥柳溥庆家秘密开会,都是柳静在门外替他们望风。

1924年大哥又去法国勤工俭学、寻求救国真理,一走就是7年多。

1925年夏,柳静从高小毕业了,上进求学心切,通过多方努力,当年秋天,19岁的柳静到江湾立达学园上了中学。

柳静在立达学园入学不久,即以品学兼优获得匡互生校长青睐,第二学期开始,她和大哥一样,获准在校内半工半读,在不影响学业的同时,兼管学校图书馆,可以免交学费、伙食费,还可得到一点零用钱。

1930年春,柳静中学毕业了,匡互生校长介绍她去江湾劳动大学小学部任教。

1932年初,日寇发动了"一·二八"事变,小学被毁,她再托人介绍去南京省立女中图书馆工作。

柳溥庆一封书信发到南京。

逸青妹:

自我从国外回来,大家忙于生计和学习,常常聚少离多。现在有个机会,你来帮帮我,在杂志社任个职。

自从我接受上海三一印刷公司的聘请,主要得益于我的印刷技术,在上海滩创办照相平版部,并担任照相平版部长兼技师长。在业务上施展我的长项,让商务、中华知道,不用我,他们是多么大的遗憾。因此我忙得值得,照相平版部的所有机器设备,都是由我去添办的。所有技术人员也几乎都是由我亲自选定和培训。还要在照相和修版方面亲自动手,因而工作非常辛苦。

1934年《美术生活》正式出版了,我担任该刊编辑兼总务。当时虽然我在名义上不是主编,但是,事实上所有重要的行政编辑、印刷问题都是由我决定的。我想请你来帮忙,回上海团聚,我们一起来做事,你说好吗?

妹妹柳静最佩服大哥,能回家在上海和大哥做文化工作,是有兴趣的。于是辞去了南京省立女中图书馆的工作到该社担任会计、总务。

柳静见上海三一印刷公司创办《美术生活》缺少编辑,便打电报给在四川探望父母的吴朗西,希望他回上海,协助《美术生活》的工作,吴朗西欣然应允。

大哥,我回来了,你看我带谁来了。

柳溥庆第一次看到吴朗西,就喜欢他温良敦厚的样子,戴着圆圆的眼镜片子,谈吐斯文,吴朗西曾在日本留学,学的是文学,精通四国语言,文思敏捷。

好好,好啊。

吴朗西读过鲁迅翻译的《近代美术史潮论》，对西洋美术史很是喜欢，柳溥庆在艺术中心法国学习油画，谈起经典作品，两人一见如故，聊得很投缘。事后，与吴朗西热恋的柳静笑着说：

"吴朗西，好像是侬跟大哥在谈恋爱。"

吴朗西的出版事业，就是从柳溥庆介绍他来担任《美术生活》编辑起步的。

妹妹与吴朗西办文化生活出版社

在编辑《美术生活》期间，妹妹柳静与妹夫吴朗西喜结良缘。

吴朗西与柳静相识的立达学园，是匡互生、丰子恺、朱光潜等人在1925年创办的一所新型艺术学校。为筹集学校经费，丰子恺卖掉了浙江上虞的私人住宅"小杨柳屋"，加上其他创办人的集资，共得千余元，同时在孙中山及其夫人宋庆龄、吴稚晖、教育总长兼故宫博物院院长易培基、邵力子等人的支持下，1925年2月1日在上海美租界虹口老靶子路（今武进路）俭德里10号（今罗浮路东侧）租得两幢房子，2月25日立达学园正式开学上课。

1925年，吴朗西不愿意回四川老家，便与同学雷雨凑集了一百多元作为资本，在江湾立达学园旁办起学生书店。他们打算借此维持生活，一面进行自学。那时柳静正在立达学园学习，由于家境贫寒，学园同意她兼任学校图书馆管理员，在这样的情况下他们俩相识了。

但是学生书店效益并不好，维持不了生活，吴朗西便想去日本半工半读，他于10月，只身闯到日本东京。

三年后学成归来，1934年吴朗西柳静两人喜结连理，柳溥庆、周砥夫妇携三岁女儿柳伦出席在常州里西湖新新旅舍举办的婚礼，丰子恺任主婚人。

后来，柳溥庆于1962年编写出版的《颜体多宝塔标准习字帖》等字帖，封面书名就是丰子恺题写的。丰子恺是立达学园的主要创办人，是柳静的老师，吴朗西、柳静与丰子恺一家人的交往很深。丰子恺的女儿丰一吟在《忆吴朗西先生》一文中写道："提起吴朗西先生，我们家里没有一个人不熟悉。而且一想到他，就会联想起他夫人柳静。"

大家提到柳静，贤妻良母，但不知道她也是文化出版社的创始人和投资人。

结果烧香赶出和尚，柳静终究没入出版行业，成为后话。

1934年8月，上海三一印刷公司扩展业务，经柳溥庆介绍，邀请吴朗西与黄士英创办《漫画生活》杂志。吴朗西在担任《美术生活》文字编辑期间,接触了蔡若虹、黄士英等许多有正义感的青年画家,出于特别喜爱富有战斗性的漫画作品缘故,几位年轻人一拍即合。吴朗西通过茅盾还向鲁迅约稿,在杂志上发表了鲁迅写的《说面子》《弄堂生意古今谈》《阿金》等文章,以扩大影响。

做了两本杂志的文字编辑以后,吴朗西萌生办文化出版社的想法,如果说原来是帮别人(三一公司是老板)做,现在自己可以有一个摊子经营,有多好!那时节文人和作品(后来称为近现代文学)十分丰富,需要有个渠道和大众读者见面。实践证明,他们做出了在文学史上留有光辉一页的业绩。

想法有了,吴朗西为资金犯愁。

柳静连结婚都舍不得用的"私房钱",这时拿了出来。

多少?300块大洋!

这是好大的一笔钱,雪中送炭,解了燃眉之急。

那么,柳静的钱是怎么来的呢?

从1934年,她在《美术生活》杂志社担任会计、总务工作起,省吃俭用,一个铜板、一个铜板地省,每个月把攒下的几块钱存在银行里,以积少成多备日后建业急需之用。

那个年月,一般城市职工工资低廉,学徒工月工资只三、五元;技术工人最多10元;柳静当会计的工资也只有15元。柳静精打细算地过日子,她从不为自己买水果,从不吃零食,餐餐吃咸酱蔬菜,自己买棉布缝衣做鞋,她的每一元储蓄都是认真节约了每一个铜板攒起来的,十分不易。

如此节俭度日5年,连同她前几年的工资,居然积存下300块大洋!

为了办文化生活出版社,她毫不犹豫,慷慨地贡献出多年的全部储蓄,而且不讲任何条件,不要任何酬报!在出版社的楼上,吴朗西、柳静一家生活工作在一起,为楼下办公人员的餐饮,以及出版社的誊写和总务精打细算,柳静做出默默的奉献。

历史记载:吴朗西、柳静与友人伍禅(陆少懿)和郭安仁(尼丽)于1935年在上海一起创办了文化生活出版社,不久后邀请了在日本的友人巴金回上海负责编辑事务。

民间创办的文化生活出版社,初名"文化生活社",同年9月改名。曾编辑出版《文学丛刊》《现代长篇小说丛书》《译文丛书》等。

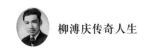

文化生活出版社社长吴朗西、主编巴金等人珠联璧合，坚持10余年，出版的《文学丛刊》，共10集，计160本。在中国现代文学出版史上占有一定地位。这套丛刊实行"以新人为主，以老带新"的方针，除了编入鲁迅、茅盾、王统照等著名作家的作品外，还大量编入了曹禺、萧军、萧红、周文、沙汀、艾芜、张天翼、何其芳、李广田等30年代成长起来的文坛新秀的作品，曹禺的处女作《雷雨》首先在这套丛刊上发表。

该社翻译出版的《译文丛书》包括一大批外国文学名著，选题精当，编辑严谨，深受读者欢迎，其中不少作品曾多次重印。

文化生活出版社在草创时期得到鲁迅和茅盾等前辈的大力支持，鲁迅和茅盾都把他们创作的小说和翻译稿交给文化生活出版社出版，吴朗西称得上为鲁迅晚年最信任的出版家。鲁迅把自己撰写的《故事新编》、翻译的《俄罗斯童话》和《死魂灵》都交给该社出版。

1954年文化生活社并入新文艺出版社（现上海文艺出版社），吴朗西任外国文学编辑室副主任，巴金回到作家协会，任中国作家协会副主席，以及《文艺月报》《收获》《上海文学》主编。

柳静在编外，没有进入中华人民共和国的出版体制之内。

饮水思源，向靖江图书馆捐赠《万有文库》一部

本传书成之际，靖江市政府办公室赵小华发来邮件——又有新的发现。

靖江市图书馆古籍部、地方文献部主任，副研究馆员，靖江市地名研究会会员陈劲松撰文介绍道：

靖江耆老、时任靖江县教育局第一学区教育委员陈抱远先生（1894—1970）在《关于靖江图书馆的始末》中记述。

1933年暑假，靖江旅外学生会在公花园（今人民公园）集会议事，成立"靖江图书馆筹备委员会"。学生会成员利用各自的社会关系，游说靖江名流贤达、富商巨贾以及军政要员，慷慨解囊，资助图书馆建设。盛逸白时任靖江县教育局局长，他和刘念兹、薛锦珊赴沪和巨商陈显华先生接洽，募得五千元。谢承勋、谢基爵和军政要人陈继承先生（姻亲）接洽，又募得部分购书经费。1934年，以"显华楼"命名的靖江第一座图书馆落成。

陈抱远先生提及柳溥庆捐书一事的这一页珍贵手迹，对于显华楼藏书研究来说，无疑是又一重要信息，充分说明柳溥庆饮水思源，为感谢靖江县教育局对

肆章　海归辗转　九曲连环

图 4-11　1934 年 8 月 22 日靖江图书馆开馆，图为靖江名医周赞唐携弟子于楼前合影

其留法期间的资助，特捐赠《万有文库》一部。《万有文库》是商务印书馆于 1929 年开始陆续出版的一套超大型综合性国学基本丛书。该丛书分两集出版，共收书 1 710 种，4 000 册，各册均用纸皮平装，小 32 开本。每一册的书脊上印有中外图书统一分类法的类号，并在书末附有按四角号码检字法注明号码的书名卡片。由于该丛书门类齐全，检索方便，价格又低于同类图书，很受各图书馆和读者的欢迎——这也是学成归来的柳溥庆为家乡图书馆建设和文化事业做的贡献。

1937 年 12 月，建成不久的显华楼毁于日寇轰炸，柳溥庆捐赠的《万有文库》也遭损毁。幸存 256 册，现藏靖江市图书馆刘国钧古籍中心。

《万有文库》以较完备的图书、较低廉的价格和最节约的成本装备小型图书馆，服务社会与大众。由王云五策划并担任主编，他的出版理念在印行缘起中说："本文库之目的，一方在以整个的普通图书馆用书贡献于社会，一方则采用最经济

图 4-12　《万有文库》丛书之一，封面为靖江图书馆 1935 年的印章

131

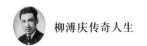

柳溥庆传奇人生

与适用之排印方法,俾前此一二千元所不能致之图书,今可三、四百元致之。"

今天,在显华楼原址上改造的显华书院,读者络绎不绝;柳溥庆和刘国钧的传奇,广为传扬,柳溥庆捐赠的4 000册《万有文库》滋润了靖江文化建设,成为靖江这片热土上新的精神动力。

为艺术为印刷的一声呐喊

图4-13 《美术生活》创刊号

在1934年4月1日《美术生活》出版创刊号上,柳溥庆写道:

时代在不断地前进着。一切新生事物,如果不是与时代共同前进,则必成为时代的落伍者。落后于时代的人们,世人都视之为愚钝者!

我们是中国人,我们是从事印刷技术的中国人。当时的中国是一个落后的国家,印刷技术自然也不例外。我们暂且不谈大的政治经济,先来检视我们自身相依为命的印刷工艺。

印刷工艺在工业中是属于一种轻工业,所以不为世人注意。然而我们从事印刷工艺的人们,不应当自暴自弃,不能因为人之不重视,而不自重;人之不提倡,而不提倡。

印刷工艺是文化事业的重要工具。教育之普及,依赖于印刷;思想之传播,依赖于印刷;文化之沟通,依赖于印刷;思想之交流,依赖于印刷;世界上的一切事业的发展,无不依赖于印刷。倘若现在是处于竹简时代,则人民之识字,如何普及?倘若现在是处于木刻时代,则书籍如何广布?

现在世界上的印刷发展日新月异。无论凸版、平版、凹版技术,都已走入了新时代。制版技术,已由手工时代逐渐变为利用光学、化学的时代。印刷机已由每小时印数十张的能力发展到每小时印万余张的能力。这没有什么奇怪,无非是为适应社会的需要而不断发展。

人类的知识在无限发展着,对印刷物数量和质量的需求也在无限发展着。我们从事印刷技术的人们,要不满现状而永远前进,才能生存于今后的世界。

借《美术生活》创刊,柳溥庆还提出了印刷传播美术的重要性,为筹建中国印刷学会打了个广告:

我们因为要相互研究世界各国印刷工艺之学理与经验,以提高我们印刷水平与兴趣,所以发起成立中国印刷学会,希望我们全中国的印刷技术工作者联合起来,共同为中国印刷技术谋进步,以冀中国的印刷工艺,能立于世界水平,进而与世界各国的印刷技术者携手!我们固然知道我们的力量微薄,然而我们确实意识到我们的责任。需要干我们所应该干的事情,为此我希望全国抱此愿望的人,大家来共同负责,以促进中国印刷技术之发展。

为国内印刷技术革命鼓与呼,他一边在三一公司认真革旧建新,用发明的"平凹版制版法",印制出了数十期《美术生活》;一边大胆创新发明,率先示范,做出榜样,带动同业。

柳溥庆善于总结,还撰文发表了《印刷工艺今后之任务》等文章。

笔者来到上海印刷博物馆,滕丽馆长如数家珍,笔者看到了三一公司金有成的后人捐赠的遗物,在馆中印刷史区展览。

看到收藏的几十本《美术生活》。杂志封面果然色彩丰富——要知道这是20世纪30年代的印刷水平,由四色平凹版制版新工艺印制。

"有人翻印,功德无量" 柳溥庆承印珂勒惠支画集

《美术生活》放在鲁迅先生的案头上,先生赞其为"中国最好的印刷"。于是将自己编选的《死魂灵百图》《凯绥·珂勒惠支版画选集》,由吴朗西交柳溥庆负责印刷。

柳溥庆一下子感到印品的分量,珂勒惠支的《版画选集》是投向黑暗世界的匕首和投枪;它不是一般的印刷品,要做出版画艺术的效果,要下一番力气。

先用铜版试制了一张,打出样张来,一看鲁迅先生不太满意。

柳溥庆对未能完全印好《死魂灵百图》也很歉然。他对吴朗西说:

这次如果能用橡皮版翻印版画,从照相制版到印刷的全部过程,都由自己一手照管,保证印得让鲁迅先生满意。

图 4-14 鲁迅出资印刷并题写册名的《凯绥·珂勒惠支版画选集》

鲁迅先生同意用橡皮版再试试看。

这时候是 9 月底,吴朗西匆匆回复柳溥庆,提出:

先生正在病中,不但要印得好,而且要印得快,让先生早日看到成品。

柳溥庆连天加夜,一张张校样,世界一流的版画家,由一流的文学家鲁迅编选、茅盾介绍,也当以一流的印刷效果问世。10 月 9 日,《凯绥·珂勒惠支版画选集》缩印本打出印刷大样来了。

吴朗西把印刷大样拿到鲁迅先生家里,先生看后,感到满意,这本书才付印。

10 月 16 日下午,吴朗西从鲁迅那里回来,兴高采烈地告诉柳溥庆:

我刚从装订所拿着刚装订好的几本精装本,马上赶到鲁迅先生家中,先生躺在藤躺椅上,精神比我上次看到时好,我把几本书递给先生。先生仔细欣赏了书面,再一页一页翻开来看。最后点点头说:"这本版画印得还可以,装帧也美观大方,以后的画集就照这样印,一个月可以出一本吧?"先生精瘦的脸上流露出喜悦的神情,用毛笔工工整整写下:

凯绥·珂勒惠支版画选集　一九三六年　上海三闲书屋印造

由柳溥庆亲自把关印刷版画集,他知道用照相制版,可以很细腻、真实地反映原作的素描、木版、石版和铜版画的效果,并且用中国的宣纸才能印出真版的艺术意味。珂勒惠支的版画原作并不大,但作品充满了艺术张力,她反映的社会现实,令人震撼,希特勒纳粹曾禁止她的作品出版和展出,但她却获得了来自中国的声援。

鲁迅与珂勒惠支的相遇,似乎既是偶然,又有着历史的必然。1929 年,鲁迅托前往德国留学的徐梵澄购买版画作品和图册。由此,对版画产生兴趣的徐梵澄专门到海德堡大学选修了艺术史,并在高等专门学校学习版画创作课程。通过德国老师的指点,徐梵澄在德国替鲁迅选购的版画图册中就有 5 本珂勒惠支的画册。当鲁迅第一次看到她的版画,就毫不犹豫地认定这就是他一直寻找的,最适宜输入中国的版画。版画的政治倾向和艺术魅力,也赢得了柳溥庆的共鸣,印好它也是柳溥庆的兴趣之所在。

通过吴朗西的介绍,鲁迅才知道,他遇上的是印刷界有美术造诣的性情中人。

鲁迅在《集外集拾遗补编》附录——《凯绥·珂勒惠支版画选集》做了出版说明。笔者在同道那里见到了中国美院所珍藏的这本版画集(为国家二级文物),每幅画用宣纸连在一起印好,然后背对背对折,用传统的线装本装订,只见扉页上写着:

凯绥·珂勒惠支版画选集　一九三六年　上海三闲书屋印造

一九三五年九月,三闲书屋据原拓本及艺术护卫社印本画帖,选中国宣纸,在北平用珂罗版印造版画各一百零三幅,一九三六年五月,在上海补印文字,装订成书。内四十本为赠送本,不发卖;三十本在外国,三十三本在中国出售,每本实价通用纸币三元二角正。

上海北四川路底施高塔路十一号内山书店代售

第　七二　本

有人翻印　功德无量

图4-15　《凯绥·珂勒惠支版画选集》的扉页

欢迎翻印,传播文化艺术,功德无量(请注意扉页上所题写的),只有鲁迅先生才有此胸襟。柳溥庆见此感慨万千,放到今天也是不一般的了不起。

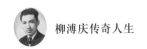柳溥庆传奇人生

记录民族魂的最后悼念

柳溥庆在午后的斜阳里,拿着他看印品的放大镜,细细浏览珂勒惠支的版画。此时,他并不满足于欣赏自己印制水平的高低,而在仔细地体会珂勒惠支作品强大张力所表现出来的丰富内涵。其中有一幅为悼念柔石等烈士殉难,鲁迅选珂勒惠支的版画题为《牺牲》曾刊登在《北斗》杂志上,刻画了一位母亲含悲把自己孩子送出去,让她的儿子去为大众牺牲⋯⋯

突然,吴郎西匆匆赶来向柳溥庆报告,"先生走了,先生去世了⋯⋯"

吴朗西摘下眼镜,不由得失声痛哭起来。鲁迅先生看到画册的第三天,溘然长逝。

柳溥庆也甚为震惊,他马上想到要去参加追悼会,要用他的相机记录这一历史时刻;吴朗西也有这个想法,他无法分身,因为要为鲁迅先生抬棺。

1936年10月22日下午1时50分,在上海胶州路上的万国殡仪馆,民众自发地为鲁迅举行了"启灵"仪式。鲁迅的亲友及治丧委员会成员宋庆龄、蔡元培、内山完造、沈钧儒等30余人,肃立棺前,默哀、行三鞠躬礼。

吴朗西和黄源、姚克、孟十还、萧军、欧阳山、聂绀弩、胡风、周文、巴金、靳以、黎烈文、张天翼和曹天白等人扶柩出礼堂,移至灵车内,执绋者随车而行。

下午4时30分,送葬队伍抵达万国公墓,在礼堂前举行了追悼会。蔡元培主持礼仪,沈钧儒致悼词,介绍鲁迅生平及成就,宋庆龄、内山完造、胡愈之等发表演讲。

图4-16 悼念鲁迅先生的活动现场

  1936年10月19日,鲁迅先生因病去世,吴朗西十分悲痛,一心扑在鲁迅治丧的工作中。在鲁迅出殡的那天,吴朗西亲扶灵柩上车,并是抬棺入穴的八个青年文学工作者之一。他参加了全部治丧的具体工作,那时夫人柳静正临产住院,吴朗西也无暇看望,儿子于10月28日出生。吴朗西为了纪念鲁迅先生,学习鲁迅先生的精神、鲁迅先生的人格,把自己的儿子取名"念鲁"作为永远的怀念。

  鲁迅以笔代戈,战斗一生,被誉为中华民族的"民族魂",体现一种民族的精髓、民族精神,是民族存在的精神支柱。

  1936年10月19日,中国近现代最伟大的文学家、思想家和革命家鲁迅逝世于上海。他的文学作品广受劳动人民的欢迎,成千上万的普通人自行为他送行,在他的灵柩上覆盖着一面旗帜,上面写着"民族魂"三个字。葬于虹桥万国公墓。

  臧克家的诗引起许多人的共鸣,后来柳溥庆把它抄录在笔记本上:

> 有的人活着,他已经死了;有的人死了,他还活着。
> 有的人骑在人民头上:"呵,我多伟大!"
> 有的人俯下身子给人民当牛马。
> 有的人把名字刻入石头,想"不朽";
> 有的人情愿作野草,等着地下的火烧。
> 有的人他活着别人就不能活;
> 有的人他活着为了多数人更好地活。
> 骑在人民头上的,人民把他摔垮;
> 给人民做牛马的,人民永远记住他!
> 把名字刻入石头的,名字比尸首烂得更早;
> 只要春风吹到的地方,到处是青青的野草。
> 他活着别人就不能活的人,他的下场可以看到;
> 他活着为了多数人更好地活着的人,
> 群众把他抬举得很高,很高。

  1956年,鲁迅遗体移葬虹口公园,毛泽东为重建的鲁迅墓题字。在鲁迅纪念馆内辟有多个纪念室,也有"吴朗西纪念室",摆成吴朗西书房的模样。

地下工作的见面礼

  在白色恐怖统治的上海英、法租界,以及后来在日寇残暴施威下的上海沦陷

 柳溥庆传奇人生

区,柳溥庆念念不忘革命重任,等待组织联系;一边发挥技术长处,革旧创新,推动印刷技术革命,一边不顾生命危险,继续坚持主动为党工作。

1932年后,接待江西苏维埃中央委员陈祥生(留苏同学)来上海养伤,柳溥庆让他在家中长期居住,掩护其在上海的行动;与此同时,1932—1937年,吴福海去东北抗日联军任政委,他的妻儿三人在上海生活无着,柳溥庆每月资助35元,长达6年之久。这样做不仅仅是同学之谊、师兄弟和战友的关系,足以表达是为组织工作。

获取军事情报,他与党组织有了似断又续的关系——

在国民党军委托三一公司印制三省军用地图时,柳溥庆冒着杀头之险,深夜潜入印厂,秘密复制上述两张军用地图,并由周砥设法送至凌炳处,面交上海地下党、中共上海局董维键(中共中央上海中央局三人委员会委员之一)与朱慎修(朱剑凡之长子)。此举非同一般,他把在莫斯科受到的训练用了上去,以实际行动为党和红军做贡献。

柳溥庆从郁闷的等待中走出来,投身印刷又找到了自己的价值,恢复了自信,业务越来越多,质量也越来越好,柳溥庆在上海印刷行业声名鹊起,商务印书馆、中华书局和印界这才想起这位本来就是上海滩培养出来的人才,现在的留法海归人士。

于是大量的印务接踵而来,大家在上机前总要请柳溥庆过目。看多了,很少有看走眼的时候。

忽一日,两份印件使他眼前一亮,职业习惯告诉他这东西的价值,什么价值?情报的价值!他掩饰住自己的惊喜,这原来是两张江西、湖北和安徽标有苏区根据地的军用大地图(绝密件)。

当他把目光从地图上移开,看到荷枪实弹的士兵,边上有军官看守印制。

直觉告诉柳溥庆,一定要把它搞到手。于是告诉为首的副官,需要用照相机逐块拍摄,拼接用照相制版再印制,来人用疑惑的眼光看着柳溥庆。

老板金有成在一旁打哈哈:

"这可是我们喝过洋墨水的法国留学回来的'大拿',技术上没有问题。可靠,无党派,是被共党开除了的。"

柳溥庆一口气拍完,借口光线不好,未拍完要第二天再操作。副官让他把图纸、照相机留在车间,锁上门,收走钥匙,并派有士兵把守。

晚上柳溥庆从后门一个小窗翻入车间,趁黑换了一个新胶卷,第二天一早再

如法炮制……副官拿走的胶卷是后来又克隆的一份。

到了接头地点,周砥把印有绝密地图的胶卷交给组织,作为柳溥庆——一个地下工作者,向党呈上的见面礼。时在 1934 年,苏区的反"围剿"战斗正酣,相信军用地图对作战的红军是多么的重要。

中国印刷学会诞生

一张照片记录了一段历史,这些人士历史性地聚合在一起,必定要发生历史性的事件。

1933 年 5 月,中国历史上第一个印刷学术团体——"中国印刷学会"成立,这是中国印刷发展史上具有划时代意义的一件大事,它标志着中国印刷事业进入了一个新的历史时期,开始了在印刷科研、印刷教育、印刷出版和技术交流诸方面有组织有计划地开展工作,并取得丰硕成果的时期。

柳溥庆在上海和糜文溶、沈逢吉、柳培庆等发起组织的中国印刷学会,汇集不少留洋的人士。他们见过世面,看到国外有什么好的东西,首先记下来要去学习要带回国推广的。他们不是留洋的学童,在出国前就已经是上海小有成就和名气的成功人士,是带着问题来学习的,深知本国的情况,最缺什么,最需要什么。

图 4-17　1933 年,中国印刷学会成立,部分会员合影
一排左起:糜文溶、沈逢吉、柳培庆;二排左二:柳溥庆

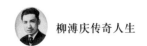
柳溥庆传奇人生

此时的中国还处在半封建的农业社会,留学归来者面对的是一片荒芜,要做的事情太多。得益于当时的生产、生活环境,做这些事情的审批程序很简单。因为当时是小政府、大社会,中国政府还没有完全进入现代社会,许多新生事物,国人浑然不知。更何况是在上海租借地,由工部局管理。参与协会的成员都是印刷界的大佬,这是个"无政治党派在后策动"的技术性的行业协会,OK,成立协会是没问题的。

上海麦克利路光裕里58号,现在是虹口区临潼路229号(近霍山路十字路口)面向东的临街石库门房子,学会(筹)在这里通过了柳溥庆起草的学会章程,宣告正式成立。

柳溥庆激扬文字,与会者无不为之动容,你听听:

"时代在不断前进,一切事物也在不断地进步,我们如果不能够成为与时代共同前进者,就要落伍,而落于时代之后者,世人都视为劣等民族!"

以天下为己任,26位会员热血沸腾,中国后来漫长的印刷史证明,这批精英力量勇立印刷科学技术第一线魅力无限:

"我们是中国印刷技术中的一员,每个人又是主持着中国印刷的中心分子,中国印刷的落后,简直就是我们每个分子的羞耻。印刷工艺似与人们实际生活无关,其实她是人类文化、科学、经济、政治等各项事业的重要工具,教育之普及、思想之传播、文化之沟通、知识之交换、国际之间的联系交往,世上一切事业的承继和发展无不依赖印刷。印刷技术是世上任何民族文化程度和艺术素养的标志!"

"要在荒漠之中,建立一个印刷学术的团体,以寻求学问,首先将全国先进的印刷专家联络进来,以加深印刷技术之研究"。

学会包括当时商务印书馆、中华书局、大业印刷公司、世界书局、大东书局、中国贴花印刷公司、三一印刷公司、时报馆、新闻报馆、南京测量总局印刷所等16家国内规模较大印刷单位的数十名富有印刷经验的技术人员,共有会员26人。

办会起点之高、汇集精英之多、积蓄力量之雄厚,在完全民间的操作下得以立会,实属不易。会员有:商务的郁仲华、史久芸、糜文溶、李吉门和唐崇李,世界书局的沈莲芳,时报馆的唐镜元,中华书局的唐之雄、孔大赉和沈逢吉,大东书局的王雪樵,华东印刷公司的柳溥庆,大业印刷公司的李祖荣、邵忻湖、刘锡康、胡丽卿和孙全惠,三一印刷公司的俞象贤,新闻报馆的章先梅,中国制版印刷函授学校的高元宰，南京测量总局印刷所的张开庆，中国贴花印刷公司的顾秋水，利济印刷公司的徐耀坤，英美烟草公司的沈励吾、程兆铭，稚英书社的杭稚英。

根据章程，设立了由5～7人组成的"全体会员大会执行委员会"，下设总务、教育、研究三个系。大家按照章程进行了六项任务的分工。任务驱动，就使印刷工作者有了事做。

"来来来，将酒宴摆置在聚义厅上，尊一声众弟兄细听端详……"

唐镜元在庆祝宴会亮了嗓子，把酒杯伸向了柳溥庆：

"你是倡导者、组织者和实际操作者，你要辛苦了"。

尚在党内的糜文溶夸奖他激情不减当年，将革命干劲转到技术工作，这样蛮好。

柳溥庆喝了一口酒，脸都红了。

这年柳溥庆才35岁。

中国印刷学会的《中国印刷》杂志和股份券

笔者在中国印刷博物馆见到了《中国印刷》杂志的原件珍品，于是，在这本由柳溥庆珍藏的杂志面前，虔诚而小心翼翼地拍摄了图纸和《中国印刷》杂志的每一页。

《中国印刷》是创办于1936年的季刊，由于抗战爆发原因，也仅仅出了一期。更为幸运的是连年的战火和奔波，没有毁掉这些珍贵的资料。该刊内容主要介绍国内外印刷工艺技术，同时也相应报道印刷界所发生的重要新闻。16开本，封面系柳溥庆先生用当时先进的四色平凹版印刷，至今色彩鲜艳，质量甚佳。

在《中国印刷》杂志创刊号上，柳溥庆在发刊词中再一次强调：

图4-18　中国印刷学会创办的《中国印刷》杂志

当今世上印刷工艺日新月异，无论

凸版、凹版、平版印刷技术，还是制版技术，都已进入新的时代，知识的进步，社会的需要，正促使我国从事印刷技术的工作者要自重、要自创，要不自满的永远前进。以冀中国的印刷事业立于世界水平，进而与世界各国的印刷技术者携手并进。

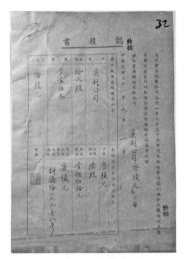

图4-19　中国印刷学会副主席唐镜元认购的股份券

这些话充分显示出当时创办者，我国近代印刷业中的先进分子，都是把改变中国印刷技术落后面貌作为己任的有志之士。中国近代民族印刷业得以崛起发展，同包括这些有志之士在内的一大批先进分子的努力是分不开的。

有了这样的学术团体，要发布研究印刷技术、探讨印刷理论、提倡印刷教育、促进中国印刷技术之进步的经验，兴办杂志是顺理成章的。由此，理事会下设杂志编辑委员会，由柳溥庆任编辑委员会主任，委员有糜文溶、高元宰、沈励吾和顾秋水。

次年，由郁仲华（主席）、唐镜元（副主席）、糜文溶（书记）、柳溥庆（会计）、沈莲芳5人组成理事会。

笔者购得唐镜元的认股书，证明学会的理事会有股份，先辈们具有先见之明、学术水平之外，经济头脑不简单，经营意识也是很强的。

学会次年举迁至斜桥路199弄8号。

到了1964年，柳溥庆、糜文溶、何步云着手编写《印刷辞典》，写作大纲的框架都搭好了。

1980年成立中国印刷协会的时候，人们会记起这些事情，先知先觉的前辈们在30年代已经开始做了。

从事印刷职业教育

柳溥庆在印刷界的学术顶层设计的同时，积极创办印刷教育机构：1932年在柳溥庆任职的三一印刷厂内成立了印刷技术培训班；1934年以印刷学会名义定期举办印刷知识技术讲座；1936年开办了华东美术印刷传习所，采取招收中学毕业生入学等多种方式,亲自办学讲课,培育了大量的印刷技术人才。

柳溥庆积极撰写印刷技术教材,如《石版印刷术》《近代平版印刷术之理论与实施》《平版印刷术之基础》《平版印刷之材料及其功用》,从理论到实践阐述了印刷技术的进步。

受陶行知平民教育思想的影响,柳溥庆用看一看、想一想、谈一谈、玩一玩、干一干的"五安"教育[看、想、谈、玩和干的韵母皆为"an"(安)]深入浅出地把原理讲清楚,编制了朗朗上口、通俗易懂的口诀。

伸出手五指分开,张大嘴一声"安",非常好记。柳溥庆诠释道:

"看",不是一般的看一下,而是有目的的看,叫作观察,看印品的色泽还原度,对版误差和印品的其他质量问题。

"想"是想问题,要有预设,对印刷出来的质量有个估计,要有综合效果的考量,发现问题、提出问题。

"谈"的环节,在教学过程中叫作互动,把看到的、想到的问题说出来,谈话把意思表达出来,使人昭昭,也使人能够引起注意加以解决。

这里的"玩"是指学习兴趣,就像玩一样熟练操作要领,如罗丹所说,就像艺术家一样热爱自己的工作。

敢想敢"干",实践永远第一,必须动手干一干、做一做、画一画,在操作实践中成长起来。

围绕实践,开阔眼界,直追世界先进的技术,柳溥庆花了大量的时间和精力,购书看书,翻译《美国印刷技术最近之趋向》《英国制版印刷术去年之进程》《欧美印刷名著摘要》,以提升工人的欣赏和技术水平。

具体到怎么做、怎么办,一系列读本《彩色照相平版颜色修正方法》《照相凹版术》《照相湿片之制法》《摄取阳图的失败原因及其解决方法》《红墨水修版法》等,为工人带着问题学、学用结合、急用先学,起到了立竿见影的效果。

数十篇文章刊登在《中国印刷》,阐述先进的印刷技术理论知识,介绍操作经验教训及解决办法,开创了印刷职业技术教育的先河。

心系红军长征

柳溥庆埋头专研印刷技术,博览群书,他有很好的外语底子,通晓英德法印刷专业的技术资料。

与此同时,他的目光也一直没离开他心系的中国共产党,他曾认识交往的毛

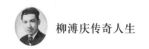

泽东、周恩来、邓小平等人。

当局的报纸报道了瞿秋白就义的消息,柳溥庆悲痛不已。等拿到1935年瞿秋白就义的照片,由其胞弟瞿云白送交的时候,柳溥庆含着热泪,连夜翻拍冲洗,然后由周砥托人呈递地下党组织。

1934年10月,红军开始进行长征。国民党的报纸宣扬他们的胜利,柳溥庆在第一时间读到了第五次反围剿失败后,中央红军为摆脱国民党军队的包围追击,被迫退出中央根据地的消息,一时间心急如焚;但一想到我们党的领导人都还在,便心中充满希望。到1936年10月,红军三大主力会师,长征胜利结束,他才如释重负。

历史的经验告诉我们:不利于当局的报道都是出口转内销的。

柳溥庆听到这个消息而欢欣鼓舞。因为柳溥庆切切实实与共产党人和共产主义事业有很大的关联,有共产主义战士的坚定信念。他在完成凤凰涅槃的中国共产党人身上,寄托着人类和中国将来的希望。

柳溥庆从在上海出版的英文报纸《字林西报》上读到红军长征的消息:

"红军经过了半个中国的远征,这是一部伟大的史诗,然而只有报道长征的书被写出来以后,它才有价值"。

于是斯诺写出了《西行漫记》(原名《红星照耀中国》),引起世界轰动。那位陪同斯诺在陕北的胡金魁,后来当了苏北根据地的印钞厂厂长。

合作研制华文照排机

后来有许多和柳溥庆的大弟弟柳培庆(原名培青)相关的事。

先说柳培庆雕刻凹版的本领:1919年到1922年,柳培庆16岁左右,花了3年时间,只身在北平白纸坊国民政府财政部印制局,师从留日技师沈逢吉而得。沈逢吉回到上海中华书局,柳培庆陪伴师父专研技术,一直到1935年师父因过于劳累44岁英年早逝。

沈逢吉是唐驼看中的第一人选。1912年,20岁的沈逢吉被派赴日本就学,拜倒细贝为次郎门下专攻雕刻,7年后学成归国,教授雕刻技术,培养制版人才,奠定我国雕刻凹版的深厚基础,被誉为钞邮券雕刻一代宗师。

看来柳培庆也是被唐驼介绍去北平学习的。

说起沈先生不仅自己非常刻苦努力,教导学生也十分严格。

一般来讲，新生在最初的一年里，要轮流值日，今日事今日毕，负责做雕刻课后的清洁工作，养成良好的工作学习习惯，磨炼静下来凝神屏气的心志。

上一级的学生每天要写日记，把所刻各件详细写下心得体会，交沈师查阅。

训练课程循序渐进，最初二年每天须学习绘画，以奠定美术基础，由沈先生亲自指导，第三年开始学习雕刻，还要注重绘事。

练习雕刻刀的技术时，先在铜版上以圆规划一层一层的圆圈，要将每一圈都刻得一样粗细，这是一种耐心训练，真能下这苦工的人也并不太多。

有了深厚的雕刻针和雕刻刀的基本功夫，以及相当的绘画基础，再去雕刻风景、人物、静物和动物才能栩栩如生，跃然纸上。

当机械制造专家陈宏阁设计制造的雕刻车不但减轻了劳动强度，而且提升了凹版图形精度的时候，这一切引起柳培庆的关注。后来等到柳溥庆从法国回来，经他介绍，柳溥庆和陈宏阁才有了两人合作完成第一代华文照排机的事情。

1926年柳溥庆在法国研究美术与印刷，主编中文版《国民周刊》，当时法国并没有华文铅字可以用于印报，要把字体缮写翻印到石版上才可以印刷。柳溥庆结合在国内商务印书馆工作八九年的经历，对浇字、排字，特别是照相制版有丰富的经验，于是萌生出一个想法，将排字机和照相机合并做成照相排字机。构想有了，却没有时间和地方去实行。因为柳溥庆的政治活动和美术学习占据了大量的时间，自己无机器制造的经验。

陈宏阁和柳溥庆都生于1900年，陈比柳大几个月，都有从印刷厂做学徒起步的经历，稍有不同的是柳研究制版，陈研究机器，柳广而博，陈深而精，同在1924年，陈宏阁在技术上崭露头角，柳溥庆开始登上国际政治大舞台。

当1924年陈做成三色接纹机的时候，柳就是中国社会主义青年团旅欧总支部的成员，和周恩来、邓小平、李富春和聂荣臻等人并肩前行。

中断了政治生涯，回到上海自谋职业，柳溥庆才重新进行照相排字机的设计制造研究。

制成了世界第一台华文照相排字机

柳溥庆回忆道：

陈宏阁在中华书局时和我弟弟柳培庆在一起，原来我与他并不熟悉。开始和他接触大约是在1934年，找他试制照相排字机，从此才认识。

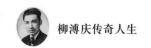

柳培庆说找陈宏阁住的地方,在恩师沈逢吉住的上海哈同路民厚南里那边,29-31号是陈宏记机械制造厂所在。

嘭嘭,"请问陈宏阁先生在吗?"

陈宏阁眼前的这两位中等身材,一袭西装大衣上飘落了些许雪花的男人,便是柳氏兄弟:柳溥庆和柳培庆,操着有点常州口音的上海话。

"家兄他有一个活想请你制造,不是简单加工,没有图纸,只有个设想,要请你完善。"

"陈先生,久仰,久仰,陈先生在上海英美烟草公司及商务印书馆从事橡皮印刷时就声名鹊起,后改弦更张从印刷到机械制造,很了不起,不知'陈宏记机械制造厂'有无兴趣接这个活?"

"说来看看……"

他们在静安寺路哈同花园东北角上的来喜饭店咖啡馆里开始了策划。

"事情是这样的,我在法国的时候,在巴黎爱司寄盎纳照相制版厂学习过彩色制版复制技术,发现了利用照相与华文排字相结合的方法,可制成华文照相排字机,其原理是这样的……"他一边说一边画起草图来。

"可以,这蛮有意思的,我们尽量设计得精巧些,镜头、暗匣用照相机装上,字盘、间隔器、开关和机身,还有标尺,再在两边装上脚踏开关……"

"我们可以在草图上再边做边改。"

看到家兄的设想能够变成现实,而机器的前景看好,培庆便提供资金,陈宏阁开始再次深化设计制造华文照相排字机。三人各出资三分之一,试制照相排字机,本来也有陈一股,但他没有出钱,以技术入股,机器制成里面有他一股(这台机器大约值3 000元)。

当时估计三个月内可以造就,但对排字机的部件一再重制改良,经历了九个月,才得以于1935年9月制成,虽然还有部分需要改进,但已能应用。

第一代手动式照相排字机就诞生在弄堂工厂里,陈宏阁在机器前拍过一张照片,为了突出机器用白布把背景遮起来,结果举布工人露出的脚也拍了出来。

所谓手动照排机,就是将文字预先制作在玻璃板上(镂空文字),这种玻璃板叫字模板,一束光透过字模板上某个字,再穿过透镜,进行缩小或放大,最后成像在感光胶片上。已经曝过光的胶片,经过显影、定影、冲洗,就得到一张有文字的透明胶片。

在这里,操作工实际上就是左、右、上、下移动字模板,对文字或字符逐个进行单独拍照。文字要排版,所以每拍一个字,胶片便向左移动一个字的字距,换行则向上移动一个行距。文字有大有小,由透镜间距离和透镜离胶片的成像距离来控制。

当然这些工作都由机械来完成。至此,就可以输出菲林去印制了。手动照排又遇到一个问题,就是制作字模板比较麻烦,这点又让西方文字显示其优势。西方文字字符少,一块小玻璃板,可以放几种字体的全套字母和字符。汉字浩繁,将文字按常用性分为一级字、二级字、三级字、偏字等,光一级字体就是块大玻璃板,况且一种字体就是一套玻璃板。

名垂印刷通史

这个发明被写在中华印刷通史上:

照相排字机国外在20世纪20年代出现过,柳溥庆和陈宏阁曾在1934年试制成功,但因战火而未生产。

后来,上海劳动仪表厂(后改名光学仪器厂)于1959年试制手选式照排机,几经改型完善。上海的书刊印刷厂于60年代中后期陆续使用——是为第一代机。

1970年一机部下达重点项目任务书,要求上海研制自动照排机。即由一机部机械研究所、中华印刷厂、上海印研所、上海光学仪器厂、上海字模一厂等10余家单位联手研制,于1973年研制成功并投产。1981年,国家新闻出版署委托上海市出版局鉴定后交中华印刷厂使用。因其采用光机结合的原理,故称第二代机。

1979年,上海印研所购用英国蒙纳公司的激光照排机,1985年上海新华印刷厂引进日本写研公司的文字数字化照排机,1986年上海市印刷三厂引进日本森泽公司照排机等,因其分别使用阴极射线管输出及激光扫描输出技术,故称第三代机。

1974年开始,以王选为代表的科技工作者,跨越第三代照排技术,研制出汉字激光照排系统,针对汉字的特点和难点,发明了高分辨率字形的高倍率信息压缩技术和高速复原方法,率先设计出相应的专用芯片,在世界上首次使用"参数描述方法"描述笔画特性,并取得欧洲和中国的发明专利。这些成果极大地推动了汉字信息处理、出版印刷技术的进步,为弘扬中华文化做出了突出贡献,被评为20世纪重要科技成果,此为第四代机。

照相排字机的出现,改变了原来铅字废材占地还要生火铸造、污染严重的境

况,这样一来印刷业从此告别铅与火,极大地降低了生产成本,解放了劳动力,提高了工作效率。

——这是后来历史上对这件事情的高度评价,尽管具有划时代的意义,但在当时却没有产生任何经济效益;因为国人不识,如果办成的话,将有多少铸字、排字工人就要面临失业,以致在工业发展的早期,就会有人去捣毁新机器——在中国将近半个世纪以后才彻底淘汰铅字排字印刷。

出版时间之长,影响之广泛,同时期其他报纸难以企及,在中国新闻史和社会史研究上都占有重要地位,被人称为研究中国近现代史的"百科全书"的《申报》刊登消息:

"留法学生柳溥庆发明:照相排字机!制造精巧、字体甚多、所占地方极为经济……云云"。

消息一出,自然引起人们的关注。宣传以后,机器被搬到柳溥庆在成都路懋益里25号的工场接待参观者。

珍贵图纸——柳溥庆、陈宏阁设计制造华文照相排字机

1936年第一期《中国印刷》杂志,其中新闻报道栏目详细介绍:

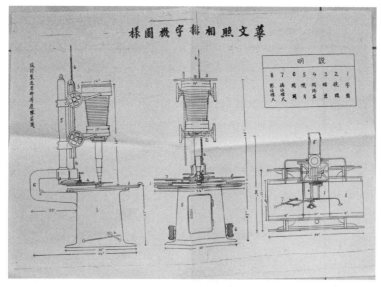

图4-20 华文照相排字机的机器装配图

国人发明华文照相排字机

近有国人柳溥庆、陈宏阁君,费数年之心血,应用照相原理设计制造排字机,其构造极为精巧,所占地位仅一小间,即能排制各种大小字号之文字,且备有隶体字及其他美术体之字模,可以排印各种书籍杂志,该机现已制成,正向实业部请求专利。此种新发明,对于中国文字印刷,将发生极大影响,因此此机既能减少工厂地位,又可省去很多附属设备,为铜模浇字机、打纸版浇铅板机等,且能增长不少新式字体,对于中国文字印刷之形式上,增加不少异彩,故"照相排字机"对于中国文字印刷之前途,将起甚大之改革,该机现已完成,兹闻正向实业部呈请专利,不日将柬邀各界参观此发明之照相排字机云。

机器没有申请到专利,与当局不重视有关,与国人的传统操作习惯有关,与日本人打进来也有关。

现在看来申请专利总要有申报资料,产品介绍总要有设备外形图和安装设备的示意参考图。为此柳溥庆再让陈宏阁画出图纸以此作为装配说明书,于是就把这个传世之作留存。

署名:柳溥庆、陈宏阁设计制造

对于这张图纸,1929年出生的老机械工程师夏雷声老先生评价说:

这是我见过的年代最久远的设备外形图,投影关系及尺寸标注方法与我国现行的国标不同。中华人民共和国成立前,我国流行两种制图标准,英制和公制。英制的是第一挂限画法;公制的是第三挂限画法(目前国标是第三挂限画法)。除投影关系有所不同外,所用的尺寸也是英制的长度单位(英寸)。

虽然这部机器已不复存在,对这张设备外形的图纸用途,雷老先生指出:

1. 提供设备安装空间参考;
2. 提供设备包装参考;
3. 一般也是设备出售装箱单中说明书的附页等。

经过千辛万苦,柳溥庆的子女将保存完好的图纸送到在北京黄村的中国印刷博物馆,留下一段合作创造的佳话和物证。

两本杂志难以为继

柳溥庆已在的上海三一印刷公司,原来营业的只有铅印和彩色石印两种,资

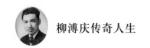

本当时计20万元,每年有利可图的。

老板金有成还想得到更厚的利润,就发动成立照相彩色制版部门,投资10万元,占全部三一印刷公司资金的三分之一。

张德荣有文章介绍:

溥庆就在这种情况下负责订购新式印机制定该部门计划。历数月后,德国印机运到,因为印机装置逾期和一时校不正镜头延期出品,在陈宏阁等人的帮助下,终于使上海仅有的这架新式的德制彩色照相制版机装置好,而且出品质量也很好。

溥庆因那时环境关系,须偿还公司方面延期出品的损失,征得资方同意,约张德荣等创办《美术生活》杂志,这样他们两人又在一起工作了。

他除承担三一印刷公司照相制版部门全部工作外,还兼《美术生活》出版部门的经济支配之责自负盈亏,柳溥庆只可做好不可做坏。

这本《美术生活》,在柳溥庆与编辑等各方面的努力下,确实办得名扬全国,销路很广,但是成本高了,又不能满足资方得到厚利的要求。后来又开动脑筋再办一本《漫画生活》,想着能在这本杂志上赚钱来弥补之前的损失。

后经过说明,采用一种成本极低而且销路极广的方法出版这本《漫画生活》杂志,再加上编辑部门每人出资100元作为经费,不足之数由资方负责,这样才正式出版,结果完全达到预定计划。经过五六期出版,资方又要改换《漫画生活》的内容,拟以当时漫画内容如仕女、大腿和无聊生活等为主,大家不同意这种做法,经几次争辩无效,所以《漫画生活》就没有再办下去,于是分道扬镳。

仿造德国影写版凹印机

1937柳溥庆与陈宏阁一起研究仿造了德制"影写版凹印机",这是中国人第一次成功制造能够印制钞票和邮票的凹印机。

柳溥庆看好陈宏阁,一有事情就来相商,非常亲近。

"陈先生,这里刚进来一部德国机器,你看看我们可以仿造、改进吗?"

"拆开来看,再装起来,我心里就有数了。"

说的是陈宏阁和柳溥庆的另一项合作。1936年初,柳溥庆与他的10多位学生合资办了华东照相平版印刷公司,并向德国订购了那时能印制钞票、邮票的最好的影写版凹印机。该机价格昂贵,逾万元。机器很大很重,当时不可能整体包装运输,分成几个大木箱装着许多大小部件,运到上海时,需自己按说明书组装。柳溥庆请陈宏阁到公司协助帮忙组装的时候产生了仿制的想法。

他俩一起认真研究了该机的印制原理和结构,而此前陈先生曾经在他自己开办的工厂制造过多种印刷机器,他也希望能制造出世界各种最好的印刷器械,他对影写版凹印机也很有兴趣。

在研究组装影写版凹印机过程中,柳向陈了解到,如果将该机拆成最小单位的零部件,可能有上千个。如能将每个零部件照样翻砂复制,就可以自己制造一台影写版凹印机,成本还不到购买价格的一半。这种先进的凹印机,当时只在中国上海有少数几台,柳溥庆多么希望自己能有一台。对这项制作,当时陈先生表示愿意承担。

两人志同道合,一拍即合。在柳先生设法筹资的同时,他俩一起拆卸影写版凹印机,边拆边画图。用图纸还原了机器的设计构想,记下了每一个零部件的尺寸和结构的组合程序;又一起研究零部件的翻砂复制,分门分类,哪些应先做,哪些该后做;既要便于组装,又要省时、省料、省麻烦。为了仿制影写版凹印机,陈宏阁没少辛苦跑腿。经过约半年时间的刻苦钻研、劳累奋斗,1 000多个零部件通过翻砂(陈宏阁还会翻砂)加工做成了。其后他俩一同将零部件组装成一台新的影写版凹印机,而且试印成功。

在"影写版凹印机"的仿制过程中,是有很多收获的,如发现逆转擦版法现象,至少使他们进一步理解、掌握了印刷机器和凹印机的制造原理,增加了许多有关知识,对陈宏阁以后印钞机的设计起了很大作用。他参与研制145丙的反向低速擦版法获得成功(见《上海印钞厂厂志》),柳溥庆个人获得国家科委颁布的发明证书(见本书第九章)。

制 器 之 器

柳的照排机、凹印机这两项创新发明,都离不开陈宏阁的智慧和胆识,是他们两位共同努力奋斗、辛勤劳动的合作成果。

"陈先生心灵手巧脑子好,做啥像啥。"柳夫人周砥对他赞赏有加。

柳溥庆不抽烟、不喝酒,而陈宏阁两样都会,虽然合作多次,彼此都很熟悉,但大家都礼仪有度,亲切随和,可称得上君子之交。

从柳伦的描述,看他们俩的接触,颇似地下工作者,柳溥庆是共产党,陈宏阁当时也是心知肚明。

从引进机器和制器之器,到培养制器之人,促使中国人由师夷长技的器物层面,升华到师夷长智的文化层面,是了不起的认识飞跃。

柳溥庆就有这样的思想高度和认识。

当时作为睁眼看世界的第一人林则徐委托魏源编撰的《海国图志》,使中国开始了解西方。尽管这种了解是被动的:是被西方列强打痛打伤了之后,才知道世界上还有英吉利和法兰西;才知道坚船利炮的厉害;才真正领会民主为"德先生"(democracy),科学为"赛先生"(science)的重要。做技术工作的人对"师夷制夷""制器之器"的理念给予了极大的关注。

最早完整接受西方教育和启蒙思想的中国人——容闳向曾国藩贡献了自洋务运动以来最为精辟的4个字:制器之器。他认为大家都知道洋枪、洋炮的厉害,与其单纯地购买仿制,不如先开设工厂,配备各种制造机器的机器(有设计加工能力),方为有源之水、有本之木。

"师夷制夷"集中反映了当时一批忧国忧民之士力图"救国图存"的心理状态,也道出当时国人的先声。世界上诸国的史地成了风靡知识界的谈资,其最主要的思想"师夷长技以制夷"迅速传播开来。吸收外来技术,在上海造就一大批"外国铜匠"这样的好手高手解决根本问题。只有发展民族工业,自己办工厂才能兴实业。

华东美术照相印刷公司

柳溥庆与金有成分道扬镳后,1936年搬到英租界,先在青岛路中段路西租了一间床,又迁居成都路611弄52号,并开办了华东照相印刷技术传习所。因房小地少,办不了印厂。当年改租北京西路成都路相交处的广仁里8号一所石库门住宅,将其改造为师生几十人合资开办的华东美术照相印刷公司(有20多名印技工人)。

1937年,柳溥庆团结众多学生,在组建的上海华东美术照相印刷公司印制出被誉为当代精品画册的《黄山卧游集》等印刷品。他以我国30年代最高胶印水平的实物,证明印技革新的必要性和优越性,使广大印刷工作者耳目一新,学有方向。

此房在上海的石库门住宅中属于较大型,坐北朝南,上下二层。整个石库门房占地呈正方形,东西与南北各长约16米,分前、后楼两部分。进正门有个大天井,天井北面中间是大客厅(安装了体型大而重的印刷机器),厅后有梯,可以上楼。厅两边各有东、西、前、后厢房。前楼上下两层共有正房10间。除楼上一间东厢房作为办公室,其他房间都改成了车间(有照相、修版、晒版、制版等车间)。后楼房也是二层;每层从东到西一长排,各有5间屋子。楼上一排5间成了工人宿舍,楼下5间,有的当作仓库,有的是食堂与厨房。前楼后楼之间还有一条约2米宽的小巷相隔。楼上的前后楼之间由一条过巷天桥相通;楼下小巷东口是后门。

一家人先在楼上西厢房住了几个月,目睹楼南边相挨的成都路611弄的一片空地上,盖起了5栋小石库门住宅,柳溥庆在那里预订了租房。

此住房虽属成都路611弄,但与广仁里8号的印刷厂毗邻,中间只隔着4米宽的一条弄堂,厂的南面正门与此房的北面后门相对,便于上下班,建房时就被柳溥庆租为家宅。

图4-21 1936年,周令钊等在上海华东照相制版公司师从柳溥庆的成绩单

1937年举家迁入此房居住后,因房间除厨房,还有大小5个,较过去稍宽松一些,柳溥庆就将当时租住在新闸路的兄弟姐妹们(4位)都接过来一起生活了。加上周砥的弟弟与外甥朱念春(小名龙生)都与柳溥庆是同事,一大家12口人,便在此共同生活了8年,直到抗战胜利时,又觅得更大的住处,才搬迁离此。

武 汉 蒙 难

柳溥庆摆脱了白色的恐怖,将红色的身份掩映起来,不料却惹上了灰色的商业官司。

柳溥庆的留法同学张德荣第三次登场。

张德荣也改名张西平,因各种原因和组织逐渐疏远,与柳溥庆通信也就减少了。

这个时候他在武汉工作,一次回上海偶然见到柳溥庆,说是在武汉的湖北省政府地政局有印刷地图的生意,而地政局主事的汪浩又是他们在巴黎的同学,柳溥庆认为这笔生意没有技术上的问题,可以接下来,还可以在当地设分厂。另一

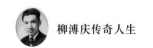

说,是为抗战做准备,接洽航空测量绘制印刷军用地图。

然而还有一件事也与武汉方面有关:当柳溥庆一出现在汉口,便被人诬告说,那个承印省银行假钞的柳姓上海人来了,而被捕入看守所。

张德荣看到柳溥庆被捕,让汪浩等保释,柳溥庆由此脱身回上海。

不料事情没完,湖北当局追究起来,向保人要柳溥庆到庭,找到汪浩、张德荣,柳溥庆只好硬着头皮返回,正式锒铛入狱。羁押一年,幸亏有留法、留俄同学相助,湖北绥靖主任何成睿出一手谕,告知柳乃省主席的部下,不能轻易处理云云,才使得事情没往下发展,但湖北当局也没有放过柳溥庆。

张德荣每日送饭,活动法警,好言宽慰在牢狱的柳溥庆和远在上海的周砥。

患难见真情,张德荣这段时间的不容易,柳溥庆看在眼里。

外面的局势越来越紧,柳溥庆并不知晓,相反的,德荣还要造些假消息来安慰他,保证他在监狱中还存有希望和健康。同时不惜代价聘任了一位名律师,每两个星期会同律师一同探望狱中的柳溥庆。每次传递"假消息"时,都是将字条放在米饭米团、塞在油条中,送饭器具是叠在一起的搪瓷提饭格,每一次更换放字条方法,在前一天字条上提前通知他,使他在吃饭时预早留心。为了方便送饭,每隔三四天要送一元给值班法警通融。

春来秋去,狱中的柳溥庆,端午节吃糯米粽子,八月十五吃月饼,一次次接过提饭格,面容憔悴,胡子见长,两眼却炯炯发光。这一边周砥书信不断,询问营救溥庆之情况,何日可出监狱;那一边在狱中柳溥庆在写文章,钻研印刷技术……

有道是:好日子过得太快,而苦日子却又太慢,度日如年。后来得知周砥在上海家中,一人要掌握家务,又要兼顾厂中营业,因为不熟悉技术业务,所以搞得家务与营业都不很好。如家中小孩子患急病,未曾及时就医而死去。公司中的营业日渐衰落,生活也随之困难起来。

德荣也心急如焚,越挫越勇,下定决心,非营救柳溥庆出狱不可,在柳溥庆最困难的时候绝不离开他身边。

柳溥庆身体上不得自由,但精神上还不算十分痛苦!面对这飞来的横祸,在牢狱中一年仍坚持自学和钻研印刷技术。柳溥庆对于印刷照相技术的热爱,具有革命精神、能克服一切困难的劲头,让德荣感动不已。

监狱防空洞里的会面

又经过几个月,时局更加紧张,汉口市区已经有部分地区被日本飞机轰炸,武昌更是被轰炸得厉害,可以说没有完整的房屋了,死伤的人也很多。

一天,像往常一样,德荣刚到监狱,防空警报的声音划破长空,于是和所谓的罪犯一干人等都钻进法院的防空洞中躲避。这时溥庆也进来了,大家相视片刻,不能说话而互相挪近。在轰炸声中,溥庆含泪对德荣说,"时局这样紧张,武汉不可久留,你可同你母亲赶快回沪,不必等我了。我多半是无希望了,听说犯人都要肩背二三百斤的法院文件步行到四川重庆去。这样我是不能活着到目的地的。现在我唯一的要求,希望你回沪后,代我照顾我家,并嘱咐周砥好好教养子女"。

"你放心,有我在,就有你柳溥庆,我绝不会放你一人在此而离开的。"

日寇的进犯,加快了营救柳溥庆的步伐,德荣去找何定杰商谈办法。

何定杰设法去找认得法院院长的人,德荣直接敲开法院院长的大门。

当时武汉学校以及企业等均内迁,市面混乱人很少,总算在那时见到院长,当时院长拒绝并说"这事不能随便",看他的样子,好像不是不可以交保而是怕负责任,后由德荣再三要求,并说明:

局势如此紧张,一般做官人均远离这危险境地,现在留下的只有你院长,大家不顾你的安全而放下了你,要你负这样大的责任。况且柳溥庆的案子,你很明白是完全冤枉的,他是个富有研究能力的技术人员,拘禁在监狱中已有一年之久,他尚能安心在狱中编写印刷方面的书籍,这完全证明他是印刷技术中突出的人才,国家在这样紧急的关头下,需要多方面的人来帮助,那么人才更应爱护。你院长是清楚这一点的,请释放柳溥庆,以后绝对没有问题的。

此时院长沉默片刻,德荣追问,有什么困难吗?院长说:"好吧,交保。"交保条件是2 000元现金、3 000元有价值证券担保。虽然允许交保,但如果无法满足交保条件等于被变相拒绝。

征得德荣母亲的同意,将祖传上海田单作有价值证券,不成。又征得何定杰同意由各茶叶行——何定杰爱人娘家车姓的关系,共同负责出具现金保单。

就这样,张德荣、何定杰等留法同学有情有义、拔刀相助,甚至抵押房屋、倾囊相助、多方营救和保释,柳溥庆方得出狱。可见当时法院的腐败。

"还不快走",大家催促柳溥庆从速返回上海。

关于1936年柳溥庆在汉口冤枉被捕的主要原因,完全是由于汉口印刷厂的造谣中伤,他们生怕湖北地政局的印刷业务被上海来的柳溥庆挖走。

柳溥庆在1938年10月才被释放返申。周砥再见到柳溥庆,见他面目憔悴,

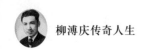

白皙的脸上胡须长了许多,还没来得及问候,就告诉他不在上海的期间,第二个儿子夭折的消息,柳溥庆一时忘掉自己一年多的苦楚,流下了心酸的热泪。

一段冤屈,一段交情,循环往复,伴随柳溥庆后来的人生。

不叫一日闲过

四十年代初期,柳溥庆曾想为我国中、小学生编撰一本汉语小字典,因当时书店出售的商务印书馆在1936年出版的大辞典《辞海》,一般学生都买不起。

柳溥庆觉得这是个商机,也是为文化教育事业服务。但自己没时间编撰,就聘请了一位50岁左右失业的语文教师编撰字典,给他每月发工资,让这位教师在他自己家里编写。有问题时,来到柳家商量。

这位教师语文水平不高,编撰中遇到的问题很多,就向柳溥庆诉苦诉难。编了近两年,离完成还差得很远,1942年,柳溥庆不幸被日寇特高课逮捕入狱一个多月。

等出狱后印刷行业萧条,入不敷出,柳溥庆也无能力继续给他发工资,编写字典的工作就中止了。

各式人等上门,"我家的表叔数不清。"柳伦求问父亲,张国焘也找来过。

柳溥庆告诉女儿,不管谁来,就说我不在,再问就说出差去了。

忽一日,组织找上门……

新四军来人了!

伍章

独步天下　逆水行舟

柳溥庆、周砥伉俪

伍章　独步天下　逆水行舟

新四军要印自家的钞票——抗币

话分两头，书归正传，到这里本传的主人公正式开始研究货币的印制工作。

武汉蒙难，是为不相干的印假币案，这回却是印真的，为我党我军我苏北根据地印钞票"抗币"。

就在这不经意间，柳溥庆拉起的这支队伍的技术骨干，分散到各个根据地从事印制，后来发展成新中国人民币国有化的主要力量。

有一张照片记录了这段历史，柳溥庆、柳培庆兄弟欢送的是秘密赴新四军江淮银行印钞厂工作的印刷技术人员，有趣的是，明明是北上到苏北去，上面题写的却是欢送诸君南行，以掩人耳目。

图 5-1　1941 年，柳溥庆、柳培庆、周德勋欢送于、董、顾、于、卜、张等去苏北印抗币的合影

首先说说货币的重要性。货币作为商品流通的等价物出现在市场上，人们通过货币换取同等价值的其他生活必需品和生产资料。但在战争时期，货币却成为掠夺和反掠夺的重要手段。1938 年秋，新四军在苏北建立了抗日根据地，

其时市面上流通的货币就很混乱。有国民政府四大银行发行的法币,汪伪"中储行"发行的伪币和假法币,有日元,甚至还有沙俄时代的卢布和已作废的德国马克,各地还有多家银行和一些商号发行的代价券、流通券,等等。

针对日伪对根据地实施严密封锁,发行各类日、伪货币掠夺根据地物资的严峻局势,根据中共中央关于"华中各地应急速成立银行,发行边币"的指示精神,新四军必须握有自己的钞票,于是1941年4月1日在盐城设立了江淮银行,5月开始筹办江淮银行印钞厂,而筹建处就设在新丰镇境内大丰盐垦公司鼎丰区。

这件事的主谋是号称红色外交官的胡金魁,他是个老红军,曾陪同写下《西行漫记》的斯诺,参观陕甘宁边区。中华人民共和国成立后与浙江三门籍的妻子杨湘君一直在湖北工作,杨写有《柳溥庆传》,这可能是最早写柳溥庆的书,还没有正式出版,可惜"文革"时手稿被烧毁。

图5-2　曾写过《柳溥庆传》的杨湘君

2013年12月,笔者见到自己的外甥冯如希来访,问及杨湘君,他不但知道,还登门拜访过两次。原来杨氏乃三门中学老校友,冯如希是浙江省重点三门中学校长和特级教师。2014年6月,笔者到武汉做了寻访,柳伦提供了杨湘君曾写给她的信件,但老人已作古,现有一子在澳洲,一女在武汉。

穿针引线连苏北

共产党领导的根据地都相继成立了银行,但要发行自己的货币,印制起来,却是十分繁难。1939年底,胡金魁找到时任苏北行政委员会保卫处督察长的吴福海,让他到上海寻求技术支持。

吴福海早年是中华书局的工人,是陈宏阁的师兄弟,人长得高高大大,是游行示威的扛旗手。工人弟兄们叫他的小名:吴三囡。上海对他来说是熟门熟路,印刷界的人头更加熟悉,啥人有啥技术,一清二楚。

只见他脱下军装,头戴直贡呢礼帽,一袭长衫,一口本地的上海话:

"侬看哪能?阿拉扛扛斤头(我们讲讲条件)!"

大拇指头一翘,俨然是生意人模样。

伍章　独步天下　逆水行舟

船从大运河走苏州河，一踏上上海的土地，吴福海当时觉得气氛不大对头，到处都加了岗哨和铁丝网，盘查严格。吴福海不敢大意，先找了胞弟吴迪飞，确定没有盯梢，才扣响了在公共租界成都路柳溥庆的大门。

再说柳溥庆夫妇对吴福海是非常熟悉的。一是印刷同仁，二是莫斯科中山大学的同学，三是吴福海曾到东北抗联工作，妻儿由柳溥庆供养6年之久。

"三囡，长远勿见，现在哪里高就？"

吴福海伸出两个手指头，转了转，两双头（新四军）。

柳溥庆马上出门看了一下四周，叮嘱女儿看门，不要让人进来打扰。

"侬是无事不登三宝殿？"

"要请侬帮忙印阿拉自家的票子！"

图5-3　吴福海（左一）和柳溥庆夫妇

印制一条龙，技术是没问题的，能公开印制，却又不能让外人知道是新四军抗币，是个难题啊。

话说到这里，柳溥庆略一思索，"附耳过来"——

能不能在票券制版时先不刻行名，将无行名票券印成后运至根据地再加盖行名。他说，当时租界里钱庄很多，几乎每家钱庄都有自己专用的钱票。以钱票名义就可以公开印制"抗币"了。

主意好出，谁来做呢？解铃还得系铃人，柳溥庆说到做到，吴福海不会看走眼，柳溥庆不但秘密设计了一角、二角、五角、一元4种面值的票面图案，还拉柳培庆雕刻成4只单张铜版；再制出印刷大铜版后，组织所有职工，加班加点抢时间赶印。

柳伦也向笔者讲述了这个过程：

1940年初，9岁的我目睹了"抗币"包装出厂的全过程。我家与印厂是邻居，我家后门与印厂大门只相隔四五米。抗币印制工作完成的当天晚上，工人们都回家了，父亲与几位地下"伯伯"将所有切割好的抗币，从后门搬进家里，用牛皮纸一叠一叠包装，伪装成日用品——固本肥皂，装在木箱里。最上面放两层包装形似的真肥皂；当晚用货船将抗币运往苏北。

这种无行名票券运到苏北根据地后,新四军给它盖上了"江南商业货币券"七个字,就成了当地通用的货币,可以通过兑换与买卖。

图 5-4　江南商业货币壹圆券

筹建苏北印钞厂

这还不够。靠上海印还远远不够,且风险大成本高,不晓得哪个环节出了问题,那就要全局震动。

图 5-5　张爱萍将军题写书名的《抗币风云录》,作者为施燕平

2014年4月笔者参加作家杜宣的纪念座谈会,见到了《抗币风云录》的作者施燕平,他详细记载这段历史:柳溥庆又开始为筹建新四军江淮银行印钞厂出谋划策和出力。

柳溥庆积极做好为印钞厂秘密购置、运送各类印钞物资,选拔、护送上海等地印刷工人赴印钞厂工作。陪吴福海亲自到苏北筹办印钞机器,购买制版器材及招聘技术人员。

他冒着路途中敌占区严密封锁、搜身盘查、交通不便等许多艰险,徒步跋涉了一个多月,终于与新四军财经部部长兼行长朱毅、副行长李人俊和印厂厂长胡金魁等选定了厂址,制定了采购计划;

还决定在上海和苏北开办名为"华光印刷公司"的商家作掩护。

柳溥庆利用公司已转让给国民党"江苏省农民银行",以去兴化韩德勤处的名义,先到黄桥,经过几次交谈初步确定"合营"形式。当时汪伪政权的华纳印钞厂,为扩大伪法币的印制,正在大量招收印钞技术工人。香港中华书局印钞部门解散后,印钞任务转移到香港商务印书馆,当时也在上海招收印钞技术工人。吴福海选择浙江路的一个旅馆作为联络点。

招聘的爱国、能吃苦的30多位印刷技术人员,经一一密谈后,分别发给路费动身去苏北。为防止被租界当局发现,联络点旅馆也经常调换。

当时有人已知道要去苏北为新四军印钞票,大家都有一个共同的心愿,就是为打倒日本侵略者出力。上海去苏北的几批人,有的留了下来,有的又回到上海。陈宏阁先生是去去就回了。

柳溥庆在1966年接受外调时说的比较客观——

> 陈在中华人民共和国成立前不过问政治,是个典型的商人人物,其政治态度也并不反动,接触中当我谈到赞扬新四军的时候,他并不反对,据我所知,他未参加过什么反动组织。

就这样,柳溥庆试探着问了陈宏阁,因为他们早就约定天知、地知、你知、我知,恪守信用,方得成行。于是,才有了吴福海出场。

久违的吴福海出现在陈宏阁面前,请谨慎胆小的陈宏阁去跑了一趟,调试机器。

柳溥庆向陈宏阁了解了各种印刷机械的特点,他又精挑细选亲自采购,陆续买回了价廉物美、不需电力的10部手扳凹印机,8台凸印机,1台切纸机,1套大照相设备,还有油墨、印钞纸张和机器零件等物资和器材。他把金属印机拆成了零部件,藏在大粪船底部,陆续运至苏北;印钞纸张则切割成画纸,与油墨一起作为文化用品运出上海。需刻制的"江淮银行"钞票铜版的图稿,他与柳培庆设计后先送至苏北军部审核,再在上海秘密刻制。

尽管有这样那样的困难,1942年8月江淮银行印刷厂开工,在大家的努力下,凹印生产很快从每班二百张,提高到五六百张以上,这时,也已有12部凸印机在运转。

扬子江头,淮河之滨,任我们纵横驰骋……

为了社会幸福,为了民族生存,前进前进,我们是铁的新四军!

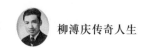

新四军军歌激扬。苏北根据地军民的艰苦奋斗和孤岛上海共产党地下工作者,他们的顽强精神感动了上海的工人。

当年 5 月一切就绪,印钞厂正准备开工时,日寇来大扫荡了!不得已,印钞机器被拆成零件搬到船里漂到海上躲避敌人。

抗币得到陈毅军长的肯定

进行了一年多艰苦的反扫荡斗争,至 1942 年 8 月,才另选地址,在阜宁县一个旧庙里将印钞机器安装就绪。军部对二次落成的江淮银行印刷厂十分重视,决定举行隆重的开工典礼。开工那天,新四军领导人陈毅、张云逸、饶漱石、黄克诚、张爱萍、曾山等同志,都兴致勃勃地来到印刷厂。

陈毅将军在大会上向近 300 位印刷厂同志们指出了印制抗币的重要意义。在党的革命事业中,除了有"枪杆子",还要有"钱袋子"作保证。

当我们回溯历史,不能忘却革命根据地印制红色货币对赢得革命胜利的重要作用。

早在 1928 年 5 月,毛泽东等老一辈革命家在井冈山创办了第一个红军造币厂;1931 年 11 月,毛泽民负责筹建中华苏维埃共和国国家银行并任行长,1932 年 3 月在江西瑞金创办了中央印钞厂和中央造币厂;1933 年 1 月,郑义斋在川陕革命根据地创办了造币厂,一直到 1941 年,柳溥庆与胡金魁等人在新四军根据地创建了江淮银行印钞厂。

陈毅说:"印制抗币是抗日斗争的一个重要组成部分!我们必须掌握好财政金融大权,抗日军队需要钞票,抗日民主政府经济建设需要钞票,市场流通交换也需要钞票。敌人用发行大量的敌伪钞票来掠夺我们,造成了通货膨胀,货币贬值,物资缺乏,市场混乱。所以,我们一定要用自己的钞票——抗币,同敌人做斗争,粉碎他们的经济掠夺、破坏和封锁!"

会后,陈毅军长进车间视察。当一张红色的"壹圆"票券印出来时,他高兴地捧在手里细细观赏。在发现票面上的字迹与图案都是精致细密的雕刻,而且,字与图的凹凸版刻印的效果,摸上去手感十分明显时,他禁不住兴奋地赞扬道:

"同志们在山沟沟里,用陈旧的手扳凹印机,印出了一流水平的钞票,真不简单!"

陈毅听了胡金魁介绍的幕后英雄,来自上海,有留法的印刷专家柳溥庆和雕刻专家柳培庆两兄弟和组团的上海工人阶级,不由自主地连连点头。

"我说的嘛,怎么这么好,没错!干得漂亮!"

陈老总到此打住,他知道这是一条秘密战线,不能公开宣扬和表彰,只能在心中默默记着远在孤岛上海的同志们为新四军做的贡献。然而,他没有想到还是有会通过蛛丝马迹走漏一些风声。

他当然更没有想到若干年以后,在这里帮着印制的人,以柳溥庆为首,会在香港、上海、北京发展,特别是在解放上海、稳定市场时所起的作用。

机智逃脱日伪的虎口

陈军长手里的"抗币"在根据地百姓手里流通,也放到了日寇特高课的办公桌上,敌伪的特务在放大镜下细细查看,看着、看着就抬起头来,把目光投向了墙上的地图,最后锁定在上海!也就是说,只有上海,才会有如此精美的钞票印制技术。

图5-6 新四军的"抗币",壹圆钞票的凹印版为柳培庆所雕刻

一看就知道有来头,是专业人士所为,正是柳培庆后来自己开办华东柳培庆美术雕刻所,以一手雕刻凹版十分精细的本领,为"抗币"雕刻了版子。

根据地的钞票有凹凸版两种印刷,印钞用的版子是柳培庆在上海秘密刻好后运来的。在上海制版时,为防备敌人破坏,只刻好花边花球、风景和面值,未刻江淮银行行名(抗币上的"江淮银行"明显是后加上去的),而行名、图章、编号等都是在根据地制成铜凸版,再套印上去的。

笔者到访盐城新四军纪念馆,柜中陈列着抗战时期的诸多货币,一比较就看出印制质量最好的是江淮银行的,是我党新四军创办的。

图5-7 苏北盐城新四军纪念馆中的各种"抗币",江淮银行的印制最为精美

与此同时,1942年,柳溥庆又在上海成都路641弄52号创办了中国印刷材料公司。该公司生产了当时市场缺乏汽油的代用品——"印刷油墨清洗霖"和"制版油墨清洗霖",缓解了当时市场上买不到汽油的恐慌。

生意蛮好。

麻烦来了。柳溥庆的印刷厂进入了敌人侦查的视野。

穷乡僻壤怎么会印出这么精良的货币,一定有专业的支持,不远的上海,全国80%的印刷企业都在那里,有远东一流的印刷技术,柳溥庆又是上海有名气的印刷行家,自然被盯上了。

雪上加霜,果然没有不透风的墙。有个叫肖德林,从苏北根据地开小差出来的,到上海走投无路,没有生活着落,他就要弄钱,想起他在苏区的时候听说过,印抗币的有上海柳溥庆,但他并不认识柳溥庆,他就四处打听,先寻上门来。

由于不是组织渠道来的,柳溥庆不见,当晚问地下党员朱沐,方知肖有问题,再来也不能接待。

两次拒绝见面,当面要挟不成,肖就去告发:柳溥庆帮新四军印钞票。

肖带特务先抓了曾在苏北新四军印刷厂工作过的吴根生,一起来到柳溥庆家。

特务出动了。1942年4月,半夜里一两点钟。

"不许动!把他们两人分开,搜!"

特务把亭子间里面桌子的抽屉都抄了个遍,要搜出他们认为有价值的东西。

没有?敌伪科长王福生便从他自己的口袋中拿出从吴根生家中搜出的一张钞票给柳看。

"这张钞票是不是你印的?"

柳溥庆拿过来一看,发觉这是一张几年前在上海华东兴记印业厂公开印的没有银行名流通券,是纯属商品性质的印刷品。柳溥庆急中生智,脑子像风车一样地转,干脆,承认一年前在上海公开印的流通券,如果承认钞票是我印的,敌人就有可能把注意力放在这张钞票上,不再往下追。

于是柳溥庆采用顺水推舟的方法来应付敌人。

"你承认这张钞票是你印的,有证据吗?"

当时柳溥庆就把一年前上海华东兴记印业厂印的流通券印样本10多种都拿出来看,其中有一张就是苏北泰兴的零找券。日本特务山本看了,误以为泰兴零找券就是新四军钞票。因此,他对王和正在搜查的特务说:

"带走,不要找了,统统的回去!"

柳溥庆极力争辩:我是个做印刷生意的,有买卖送上门来了,当然要接活啰,我怎么知道是啥人印的。说是印钱庄的代用券,公开的。好就好在柳溥庆印过很多钱庄的钞票,他都有几本相册收藏,几本相册上面的各种各样的钱票很多,拿出来给人一看没错,印的无行名票券上面也有样张。柳溥庆还讲了三个证人,其中与华东兴记印业厂吴老板所说相仿,吴的寄父是上海伪商会会长,有后台。

周砥配合得更好,第二天就请留苏时同学廖家傅(时任伪蒙藏委员)出山,一同到76号探望柳溥庆,告知已托同是留苏同学裘公白,他是特务队队长,向特高课打了招呼。

"弟兄们,客气点,人家勿是共产党,早就被开除了,是个技术高手,本来还要出任阿拉劳工部长呢。"

……

柳溥庆迅速向周砥了解到被捕的20人当中没有人去过苏北,就放心一半。

在关键时刻组织营救,老同学交情起了作用。在伪政权找人托关系,使钱花条子,经过20多天,当局就把所逮捕的人放了出来。

柳溥庆利用有限法律与社会关系进行周旋,保护了党的秘密和同志,最后以"商业行为"结案,被敌人宣告无罪释放。

与魔鬼打交道的人

一来二去,这些有恩于柳溥庆的人,成了柳家的座上宾。一些人做了汉奸内心很孤独很空虚,也需要广交朋友,特别希望柳溥庆他们这样的精英人士最好一

柳溥庆传奇人生

起去蹚浑水。

在日寇刺刀下成立的汪伪政府,用特务手段来控制上海的局面,镇压抗日人士。同样,他们也需要拼凑力量启用"精英"人士来共同组阁。76号头目李士群早年参加中国共产党,也是莫斯科中山大学的同学。他们看上了柳溥庆夫妇俩。许诺一个出任中央政府劳工部部长或工业部部长,一个做妇女部部长。

面对这些既背叛了共产党又背叛了国民党的民族败类,柳溥庆一脸不屑。

一瞬间,柳溥庆看着李士群口若悬河的嘴,竟然失聪了,听不见他在说什么,耳朵里响起宏大声音⋯⋯

"敌未出国门前言和即汉奸!"

敌人未被赶出国门之前,就要谈和的人,即以汉奸论处,是也!

敌未出国门前,言和,即汉奸!汉奸!

1938年10月,陈嘉庚以华侨参政员身份,从新加坡向国民参政会发来"敌未出国门前言和即汉奸"的电报提案,获大会通过,被誉为"古今中外最伟大的一个提案"。该提案的"伟大"之处在于文字最短一目了然,要言不烦,目标清晰,定性准确!

柳溥庆事后对周砥说,我当时脑子里就这十一个字在轰响,"汉奸"差点没叫出来。

"既然你们不愿出山,我们过来,到你这里来弄个什么,旅苏旅欧同学会就放在你家,我们联谊、联谊总可以吧!"汉奸如是说。

起草留俄同学会的章程

不好推辞,柳溥庆请示组织,也需要敌特朋友的掩护,就应承下来。

在鱼龙混杂的同学中,几股力量交织,常常是你中有我、我中有你,在谍报战线,中共、共产国际、军统中统党通、日本特高课,等等,大家都要有眼线,都要有联络点。你柳溥庆不会那么简单,和共产党、国民党就没有了来往?尤其对柳溥庆这种掌握印刷技术的特殊行业的人士多方面会予以关注。

印刷小到印传单,大到印报纸,最为厉害的是印证件、钞票和有价证券。

明枪暗箭,他们对柳溥庆依然心存疑点。

柳溥庆写道:关于留俄同学会章程——

缘起:在1941年南京伪政府尚未成立以前,由于裘公白、廖家傅的关系,他们一再邀请,曾举行二次聚餐,第一次是在李士群家宴请,那是发起会,大家都很积极,在同乡同学同志同道的感召下,愿意意气相投。

于是有了第二次,在四马路会宾楼举行了留俄同学会的成立会。

来的人不少,后来因为知道他们是汪派汉奸,并知道他们是利用留俄同学会提高自己身份,所以很久不和他们见面,于是同学会冷落下来。大家也就一年多没有往来,因为柳溥庆被捕,由周砥去托他们帮忙,才把已断的线索连接起来。因此裘和廖提议要由特高课开释以后的柳溥庆帮助他们整顿同学会。

当时柳溥庆表示:如果把留俄同学会仿照留法同学会、留美同学会那样加以整顿,使之成为同学间感情联络的团体,而避免成政治团体,则可以参加帮助整顿。

这个草案其时曾用油印印发各同学征求大家意见,以便定期开会正式成立同学会。但后来一直没有开会,其原因据现在分析是因他们不赞成柳溥庆的意见。

这一份草案是在上海老家书案旧文件中发现后,上送交审干办公室。

周砥为革命东奔西忙

柳溥庆夫妇一方面与敌伪周旋,一方面与地下党的同志们来往穿梭,难免会碰上麻烦。好在柳溥庆的厂家合一(上海成都路611弄52号),有后门可走脱。一次吴福海来差点与汉奸相遇。

同一时期,中共上海地下党城工部长陈祥生(留苏同学),也与周砥接上工作关系,交给她任务保管上海地下党活动经费。

当时周砥还不在党内,把党的经费交给她放心吗?

有人提出这个疑问,实践证明,党没看错人。

他俩立即在敌人的眼皮底下,把自己的家作为地下党的联络站、仓库、同志招待所。此后10年,周砥不但准确无误地完成了上海地下党经费的保管和分发任务,而且机智勇敢、无私无畏,冒着杀头之险,利用自己在印刷厂担任会计和保管的职务,为新四军保管枪支、电台、望远镜、硫黄、炸药、军鞋等大量军用物资;经常在家接待地下联络人员;亲自在家照料、护理到上海治病养伤的新四军一师政委刘炎及其他同志,与胡世沐、张惠清、林天国和朱沐等开辟地下航运线。

周砥协助柳溥庆完成了地下党交给的大量革命重任。

1942年初,周砥在报纸上看到日寇发出公告:为建造虹桥机场,限时将西郊

的上海公墓夷为平地。

该公墓安葬了十年的民主革命先驱、湖南长沙周南女校朱剑凡校长——周砥的恩师啊!

如果不按时迁坟,朱校长的遗骨将被挖掘抛弃。这时校长的亲人都不在上海,谁来为他迁坟?要办多少事,要花不少钱,周砥与柳溥庆商量。

稍做思考,柳溥庆说:

朱先生是革命先辈,是你的老师也是我的老师。我们绝不能让革命先辈的英灵横遭鬼子的玷污践踏!为朱先生做事责无旁贷,目前这个情况,只能由我们来办。冒点险没有关系,钱不够可以想想办法。

忙碌了10多天,抢在日寇挖坟抛骨前,借钱(相当于柳溥庆4个月工资)请工匠将朱校长的棺椁,移至几十里外上海北郊庙行地区的一个墓地,重新用水泥灌铸一座坚实的新墓,让敬爱的校长能长久安息。

在敬爱的朱校长新墓前,周砥泪流满面,追思先贤,没有他们,何来我们的今天!

(中华人民共和国成立后,朱校长子女十分感激周砥。他们又将其父棺椁移至北京八宝山革命公墓,与朱夫人合葬,由徐特立老题写了碑名,熊瑾玎题写了墓志铭。)

柳老板有了"豪宅"

奉贤路,一条与南京西路并行、近几年新开设的自行车通道,将江宁路到石门二路接通,道路的一半占了北面的红砖洋房前花园的大部分,高高的杨树夹杂梧桐使蜿蜒的马路更显幽静,倘若不是走车,这里是闹中取静的宜居佳地,也是上海滩中心城区交际的往来去处,往南只有几步,就是号称十里洋场的南京路,商铺林立时隐时现,在"南京理发公司"所在的德义大楼,对面有名点心"王家沙"、老酒家"绿杨村";美琪大戏院、新成、西海电影院举足咫尺;往北就是极富大工业城市特征的北京路,是最早开埠到黄浦江边的东西走向的大马路,100多年来不变的综合性生产资料一条街(或一个区域),一家挨一家专卖工业五金器械配件,等等。

笔者从奉贤路弄堂北巷进入72号楼后庭院,从后庭院旁门进入楼内。这座楼与奉贤路路北左右相连的十几栋住宅楼,以及石门二路东面张家宅住宅区几十栋楼结构一样,都是公共租界工部局在20世纪20年代统一筹建的,每座楼都

伍章　独步天下　逆水行舟

图 5-8　柳溥庆 1945—1951 年在上海的居住办公地

是前三层与后三层相连，有着 9 个大间 7 个小间的木地板住房，前有微型花园、后有小庭院，都是同一式样的旧英式居民住宅楼。现在都被市府有关部门定为不许拆除的历史建筑物了。

奉贤路是 1943 年（民国 32 年）就有的，曾经叫过"卡德路 41 弄""石门二路 41 弄"。后来，里弄并入，马路拓宽，于是，72 号楼不在弄堂里，变成矗立在奉贤路边的住宅楼了。

1941 年前，该 72 号楼房产所有权属工部局，楼前三层 6 间大房与楼后三层 3 大间，是在沪美国海军官兵经常光顾的地方。珍珠港事变后，日寇占领此房。一个级别高的日本鬼子占据此楼前一层 2 间房，住了近 4 年；前后楼的二层、三层无人住。1945 年六七月间，住此楼的鬼子意识到日本必败，他早晚要滚蛋，就赶紧托王木匠作中介"出让"72 号楼的居住权。王木匠住在成都路 611 弄弄堂口，当时柳家住 611 弄 52 号，他极力动员柳溥庆顶下此房，说鬼子要的钱数是当时市场价格的一半，何况每间屋子都有较好的家具，共有大衣柜、沙发床、各式桌子与各种沙发、酒吧柜、梳妆台、五屉柜与杂品柜等各式家具数十大件，有些还是进口家具，很漂亮，都是柳家当时没有或买不起的。

那时"顶房子"（购买居住权）要黄金，鬼子索要的顶费——40 两黄金，是柳溥庆承担不起的。记得当时购物计量，一市斤为 16 两，半斤为 8 两。市场黄金买卖,以 10 两为一大条,1 两为一小条。四大条黄金是 40 两,实际是 2 斤又 8 两。这些黄金当时可买万斤粮食。而柳溥庆在兴农纱厂当经理的工资是每月 4 石籼米,周砥任会计的工资是每月 1 石半籼米;两人每月工资总计约可购买 5 石半,即 860 斤籼米,维持全家十多人生计还困难,哪还有钱顶房子(中华人民共和国成立前上海粮店卖米计量为石、斗、升,一石为 156 斤,十进位,一斗即 15 斤 6 两;一升为 1 斤 5 两 6 钱。当时上海人把机米,即早稻米,称籼米,大多从东南亚进口,是上海普通百姓的大众口粮。记得柳家每月拿到工资后的第一件大事,就是去粮店买 400 斤籼米,从来不买大米,因那时的大米——即晚稻米,价格较籼米至少贵二分之一,甚至贵一倍,柳家人多,吃不起)。

柳溥庆负担很重,抚养家里 10 多人,还要接待地下党人,又要与各式人等周旋,开销相当大。

柳伦也说,从外表看起来,我们住这么好的楼房,应该消费水平很高。实际上,我们的生活水平远非如此。中华人民共和国成立前我们吃的全部是当时便宜的籼米和应时的廉价蔬菜,一年中,除了春节,难得吃到猪肉,买荤菜常是腌制的咸带鱼,家常菜是用黄酱炒萝卜干、豆腐干丁,能下饭。吃饭时,一张大餐桌,每边坐 3 人还挤不下,年岁小的孩子往往只能夹点菜坐在茶几旁就餐。在每年寒暑假需要给孩子们交下学期学费时,妈妈会私下里无奈地告诉我:"一学期过得太快了,上学期交学费借的钱还未还清,才几个月,又要为交学费借钱了!"

因柳家人口众多,原来居住情况十分拥挤,而此楼顶费在当时确实不算高,柳溥庆就设法借钱并联合其他两家共同出资顶了此房。一是兴农纱厂,由单位出钱要了 72 号楼的三分之一,将前楼一层作办公室、会议室,后一层作仓库;另一是凌东林(兴农纱厂董事长,先母是 20 年代的湖南老师),他出钱要了后二层,让其家人居住。

当时印刷业萧条,柳溥庆被凌东林聘为兴农纱厂经理,周砥是此纱厂的唯一会计,有病不能工作时,由失业的光青代劳;纱厂营业那时也萧条,72 号前一层只是用于兴农纱厂董事开会,雇用朱念春作勤务员;平时没有别人来上班,楼里都是自家人。

2 年后,凌东林他们一家也搬走了,后二层便也归了柳家,起先没人住。

柳溥庆听到有人说他发财,暗自高兴,因上海地下党在那时交给他的工作任务又多又重,他很担心被敌人发现。如今外人把他看作是搞买卖赚大钱的商人,宣传他发财有钱,这对他当时正在进行的地下工作能起到掩护作用,岂非好事!

恢复为地下党工作

回想当时此座楼房的景象,是符合资本家身份在此居住办公的,而且这里如文中开始所描写,有一个独特的地理位置,便于掩护开展地下工作。

柳溥庆全家从1945年至1951年在72号楼住了6年。

前楼二层有两间大房、一间小屋,前大间是柳溥庆夫妇的卧室,后大间是柳溥庆书房,每间不小于20平方米。小屋约8平方米,中华人民共和国成立前用于储藏并住人,中华人民共和国成立后被改作厨房与卫生间。

周砥的这间卧室,长约5米多,宽约4米多,门特多,有3个木质门和2个玻璃门,都又高又大,家具只能按尺寸大小安放在门与门之间的墙边边:

一张大铜床贴着北墙正中安置,床东西两边除了床头柜,北墙西角正好放一个五屉橱,而北墙东角有扇木质门,通向书房。

西墙边有2个木质门,前一个门通西南侧的小屋子;后一个通楼梯走廊;两扇门之间的墙边放了一个两米长的三门大衣柜。

南边有2个大玻璃门,都直通前阳台;两门之间距离一米半宽,门中间沿墙正好能放下一个上有两柜下有三屉的多功能柜。

东墙中部是个装饰讲究的大壁炉,壁炉上面镶嵌着一面大方厚镜。因无钱购买燃料,家里从不生火取暖,就在炉前放了一个红色丝绒面的单人沙发,沙发北面墙边是个双门大衣柜,沙发南面靠阳台墙边安放一个有三面镜子五个抽屉的大梳妆台,梳妆台上方墙上悬挂着柳溥庆夫妇的中年合影。

柳伦也曾有些介绍:

抗战胜利后至1948年,上海地下党领导人陈祥生、万流一与张执一同志的秘书张文藻、新四军代表吴福海等同志经常到柳溥庆书房关门密谈。

1946—1947年,柳溥庆与瞿秋白同志的弟弟瞿云白,经常在书房研究商量编辑《俄华词典》的具体事项。

1948年春,香港永发印务公司的代表李旭旦到上海邀请柳溥庆任总工程师,为该公司改造设备、传授先进的印刷技艺,为此,三四月间,他俩曾在书房商谈多次。

1945—1949年,解放战争期间,周砥还掩护上海地下党领导人潘汉年同志的女交通员在家食宿四五年,该交通员40多岁,人们都称她"小娘娘",每晚与周砥长女柳伦同睡一床。期间,周砥还亲自联系可靠的印刷厂印制革命传单,亲自

保管与分发。

……

配合新四军解放上海筹备处

1945年8月,上海地下党就看上了此处,将其选定为日寇投降后指挥上海人民武装起义配合新四军解放上海的筹备处,并且在此楼召开了多次会议。

抗战胜利了。这是中国人民百年以来第一次打败日本,是全世界反法西斯同盟的胜利,共产党和共产党领导的八路军、新四军在其中起了中流砥柱的作用。

图5-9 柳溥庆故居二楼的室内景,新四军接管上海的筹备处

然而,围绕在上海如何接受日本投降,国共斗争激烈,国民党鞭长莫及。此时的新四军已控制京、沪、杭交通要道,苏浙军区政治部发出紧急通告,命令京沪杭地区的一切日伪军及政权机关立即停止抵抗,缴械投降,违者则以武力解决之。新四军准备占领上海、南京、杭州三个大城市。1945年8月12日,新四军代军长陈毅等发布命令,任命黄克诚为江苏省主席,罗炳辉为安徽省主席,叶飞为浙江省主席,粟裕为南京特别市市长,刘长胜为上海特别市市长。苏浙军区奉命以第一纵队攻取南京,第三纵队进攻无锡、苏州,第四纵队配合上海工人起义,接管上海。为此,自8月9日起,苏浙军区部队便全线分路出击,全面

反攻。

柳溥庆在72号二楼的书房成了会议室，与上海地下党领导人刘长胜、张执一、万流一等同志在1945年8月间日本天皇宣布无条件投降前后，多次筹划上海人民武装起义，配合新四军解放上海。当时他们还将72号楼作为我党发动起义与接收上海政权的筹备处，并将印制有关传单的任务交给周砥。

组织将马上印制宣传品——"武装起义，解放上海"传单的任务交给了周砥，由她找一家可信的小铅印厂印刷传单。当时上海大印刷厂一般都是彩印，没有铅字。周砥不知哪儿有铅印的小印厂，柳溥庆的五弟光青说他知道。

柳光青出生于1926年，是1946年入党的地下党员，当时还不是党员。他说新闸路有铅印厂，随即与周砥一起在新闸路找到了一家小铅印厂，要求该厂连夜秘密速印。该厂老板是苏北人，恨透日本鬼子在他家乡的践踏蹂躏，一听说要为赶走日本鬼子解放上海印传单，高兴地答应连夜印刷。隔一天，周砥与光青叫了一辆人力车，把装着五颜六色传单的大麻袋，上面盖着毯子，搬运回家，藏在三楼。

可是后来传单却一张未曾散发，因为美军先在上海登陆了！为避免与美军冲突，我党随即改变策略，于8月21日发布了停止上海起义的命令。

因不知这些传单是否以后有用，周砥与光青又费力地借到能撑开平放站立的高梯子，把这些传单，一捆一捆通过小小的天窗，藏到三楼屋子中间的天花板顶上。

再后来，国民党大军开进上海，更没有了起义的可能。怕泄密，地下党领导命令销毁传单。周砥与光青两人又再次悄悄地从天花板上取下传单，搬到厨房，在灶膛里烧掉。为了这项看似简单的地下工作——印制与处理传单，周砥与光青冒着生命危险并肩战斗，前后忙了一个多月。其后，周砥又费力将传单陆续分批取下，用了好多天，悄悄在厨房炉灶里烧毁。

鉴于国民党军队在美国帮助下加紧向大城市推进，疯狂抢占胜利果实，形势剧变，中共中央于8月12日三次致电中共中央华中局，指示停止上海起义。8月22日起，苏浙军区部队转而着重夺取小城市和广大乡村。

日本投降，张执一开始了神秘的上海地下党秘密战线工作。

上海人民武装起义配合新四军解放上海的计划作罢后，张执一将1945年夏新华日报社在上海购置的大型轮转印报机和大量纸张等印刷器械物资，都交给柳溥庆以开办印刷厂名义掩护保管。张执一给的开办费用是黄金四大条，而租一处印刷厂实际费用至少需要七大条黄金。为完成任务，柳溥庆便以自己名义

向亲友借了三条黄金,在虹口地区租借到一处厂房,开办了华东美术照相印刷公司作掩护。没想到要掩护的器械物资太多,厂房小,放不下;他便又借用了兴农纱厂在沪西漕河泾的一个仓库。还放不下,不得已,他只能再借钱买材料请工人在自家72号住宅的院子里盖了一个仓库,存放余下的印机设备,安全无损直至上海解放。

那时,72号楼前面园地与西侧园地相连,南面园地面积略呈方形,约有20多平方米,西侧细长,约40平方米,呈"L"形,就在小花园内种了些花草与丝瓜。柳溥庆将西侧地面从北到南,直至弄堂路边全覆盖,建了一个长方形、四面有墙、上面为瓦顶、地面铺水泥的大仓库,一个朝东的木门设在楼内楼梯底下。于是小花园只剩下楼前一小片,不到20平方米。

周砥与柳溥庆向亲友借巨资,以个人资本名义,在虹口地区开办了一个印刷厂,聘用了职工。

1947年左右,陈宏阁至柳溥庆开的华东照相制版印刷公司工作,这家公司有新四军背景。

华东照相印刷制版公司的老板是柳溥庆,陈宏阁是聘用的技师(这是一家股份公司,柳家保存的资料,陈曾经投入1500元入股)。每天上下班也不以经营印刷业务为目的,主要是听从党组织安排,积蓄力量迎接中华人民共和国成立。可以想象解放军大军压境之前,地下党做了多少工作,他们在各条线都有预设和准备,使中华人民共和国成立后的各项工作不受影响。

编撰《俄华词典》

柳溥庆在抗战胜利后,见上海许多进步青年热衷于学习俄语,可当时的上海书店尚没有俄华词典,柳溥庆就想赶紧编撰一部《俄华词典》以满足时代的需要。

他在四马路(今福州路)柳培庆开的文具店的楼上"素洵斋"开了一个环球画报社,以掩护地下工作。出版了20期,第一期封面是蒋介石,有一期准备刊登唐驼的外孙女施兰笙,后照片遗失,只得作罢。期间,他找来了莫斯科中山大学同学瞿云白,在家中多次商量《俄华词典》的编撰方案。据说当时瞿云白失业,由柳溥庆每月给他工资,瞿在他自己家里做《俄华词典》的编撰工作,约有2年。对1945年编《俄华词典》,当时柳溥庆是很有信心的。

他知道,瞿云白早年毕业于北京俄文政法专科学校,学的就是俄语。1925

年瞿云白被派赴苏联莫斯科中山大学学习,毕业后就在苏联共产党(布)的中央出版局担任翻译,俄语水平是没有问题的,而柳溥庆和周砥(俄语特别优秀)也都会俄语。

他不知道这位瞿秋白的二弟,大革命时期加入中国共产党,此时已为国民党工作。他早在土地革命战争时期被捕"反省"脱离中国共产党,在张国焘主持的创进杂志社担任发行会计。

天有不测风云。1948年4月,因叛徒告密,国民党警备司令部逮捕了柳溥庆。

经机智斗争和借钱贿赂,5月间柳溥庆出狱后,家门外整天有特务监视;经组织同意,柳溥庆去香港工作了。

如此一折腾,瞿云白编撰《俄华词典》的工作也就中止了。因当局会将这项编撰工作视作"亲俄亲共"犯罪的依据。

入国民党的监狱

抗战期间为敌伪做事,国民党要追究,为共产党抗日做事,也要追究。

黎明前的黑暗,1948年4月间,有个叛逃之徒向国民党上海警备司令部告密,指证柳溥庆是共产党的地下工作者,曾给新四军印制过抗币。4月20日午夜,一帮穿便衣的特务来家抓捕柳溥庆,他们在书房和卧室破橱开柜翻箱倒屉,搜查了几个小时,虽一无所获,仍将他拘捕走了。

国民党当中有很多从苏联回来的留苏同学,其中有位姓王的同学,于是周砥总是找他,送了很多钱,贿赂敌人,后作为商业性案件,被"无罪释放"。柳溥庆被放出来了,因发现家门口日夜有特务监视,柳溥庆就跟地下党说了弄得不好还得第二次被抓,沦为国民党特务的张国焘、余飞(都是中大同学)等就经常到他家"串门"。

他听从组织安排,在六月间去了香港,七月间周砥也带子女(小弟小妹)去港,留下两个姐弟在上海看家、上学。这时,家里住着五叔、小姨、表哥、小娘娘等亲友,每天还有六七人要吃饭。

上海解放前,柳溥庆经常要承担住在家里的地下工作者的一日三餐。1947年初,一位年龄30多岁的"王小姐",由上海地下党介绍来家要柳溥庆掩护,据说她是位领导,不便公开露面,每餐都要将饭菜送到三楼她的卧室。她一住就是半年多;后来悄悄离去,再未谋面,至今不知其姓名。

图 5-10　1941 年，柳溥庆全家在上海的合影

为花钱消灾营救柳溥庆出狱，周砥曾借了很大一笔款子。那时他们做地下工作，不仅没有工资，为完成任务，经常还需自己筹钱；营救费用更是"巨资"。当组织提出要偿还部分款项时，周砥考虑到革命经费有限，两次都婉言谢绝了。那些债务与掩护新华日报社撤下的机器而办厂建仓库借的款，一直到 1956 年，他们才用中华人民共和国成立前后长期省吃俭用的工资还清。

可以看出，为了革命事业，柳溥庆对自己的要求是十分严格的。

20 世纪 80 年代，中共中央统战部副部长张执一同志在为柳溥庆冤案平反作证时，当面赞扬周砥说："中华人民共和国成立前，柳溥庆同志为党所做的大量工作中，都有你的一份！"

去香港前说起了周恩来

柳溥庆到香港，一是永发公司有技术需求，二是地下党有活动安排。

笔者寻访到香港，在永发董事会的会议记录里查到了公司派李旭丹、沈蔚平到上海请技术专家的事宜。

柳溥庆问了情况，就征求了地下党意见，地下党同意去，到那里了还可以帮地下党工作，一到香港是地下党派人去接的，而且永发公司的经理姑爷就是地下党，姓周，永发公司的老板叫简玉阶，后来作为民主人士，参加了全国政协。

柳伦记忆犹新：
六七月份，柳溥庆要出远门，走得还很急。
去香港的前一天他叮嘱夫人收拾东西就说：
"华妹，不要带太多衣物，香港比上海还要热。"

"不知道你啥时候回来。"

"快了……用不了多久你也要去香港,我先走,那里事情紧急,不光是永发的事情……"

"你走了,就不怕特务搞鬼,我再笃笃定定带两个小家伙走。我头晕得厉害,叫柳伦来帮你整理行装。"

柳伦看到了他爸爸从苏联带回来的照片,上面有周恩来、邓小平,柳溥庆对女儿说:

啊,现在都明朗化了,他们都是共产党里现在的领导人物,我有幸认识他们,和他们一起工作过,他们都是中国难得的栋梁之材啊!周恩来,国共谈判首席,在上海思南路还有周公馆,你只要听周恩来讲话开会做报告,待人接物的言谈,你一听就知道是很了不起的人物,看得很高看得很远又特别有亲和力。我特佩服周恩来,曾经在他的领导下面断断续续地工作过七年呢;邓小平那时叫邓希贤,就是去年这时候打到大别山的刘邓部队的领袖,刘伯承在六大还教我们代表们学习军事呢。

柳伦说,父亲的讲话我终身难忘,因为他从来没有跟我讲过那些过往的事。

开动外国工程师未能修理好的机器

1948年,国民党在大陆的统治濒临灭亡,遂准备从大陆撤退,不时有人劝陈宏阁去台湾。据柳溥庆回忆文章介绍,柳等人也有心撤退,但不是去台湾,而是去香港另有任务。借助香港永发印务公司来上海高薪招聘印刷机械修理工程师去香港工作的机会,柳推荐陈宏阁出马。到了香港,陈先生哪里知道许多地下党人和民主人士都到了香港,积蓄力量从海路北上到东北解放区,准备开全国政治协商会议,而陈宏阁一头扎进了工厂、车间和机器里。

永发印务公司有部德国印刷机要修理,请了德国、日本的工程师来修,都没有修好,业内听说上海有高手,生生美术公司的机器全由陈宏阁承包把它们全部开动起来。于是永发公司派沈尉平、李旭丹到上海,约请上海师傅前往修理。在柳溥庆家,陈宏阁与香港来人见了面。

"来,介绍一下,这位是我们上海印刷机械的专家,陈宏阁先生。"

"久仰,久仰,鄙人李旭丹是香港永发印务公司总经理简玉阶、我们简老板的代表,想请你过港去修理机器啦!"

"不客气,但请介绍机器是什么情况,加工零件,有设备方便使用吗?"

图 5-11　香港永发印务有限公司铭牌

问了问大致情况,陈先生判断可能是零件损坏。有大拆大修经验的他决定前往,在柳溥庆大力举荐下,陈宏阁与他们签订了包修合同,包吃包住,飞机前往包路费,事成三千大洋,先付定金一千,若不成,则无后面薪酬,由柳溥庆担保。

1948年5月的香港闷热异常,好在毗邻海洋,热极必有雨至。陈宏阁只身前往,到底有多少胜算?风险确实不小!没有帮手,一切都得自己动手。不知是行业技术保守的规矩,还是夜深人静便于集中精力解决问题,陈先生白天不动声色制图,督查加工零件,到了晚上提了马灯钻到机器里,将零件拆卸下来再组装上去试车运转,亲自印制,察看质量,日夜操劳,带去的两套工作服袖口都磨平了。

在此期间与柳溥庆在香港有交集(有多人合影),现在看来一切行动都是在地下党的策划下进行的。

保存在中国人民银行印制总局的档案中,柳溥庆介绍:

"1948年,我曾介绍陈去香港永发印务公司去修机器,永发是个较大印刷公司,其副厂长李旭丹1948年来上海购买机器、招聘技术工人,因原来我和他一起办过《美术生活》《良友》。他知我对印刷业熟悉找我帮忙。并说该厂有从德国进口胶印机,因印刷质量不好搁置不用。我讲可能是使用问题找个人修修看。介绍陈宏阁前去。陈去香港修机几个月,修好后回国。他把一台德制全色胶印机修理完成。"

为此,笔者两次造访香港,寻访父辈的业绩。

图5-12　陈宏阁(左三)、柳溥庆(左四)修机器之余在香港游览

2016年国庆节,笔者又应香港印刷工会邀请做了一场讲座,介绍曾为永发服务的柳溥庆、陈宏阁的事迹。香港印刷工会向陈发奎赠送了感谢状:

念念不忘,感动人心。

永发印务公司乃至香港的印刷界为有中国印刷印钞的双璧而自豪。王宏业主席致辞,表达对中国强大崛起的热望,讲的大部分是祖国的国防工业的辉煌,让外人不敢小看我中国。

印刷战线和地下工作的顺利进行

为避开敌特监视,经组织安排,1948年春夏,柳溥庆与周砥先后去香港工作。周砥不但又将新的寓所作为香港地下党的联络站、党领导人每周开会学习的地点,而且还作为"地下同志招待所",有时还同时接待一二十位同志在家住宿十天半月。她还经常在深夜协助柳溥庆用自制的木印机,印制地下党急需的港澳地区"通行证"。

柳溥庆此行表面上在为永发印务公司改进印制工艺,同时在为完成党交给的任务,全面开展工作。笔者在两段史料中发现从另一个角度记载永发印务公司的背景和柳溥庆的重要作用:

柳溥庆传奇人生

在《中国邮票史》上,有一套"纪3无齿邮票",它的印制特别引人注意。

1949年4月21日,华北邮政总局苏幼农局长、成安玉副局长,向华北人民政府董必武主席呈文印发"远东工人代表大会纪念邮票"时,就已经考虑到该套邮票的设计及印刷问题。

当时的上海不是首选之地。因为1949年4月至5月上海尚未解放,绝不可能把"纪3无齿邮票"放到国民党统治区印刷,这样风险巨大。北京也不是可选之地,当时北京的印刷技术相对落后,没有相应的印刷设备及邮票纸,同时还面临着帝国主义经济封锁。结果在香港用平凹版或胶版印刷,完成了纪3无齿邮票的印刷印务。

在《中国革命根据地印钞造币简史》中记载:

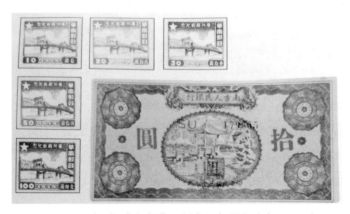

图5-13　1948年,柳溥庆在港印制广州解放纪念邮票、远东工人代表大会纪念邮票——纪3无齿邮票和南方人民银行钞票

1949年在香港有一支从内地派遣的预先打入香港印刷界为中国共产党服务的地下党组织。该组织能控制局面,能调动员工,实践已证明能完成中国共产党高层交办的各项任务。从目前掌握的档案材料看,1948—1949年香港印刷的所有涉共、亲共印刷品均出自永发印务公司。先期已有印出毛、朱宣传画等业绩。这个地下党的负责人名叫柳溥庆,张执一是指挥香港印刷界地下党工作的高级领导。派往香港永发印务公司的总工程师柳溥庆就是张执一同意打入香港印刷界的共产党人士,先后印刷了"广州解放纪念邮票"和"南方人民银行钞票"等。

伍章　独步天下　逆水行舟

秘密印制领袖巨像　香港喜庆开国大典

1949年,柳溥庆在香港永发印务公司任总工程师,亲自组织并指导印刷厂的员工秘密印制伟大领袖毛主席、朱总司令的标准像,迎接中华人民共和国的开国大典。香港永发印务公司当时有中共地下党的活动,总经理简玉阶先生,是港界著名的爱国民主人士,是年当选为中华人民共和国第一届政治协商委员会委员。

当集聚在香港的民主人士分期分批北上赴京参加新政协会议,商议开国大典的时候,中共香港地下党也积极准备在全港地区掀起一个轰轰烈烈的庆祝中华人民共和国的开国大典,在庆祝游行的活动中,必须备有大量毛泽东、朱德的大幅标准像。

由于当时港英政府对大陆红色政权的敌对态度,加上国民党特务的捣乱及破坏,他们对大陆的宣传品尤加控制,香港海关也绝不允许带有政治性的大量红色宣传品流入香港,所以当时要想把在大陆印刷的毛泽东、朱德标准像引进到香港是很困难的。比较稳妥的解决办法,就是在香港当地秘密印刷。

为此,中共香港地下党派了周康臣(中共党员,永发印务公司总经理简玉阶的女婿)、万健之(中共党员,中共香港地下党联络站工作人员)拿了由上海印刷的毛泽东、朱德的五色、对开的标准像复制品作为原稿,决定请香港永发印务公司秘密复制。因为他们知道在永发印务公司,有我们的一条地下战线,有自己亲爱的同志们。

早在1948年,柳溥庆安排陈宏阁去永发印务公司修理好了德国印刷机。经中共上海地下党领导人张执一批准,于6月2日,由上海乘民生10号轮,柳溥庆带着三个徒弟:王萼棣(主修版)、杨肇泉(主晒版)、曹立凡(主照相),到香港永发印务公司工作。一行人到达香港时,由中共香港地下党联络站的万健之亲自到码头迎接。

这期间,柳溥庆完成了共产国际远东工人代表大会纪念邮票,印成广州解放纪念邮票和南方人民银行钞票。

柳溥庆十分高兴地接受了党所交办的这项光荣政治任务。但他深知,在没有毛泽东、朱德的五色标准像原稿(只有该稿复制品)的基础上,要高质量地完成这项政治任务,绝非一件轻而易举的事。因为当时香港印刷工业,设备陈旧,技术也落后,还停留在石版印刷的基础上。

为了充分保证伟大领袖的再复制画像的印制质量,柳溥庆决定在原稿的平印制版工艺的基础上,由分色、阳图加网、阴图版的常规工艺,改革为平凹版的制版工艺。原来这块阴图版的正规工艺应该是"反阴",为了便利最后拷贝工艺,而这块阴图版必须是"正阴"。

1948 年的香港市场缺乏大型的感光胶片,想买也无处可寻。柳溥庆只好根据当时、当地的实际情况,另辟蹊径。他凭借多年积累的印刷经验和精湛的技术,决定采用香港目前市场上能买到的照相纸替代香港目前买不到的胶片。在这一制版工艺思想的指导下,他们先制出了"正阴图版",然后用照相纸进行拷贝的工艺,而制成"反阳图版"。原稿共有五色,就用五张照相纸,拷贝出五张阳图。然后,采用化学方法,对照相纸的原版进行处理,照相纸便成为透明状。这样,这套五色的原版就试制成功,可立即付印了。

闯过了这道制作平凹版的难关后,关键在于印刷。不出所料,平凹版的印刷工艺又是一道难关。香港的印刷工人长期以来,已习惯于粉浆版的印刷工艺。当时他们还刚刚开始接触蛋白版的印刷工艺,正在摸索着干,并且经常出现问题。现在听说又要采用前所未闻的平凹版工艺来印制,简直就不知道该如何下手了。柳溥庆总工程师多次耐心地向工人师傅们讲课,传授有关平凹版印刷技术知识并亲身示范进行技术指导。经过一段艰苦的摸索,工人们提高了认识和技术水平,在柳总工程师的不断指导下,产品的质量逐步达到要求,完全可以与上海印刷的复制品相媲美。

1949 年 10 月 1 日,香港人民掀起了空前热烈的庆祝开国典礼活动。彩旗招展,锣鼓喧天,爆竹声不绝于耳,五星红旗迎风飘扬,《东方红》和《国歌》的歌声响彻云霄。在许多高楼大厦、商店悬挂起了毛泽东、朱德光辉形象的画像。走在庆祝国庆的群众队伍中,许多人高举着伟大领袖的大幅标准像。

这一切印制品都是由柳溥庆带领永发印务公司的工人们秘密完成的。

曹立凡是这段历史的亲历者。他是柳溥庆在 30 年代后期培养的学生,擅长美术照相技术。1948—1950 年,曹立凡在永发印务公司工作,与周康臣、万健之都见过面。

(1950 年曹立凡返沪在上海印刷厂工作了几年,后调往天津人民美术印刷厂工作至退休,1994 年 11 月在天津去世。)

梁广权年轻时服务香港永发印务公司,跟随曹立凡学习照相制版技术,也是见过柳溥庆的当事人。1949 年他进入车间库房,在朱总司令的画像前留影,留

伍章　独步天下　逆水行舟

图5-14　柳溥庆在港印制毛主席、朱总司令画像迎接新中国成立

下了珍贵的历史资料。后至商务印务馆工作，改革开放后常去北京，与柳家交谊颇深。

梁广权退休后邀约旧时同仁成立"永发之友"联谊会，热心公益活动。笔者两次赴港，在周淑芬的安排下，与梁老见面、聊天、喝茶。梁老帮助指认老照片上在香港陪同柳溥庆、陈宏阁游览的人与地点，相谈甚欢。

2020年7月25日获香港永发印务公司周淑芬专电：梁广权前辈于24日凌晨安详离世，享年88岁。梁广权先生是一个在香港迎接崭新时代的见证者，是柳溥庆在香港亲传的弟子。

在香港的日子里

40年代的香港，许多方面远落后于上海，印刷技术也远远不及。永发印务公司还是属于香港资金雄厚、印刷规模最大的公司，简玉阶老板意识到需要改进设备引进人才提高质量，公司董事会决定在上海访贤。于是就有了柳溥庆1948年5月到香港从事地下工作的经历，他的公开职务是永发印务公司总工程师，老板提供住房，外加月薪5 000元港币。

待遇工资之高，可以看出他做出的贡献和产生的效益。

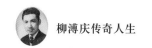

更为重要的是他为新中国的造币事业积蓄了力量。

1948年的上海,国共的战争形势大家都是知道的——国民党当局的大势已去,在准备撤退的后事,除了加剧掠夺财富,带走黄金,还有就是人才,带不走的设备就要破坏掉,不为他所用,宁可错杀一千,也不放过一人。黎明前的黑暗,随时都有危险发生。

后来知道许多人也有心撤退,但不是去台湾,而是去香港。这场有组织、有计划的大动作,使许多地下党人和民主人士都到了香港的缓冲之地,蓄势待发,再从海路北上到东北解放区,准备开全国政治协商会议,参加新中国建设,或者在做迎接南方解放的准备。柳溥庆显然在做后者的工作。

领受高薪,带着家人住上了傍山面水的楼房,避开了叛徒、特务和当局的纠缠,柳溥庆在宽敞明亮的客厅,接待来宾,与共产党人和民主人士交往,谈笑有鸿儒,往来无白丁。当时香港的地下党把柳溥庆的寓所作为联络站。周砥回忆道:

万健之、许涤新等领导几乎每周都来碰头,张执一的秘书张文藻,在我家住了好几个月,有20多位同志准备去海南岛做接收工作,在我们家住了近一个月。

为党工作,潜心技术,硕果累累,幸福感满满,柳溥庆一家过上了被视为一生最为安逸舒适的日子。

清晨,周砥打开了落地钢窗,5月的阳光洒满了客厅,和煦的天气吹来海风,她不由自主地做了个深呼吸,咳,她习惯性地轻轻咳了一下,啊,她不再咳嗽了,肺结核就需要这样的疗养。

被浇灌的花叶苍翠欲滴,不知什么时候,柳溥庆站在她身后说道:

"华妹,你看那木棉花怒放,红得多么艳丽,广东人称它为英雄树,看到它特别提气来神,这也就只有在南方才看得到。"

周砥靠着丈夫的肩膀:"溥兄,我多么希望这样安逸舒适的日子一直定格在这里……"

"这好像不可能,国内的形势发展,我们必定要回去的!"

"不知道什么时候回家,上海还有两个孩子呢,我想,木棉花开得如此红艳,这是个好兆头,环视将来世界,必是赤色天下,离全国解放也不久了吧。"

君问归期未有期。我们胜利了,回去的日子也就近了。

看你兴奋的,不再睡会?昨晚熬夜没睡好吧?

我兴奋得睡不着啊,感时花溅泪,恨别鸟惊心。我们离别上海没多久,解放军就渡过了长江,南京解放了,上海解放也是指日可待。

伍章　独步天下　逆水行舟

图 5-15　柳溥庆周砥在香港游览

回来不要忘了买份报纸。

我比谁都要急,南京到上海一马平川,怎么没见消息……

解放军迟迟不进上海,这也许是柳溥庆没想到与他的事业有关的原因之一,解放军打到哪里,人民币就跟到哪里——接管大城市,钱没准备好呢!

陆章

风帆正举　波澜壮阔

柳溥庆(1956年)

解放大上海——军事、政治和金融的胜利

学习政治历史特别是军事史的人,不知是否注意到:1949年4月,解放军进军上海的日程超过了预期。野战军在丹阳整训半个月,强调进上海的纪律和种种注意事项是必要的,从军事行动到经济管理,特别是对大城市的管理,确实是一个大课题。然而还有一个不为人知的隐痛,就是陈毅感到接管上海的准备工作还未就绪,尤其是由于铁路运输一时跟不上,进入上海为稳定金融秩序而要使用的人民币也还没有运到!

为此,陈毅向中央军委提出:"我党我军未做适当准备,仓促进入大城市必然陷于非常被动的地位。"

"我们考虑以尽可能推迟半月到一月入上海为好。"

当时的中央财政委员会主任陈云初步计算,要全部回收国民党的旧货币,大约需要4亿元人民币。为此,中央在华东、华北、东北三地印钞厂印刷了这笔巨款。可钞票印好了,由于渡江之后战线推进太快,铁路运输跟不上,只能由40辆道奇卡车集中调运到济南再转运上海,这也成为推迟进攻上海的重要原因之一。

5月23日晚,丹阳先期驶来了六卡车的人民币,后任造币厂材料科长的张振国带队负责押运到外滩中国银行地下金库。他在电视采访时讲述了这段故事,做了一个手势,"人民解放军打到哪里,我的人民币运到哪里!"

解放军势如破竹,人民币供不应求。告急,告急!

归来吧,祖国在召唤,柳溥庆预感到新政权建设印刷印制的需要。

新中国在召唤

电报!柳溥庆电报。柳先生敲图章。

报纸的消息还没到,电报先来了。

我说的嘛,今天一早就见喜鹊登枝。

电文赫然写道:

> 着即返申工作。张执一

张执一是上海中共地下党领导人,后任中共中央统战部副部长。

上海解放后,为了保证在技术、质量上印制好中华人民共和国的第一套人民

币,陈毅市长问,我们的印钞专家在哪里?

组织上第一时间想到了最为了解的柳溥庆,我们要依靠自己的印刷技术专家。

柳溥庆接到"着即返申工作"的通知,正逢一个休息日,大家才从报纸上得知发电文的当天——1949年5月27日,上海解放了。正是这一天,上海的党组织急需他尽快前往,情势迫切可以想见。

柳溥庆自己也没有想到,事情紧迫。他们一点思想准备也没有,周砥被突如其来的消息弄得有点幸福的眩晕,什么时候走呢?

柳溥庆斩钉截铁:明天!你可以留下做准备,我一刻也不能耽误,养兵千日,用在一时。

柳溥庆热血沸腾,恨不得一步跨回上海。

喜讯传来,众人到摩里臣山道他的寓所聚会,为他送别饯行,大家举杯:祖国百废待兴,恩师大才必当重任。弟子们还要等以后再听召唤。

此时的柳溥庆归心如箭,一打听陆路断了,于是改走水路。

第二天,他就上船绕到天津,于6月初走进了上海市委市政府的大门。

张执一已进京,市委书记刘晓与组织部部长曾山分别握住柳溥庆的手:"你来得正好!正好归队,回到你的印钞本行中,先去中国人民银行华东区发行处上班。还有一本反映中华人民共和国建设的《华东画报》也由你来做!"

又一日,华东区发行处接到上级指示:"兹任命柳溥庆为上海人民印刷四厂副厂长,书记郑耀祖,希望赶紧利用原有设备,广罗人才,印出人民币,满足新解放城市对人民币的大量需求!"

上海人民印刷四厂位于杨浦区马玉山路。1950年6月,中国人民银行华东区行发行分行与所属上海人民印刷一、三、四、五厂合并,成立中国人民银行上海人民印刷厂。1955年1月,改名为国营五四二厂。1987年10月29日,启用上海印钞厂为第二厂名。

柳溥庆得了将令,立即升帐,得心应手地投入工作,食宿在厂,昼夜奋斗,着力改造设备,亲自培训技工,适时印出大量第一套人民币,迎接中华人民共和国的诞生!

开国大典的一刻,在上海街头拍下的彩色照片

人民币,人民政府,人民广播电台,人民当家做主。

陆章　风帆正举　波澜壮阔

图6-1　1949年10月1日,柳溥庆用彩色胶卷在上海街头拍下了开国庆祝的场面

"上海人民广播电台,上海人民广播电台,今天,公元1949年10月1日,将要实况转播中华人民共和国开国大典的盛况……"

听着收音机,柳溥庆感受到了千里之外北京天安门的热烈气氛。

他以最时髦的方式,背着两架照相机走上上海街头庆祝,摄影是他的老本行,也是《华东画报》要刊用。他或许未曾想到,自己的镜头拍下的这些彩色照片会是多么的珍贵,即便是毛泽东主席在天安门上宣告中华人民共和国成立的历史瞬间,大多数只是留在黑白底片上,由苏联拍摄的彩色纪录片2019年才全部予以公开。他拿着德国查斯相机,用美国柯达彩色胶卷,使用彩色反转片拍摄,再亲自用专门的药水冲洗、印制照片。

你看!上海国际饭店边上的上海金门饭店门前,沪东区的大游行队伍正在集合。他们举着毛泽东、朱德、孙中山、斯大林的巨幅画像。

再看,上海大新公司(今上海市第一百货商店)大门前马路两旁,挤满了等待观看大游行的观众。

庆祝开国典礼群众大游行队伍中的青年男女腰鼓队,踩着鼓点,在上海南京西路722号建筑(原犹太人总会,1911年建造)前集合。前面扛着红旗,后面举着领袖巨幅画像的游行队伍,缓慢地在南京东路、四川中路口上前进。

马路旁的群众和站在坦克上负责警卫的战士们,正注视着他们身边通过的大游行队伍。

负责公共安全的解放军战士们正在上海卡德路(今石门二路)口维持秩序,马路两旁聚集着围观庆祝开国典礼大游行的群众。

他在人群中听到了熟悉的声音:

"解放区的天,是明朗的天……"

图 6-2　1949 年 10 月 1 日,柳溥庆用彩色胶卷在上海拍摄的群众游行的场面

寻声望去,他看到自己的女儿柳伦在宣传队里向上海市民表演节目,用歌舞的形式宣传党的政策。柳溥庆大喜过望,连声喊道,可惜可惜,彩色胶卷用完了,没法再拍啦!

柳溥庆对家人热衷革命惊喜不已。原来,柳溥庆去香港之后,他的弟弟柳光青,带柳伦参加了上海地下党的外围组织,叫"职青联"的团体。1946 年光青入了党,"当时他也没告诉我的父母亲,介绍他入党的人我也认识,是他的初高中的同学,叫汤浩"。柳伦如是说,她与光青五叔的同学打成一片,积极参加了各项迎接解放的活动。

弟弟和女儿参加地下党的活动迎接解放

在柳溥庆的感召下,弟弟柳光青也走上了革命道路。他毛笔字写得很漂亮,文学水平也不低,是俄语翻译,上海解放后成了俄语水平数一数二的翻译家,担任中苏友好协会翻译科的科长,所有俄语翻译成中文都要经过他的审核,用中文翻译成俄语也由他来审核。

图 6-3　1950 年春节在家门口合影
一排左起:柳百里、柳百胜、柳百坚;二排左起:周砥、柳伦、柳百新、柳溥庆;三排左起:柳光青、柳百成、柳小培(百寿);四排左起:柳晴(默青)、柳百琪

柳光青是上海俄专学校毕业的,而且他向上海的一些白俄罗斯人学过俄语,他学俄语最早便是跟周砥学的。柳伦回忆道:

"我妈妈一是怕把俄语忘记了,生病的时候也学俄语。她请了一位从苏联回来的华侨李宝塘,这位出生在苏联的中国人,俄语水平高,妈妈就把他请到家里上课,妈妈同时让光青叔叔一起跟李宝塘学。光青的悟性好,开始的俄语基础是我妈妈教他的,李宝塘教学以后,妈妈等于在复习旧课,光青等于在提高,后来他的水平就超过我妈妈了。到了抗战胜利后,他就向住在上海的白俄学俄语,在特定的语境学习,不断实践,滚瓜烂熟。50 年代苏联代表团第一次来上海访问时,他就是翻译,访问团唯一的翻译就是我叔叔。"

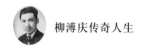

柳伦介绍说——

参加地下党的外围组织，在团体里活动了几个月，我就有了"名气"。因为他们全是在职人员，只有我一个学生，全都是二三十岁的人，就我一个17岁。我就是在学歌的时候受到他们欢迎的。他们那些年轻人都是羞羞答答的，唱歌的声音很小，我在那里学歌啊，学的差不多了，老师就说：来，柳伦，你自己站起来唱一遍。我站起来扯开嗓子唱，嗓门挺大，都学会了，老师表扬我了，这样大家都认识我了。

活动地点在戈登路的教堂，每个星期六晚上活动一晚上，对外是做礼拜教堂的活动，实际上是地下党在介绍新华社的解放捷报，哪里又解放了，哪里又消灭了多少敌人。1948年打仗打得很厉害的，那时正值解放战争，淮海战役、平津战役和许多地方解放，都是他们把听到的新华社的消息，在聚会的时候悄悄传达给我们大家。

参加这个团体有100多人呢，都是些在职人员，都是小知识分子、工人、技术员，以及坐办公室的小年轻、大学生。在活动的时候还学习苏联的文学，朗诵高尔基的《海燕》、普希金等的苏联文学作品。

图6-4　1949年8月，柳伦参军照

教解放区的歌曲和舞蹈，主要是为上海的解放做准备的，要成立上海的人民宣传队，解放军进入上海的时候，要向上海的市民做宣传。所以那个时候在教堂晚上的活动主要是学歌，学的歌太多了：《你是灯塔》《团结就是力量》《兄妹开荒》……

学了一年下来，每首歌我都能背得出来。当时很可笑的是学好多歌都不是学完整的，为了保密，只唱谱子，比如：

《你是舵手》，后来我听说这首歌好像是列宁的追悼歌，可是我们后来是用来歌颂毛主席的。当时在教我们唱的时候，都是唱谱的，都不知道是唱的什么内容（咪～嗦～啦～咪），等一解放了把歌词放进去，我们才明白。于是唱道：

英明的中国的共产党，你就是核心，你就是力量，我们永远跟着你走，人民一定解放，我们永远跟着你走，人民一定解放！

这些词都是中华人民共和国成立后才配上去，大家才知道它的内容。

就这样,到了1949年的5月23号以后,上海很快要解放了,光青他们准备去街上宣传,叫柳伦把填进词的歌全背出来,还学了《解放区的天是明朗的天》等几十首红歌。

柳伦对父亲说:"爹爹,我们早在5月27号,由光青带着我,就已经到郊外坐在坦克的上面,欢迎解放军的部队进上海呢!"

老革命遇到了新问题

生产工作会议结束了,党员留下来要过组织生活,柳溥庆才被告知,自己还没有恢复党籍,还不是共产党员!柳溥庆悻悻地离开了会场。

早在30年代初,柳溥庆心里想,我已经为党工作了,就写了要求撤销1930年处分、恢复党籍的申请书,交给了上海地下党领导人张执一,张执一对他说过"没有问题"。考虑地下工作的要求,申请书不能留便烧了……柳溥庆便以为自己早已恢复了党籍,并且时时处处以党员标准严格要求自己。

这回,组织才告诉他,1930年他被开除党籍是共产国际批准的,因此恢复党籍要由中央审查批准。

此时,中央机关刚迁至北京,全国解放战争任务繁重,审干工作不可能正常进行。

这么办吧,先解决党籍,后解决问题。为此,上海市委决定:"由冯定、吴福海介绍柳溥庆重新入党(无候补期),1930年受王明迫害的问题,以后另行解决。"

事已至此,柳溥庆按组织决定重新写了入党申请书。上海市委经审查,于1950年2月批准他为正式党员。

其后在五六十年代,柳溥庆曾三次写过要求恢复1926年党籍的申请,迟迟未获批准。他在去世前一天,还在写申诉。

这是后话,但总是困扰着柳溥庆和他的同事们,成为大家的一个心结、心病。缘何?待笔者慢慢表来。

推荐研制三色平版胶印机成功

当柳溥庆的老友陈宏阁再到柳溥庆家,这个曾是地下党联络点时候,只见柳溥庆和几个师弟换上了解放军军装,在商议印刷行业的接管工作。柳溥庆听到陈先生在上海建华机器厂研制三色平版胶印机成功在即,可以作为向中华人民共和国献礼的项目,很是高兴。他对周围的人说,陈先生果然不负众望,是我们印刷机械制造行业不可多得的专家啊。

图6-5　陈宏阁设计制造三色胶印机成功,《新民晚报》报道:上海制造三色胶印机已变依靠进口为适量出口

柳溥庆在他的笔记本上记了这个标题,但没有具体的内容。

研究者的资料表明:胶印机于1915年传入我国,当时商务印书馆购进了美国海利斯胶印机(陈宏阁管过),1921年又购过英国乔治曼双色胶印机。中华人民共和国成立前我国胶印机发展很慢,只有少数几个沿海大城市主要是上海有胶印机,但都是进口的机器,生产水平也相当低,出了问题只有少数人会修理。

这段时间,从香港永发修好机器归来的陈宏阁,由柳溥庆介绍,到郁厚培任董事长的建华机器厂工作,担任三色胶印机的设计工程师,负责各种印刷机械的设计研制。

建华机器厂在上海闸北宝昌路276号。1926年由商务印书馆出来的几位工人联合创建了上海建业机器厂,主要是对印刷设备进行简单的维修;到1946年,建业与抗战胜利后从重庆迁入上海的义华机器厂合并,成立建业义华机器制造股份有限公司,简称建华。

该厂开始时仿制德国鲁林机,并根据国民党统治时期印刷货币的需要,试制大电机平台凹版印刷机。1949年后,建华厂试制对开三色胶印机、32″轮转机、

50″全张切纸机、DL104 全张两回转平台印刷机等印刷设备，并开始出口，其中 32″轮转机参加了 1952 年德国莱比锡和 1954 年印度新德里国际博览会。

陈宏阁的徒弟刘正祥 2012 年 6 月 13 日提供了这部机器的照片、文字说明和他的亲笔签名。在照片的背面题写道：

"这是我设计的三色平版胶印机，见反面照片。陈宏阁 寄 一九五零年七月十八日"。

这张照片的机器上方有印刷体字样：

  对开三色平版胶印机
  规范：55 公分×79 公分
  产量：每分钟 30 张
  用途：专印精细票钞券、地图、接纹□花边、股票等有价证券。

陈宏阁设计制造三色平版胶印机的照片问世，应该填补了印刷机械史上的这段空白，在当时来说是比较先进的机器。共造了 4 部，有 2 部出口到朝鲜，1 部去了济南，还有 1 部留在重庆。

无独有偶，笔者后来到重庆去了原中央印制厂旧址寻访，归来的时候，李根绪工程师之子李兵传来陈宏阁老先生设计制造的三色胶印机的印制的样张，上面注明 1971 年 5 月 20 日，李根绪和刘国栋在重庆取得的，李根绪手绘了胶印机的原理图，并取三色机样张，印的是糖纸。

这部机器是印钞机的前身，陈宏阁因此成为印钞机研制的领军人物，自行设计研制的三色胶印机，为柳溥庆、陈宏阁再次合作攻关人民币印制打下了基础。

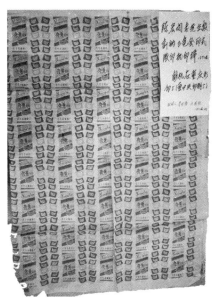

图 6-6 李根绪等 1971 年在重庆第二印刷厂察看三色胶印机后留取的印样

幸存者奉调北京

中华人民共和国成立后不久，1950 年 4 月，中国人民银行总行就呈文请示

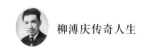

政务院批准设计新版人民币,为柳溥庆闪亮登场搭建了更大的舞台。

从上海派到香港,从香港急召回上海,再从上海进北京,研究者注意到了柳溥庆的三级跳,都在一个地方工作不到一年就跳槽了。这显然不是自己的个人行为,而是组织的精心安排,在周恩来、陈云的直接指示下,柳溥庆一直到了国家的最高层,到了自己的工作岗位上——中国人民银行印制科学技术研究所首任所长,统领人民币印制的技术工作。

呜——火车直奔北京,柳溥庆进京赴任,有更重要更大的格局在等着他,他没有胜利者的喜悦,与千百万前赴后继英勇牺牲的烈士相比,他只是一个幸存者。深知责任重大的他认为进京是赶考来了,面前有多少事要做啊!

柳溥庆急于工作,忙于学习,首先要了解人民银行和人民币诞生两年的历史:1948年12月1日,中国人民银行在河北省石家庄市宣告成立,同日开始发行统一的人民币。

第一套人民币,是在统一各解放区货币的基础上,伴随着解放战争的节节胜利应运而生的,是在"一切为了战争的胜利"的前提下完成的军事、政治任务。"人民解放军打到哪里,人民币就要跟到哪里"。

1947年夏季,中国人民解放军以排山倒海之势,取得了重大胜利,解放了祖国大片土地,华北、西北、东北各解放区已连成一片。各地区贸易联系、物资交流日益增多,发展生产、商品贸易等都要用钱、花钱、收付货币。由于当时各解放区发行的货币不统一,货币比价不固定,货币间相互兑换十分繁难,不仅阻碍了各地区的贸易往来,也给各野战军的机动作战造成了巨大困难。

为此,中共中央财政经济部部长董必武经过认真研究,于1947年12月2日向中央上报了关于成立中央银行和发行统一货币的请示。12月18日,中央回电批示:根据各种情况,目前建立统一的银行是否有点过早,进行准备工作是必要的。至于银行名称可以用"中国人民银行"。

据此,董必武指示南汉宸就成立银行、发行统一的中国人民银行币和钞票设计等工作进行筹备,并嘱托钞票图案设计方案出来后,要先报送党中央审查,这是件很严肃的事。

经过半年多紧锣密鼓的筹备,1948年6月6日,中国人民银行筹备处上报了《关于发行中国人民银行券的补充意见》,附了5个票种、7种版别的设计稿样。10月30日,中共中央决定中国人民银行币由中国人民银行负责计划,委托华北、华东印制拾圆、伍拾圆、壹佰圆新币。

11月18日,董必武主持召开华北人民政府第二次政务会议,决定成立中国人民银行,发行统一的中国人民银行币。

"我们解放区的货币正在配合着战争的胜利,迅速扩张它的流通范围,并把蒋币驱逐到它的坟墓里去。"

第一套人民币的发行时间为1948年12月1日至1953年12月,共设计生产了12种券别,62种版别,其中61.4%是由各解放区印钞厂完成的。

了解了历史,还要了解现状。因此,柳溥庆忘我地工作。从1950年6月调到北京人民印钞厂起,柳溥庆一如既往,

图6-7 1948年12月6日,《人民日报》发布庆祝中国人民银行和人民币诞生的专版,并且发表社论

全身心投入人民币的印制创新工作,除了春节三天,他几乎没有过一个节假日。

被评为国家二级总工程师后,按制度规定,他上下班可享受小轿车接送,可是他说要为国家节省人力、物力、财力,婉拒了,始终自己买月票挤公交车,放弃坐轿车的待遇,节假日不休息,挤公交车上下班。

周末印制局休息,他挤车加步行到白纸坊五四一印钞厂工作;星期五印钞厂休息,他又挤车到印制局工作。

一年360多天,几乎天天上班。每天清晨5点起床,打一刻钟太极拳后开始忙碌,晚饭后工作到10点半才休息。

生活俭朴,有规律。一日三餐,不论菜肴好差,每餐吃两碗饭。一生不抽烟,不喝酒,不赌博,不闲聊,不吃零食,还从没时间看小说和文艺演出。他说:"要做的工作实在太多了!时不我待,我要和时间赛跑!"

天生我材必有用

柳溥庆于1950年6月调到北京,向中国人民银行印制管理局局长王文焕

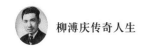

报到。

杨秉超在回忆王文焕的文章中写到柳溥庆搞科研:"王局长坚持自我发展和引进技术相结合,从1952年开始,想办法到国外找资料,购买设备,组织技术人员、管理人员到英国、法国、德国、日本和苏联等国考察。学到了很多东西,回来后,有很多应用到了生产管理中去。同时,鼓励自己人搞科研,他调来了柳溥庆成立了研究所,建立了钞票纸厂,生产出了高级防伪纸,等等。通过大家的努力,印制行业得到了很大的发展,我们的印制水平,在当时也是比较先进的。"

王文焕知人善任,柳溥庆主抓生产技术。

柳溥庆与王文焕都出生于1900年,都是早年积极投身革命、出生入死,经历过生死考验的传奇人物。王文焕是一位爱惜人才、知人善任的好领导,与柳溥庆是一对同心合力、相互信任、在工作上密切配合的好搭档。

1950年6月,柳溥庆从上海印钞厂调到北京印钞厂工作,被委以重任。

1952年任中国人民银行印制局国家二级总工程师(属当时印刷界的最高级别)。

5月,柳溥庆调任中国人民银行印制管理局生产技术处副处长,长期主持工作。当时生产技术处下设技术科、生产一科、生产二科、生产三科,相当于现在的技术中心、印钞部、造币部、质量管理部4个职能部门,是印制管理局职责最重、人数最多、工作最忙、压力最大的部门。柳溥庆迎难而上,竭尽全力,想方设法克服生产技术中遇到的各种困难,为完成人民银行总行下达的各项印制生产任务做出了重要贡献。

原中国人民银行印制科学技术研究所党支部书记、副所长、人民币设计专家崔立朝在回忆王文焕局长的文章中介绍柳溥庆是印制局的"宝贝",培养了许多印制人才:

> 当时,印制局的干部大多是从老区来的,为了提高他们的管理水平,王局长先后选送了一批干部去北京大学学金融、中国人民大学学管理。学成后,有的同志还分到其他部委,成为那里的骨干。选送了一批干部到中央美院学习,我就是其中之一。到美院的学习,对我一生的影响都很大,当时跟我一同去的陈明光、史大良等后来都成了印制行业设计制版的专家。
>
> 由于派出去学习的干部较多,局里人员较少,他又把各厂的管理、技术方面的骨干调到印制局工作,使印制局的力量不断壮大,当时人员已达到120余人。他也很重视抓技术,对技术人才很关心。他曾说,柳溥庆是印制

局的宝贝。在他的主持下,调来了柳溥庆等人,不仅研究出了很多成果,还通过讲课等形式为北钞厂、上钞厂等企业培养了大量的人才。

印制的国徽受到周总理赞扬

1950年9月中央人民政府政务院下达命令,国庆节前必须完成印制国徽的紧急任务。

初始由照相组和手工组分别印制印样,报政务院总理周恩来亲自审查。

一开始不合格,总理提出作为国徽图案应有照相版印样的艺术性,又要有手工版的色彩和立体感。照相版已经达到要求,手工版未达要求。

任务紧迫,领导决定由柳溥庆牵头攻关完成后续的改进任务。

柳溥庆经过研究,发明凸版和平版印结合的方法,创造了先金后压印的工艺流程,也称胶凸合印法,按期圆满地完成了政务院交给的印制国徽的紧急任务。

我国首次给外国驻华使节的请柬,印上了代表中华人民共和国标志的国徽,得到了周总理的高度评价和表扬,国徽印样庄严隆重,富有立体感,艺术水平较高。

9月25日下午4时,第一届全国战斗英雄代表会议和全国工农兵劳动模范代表会议合并,在北京中南海怀仁堂同时隆重开幕。在欢呼声中,柳溥庆远远望见毛泽东、朱德、刘少奇、周恩来、李济深和林伯渠等在京的中央领导同志走上主席台。

图6-8 柳溥庆参加全国工农兵劳动模范大会

柳溥庆在上海见过毛主席,和周总理在法国共过事。他还沉浸在往事的回忆中。陈云已登台致开幕词。陈云是他商务印书馆的师兄弟,只见他扼要叙述

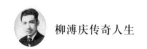

了中华人民共和国成立以来人民在各条战线上取得的重大胜利,各路群英胜利会师了!

毛泽东代表中共中央向两会致祝词:

> 英模们,你们是全中华民族的模范人物,是推动各方面人民事业胜利前进的骨干,是人民政府的可靠支柱和人民政府联系广大群众的桥梁,我们要号召全体共产党员和全国人民向英雄模范们学习。战斗英雄们,你们是人民解放军的模范人物,希望你们继续努力,更加进步,为建设强大的国防军而奋斗!

与周总理擦肩而过

国徽印制成功,为设计增光添彩不少。毛主席高兴地向代表们展示,国徽图案获得大国气象端庄隆重的好评。见过送上的国徽印制品,周总理见状大喜,问边上人,这次印制出色,一定有高人指点。秘书回答,已经询问过了,经从上海调来的总工提点,才得以完成。

"哪位?柳溥庆!柳圃青?"

总理陷入沉思,莫不是他回来了。"请告诉印刷局及时总结一下,写一个印制国徽成功的报告直接送上来。"

"请柳溥庆直接送来。"

总理办公室来电话提出表扬,并指示五四一厂要及时总结印制国徽的成功经验,写成书面材料直接向总理汇报。约定时间从北门进入中南海。

在去政务院的路上,柳溥庆想到与周总理26年前认识,20年前分手,一时百感交集⋯⋯

"当初我一到巴黎见的就是周恩来,还在苏联参加中共六大,由他直接领导⋯⋯"

汽车从北海路驶入西华门,材料递进去了。

秘书在门卫接待处接收了由印制局局长贺晓初和柳工程师送来的报告,秘书转达了总理的口信,他正在处理一件事,如果柳溥庆想见面的话,请等一会见个面。

噢,柳溥庆有多少话要对总理说啊,然而,他想了一下,说:

"总理忙就不去打扰他了⋯⋯"

对于这违心的婉辞,柳溥庆一直后悔不已,每每想及,心痛不已。

这恐怕是自己最大的一次失误,如果亲自跟总理说了自己的问题,工作上面临的困难,有关领导不相信我们自己的技术力量,需要解决党龄问题,以后的境遇要好得多。总理知道柳溥庆在抓印钞,但不知他具体的情况。

"您忙吧,我们就不去叨扰总理啦。请代向总理问好!"

改进机械自动控制温度烘票方法

柳溥庆还是像往常一样挥了挥手,仿佛要驱赶在脑中莫名的烦恼。

两岸猿声啼不住,轻舟已过万重山。"我还是做我的技术工作吧"。打开了他的日记其中记录了这段历史。

改进五四一厂设备:从1950年起,参与筹划、领导并组织实施北京印钞厂的技术革新。从国外引进雕刻制版、电铸凹版和大型轮转凹印机,以及全张照相机、四色和双色胶印机、裁切机等设备。

改进印制工艺:在制版技术方面,用平凹版代替落后的粉浆版,将锌平版改革为铜铬平凹版,单色手输胶印机印刷改为双色自动及四色自动胶印机印刷和单色靶转凹印改为双色靶转凹印。

规划厂房:按生产发展的需要,亲自设计、绘图、改建、新建了多座厂房等。利用现有制版及大楼三层东部作原版车间,扩大了面积,对于厂房的高度,也有考虑。

在这里特别值得一提的是他对印钞烘票方法的改进,即由手工操作烘票方法改机械自动控制温度烘票方法。此改造大大改善了工人的劳动条件,提高了票券的使用寿命。

其中的过程也是经历了一番曲折。

哄!热浪扑面而来,柳溥庆深入一线,察看在50摄氏度高温的烘干室里,工人在进行票券的烘干。只见在木框铁丝托盘里,每盘放入钞票凹印品100张,然后由工人们进到烘干室操作,其劳动条件太艰苦了。

烤干了工人的汗水,还不能达到理想的效果。因为高温操作,温度的波动难以控制,有的甚至超过70摄氏度,温度直接影响钞票流通寿命。

在生产技术会上,柳溥庆根据以往积累的经验,结合当时西方先进的印钞技术,提出了自己于1953年设计的"前进后出、整进整出、循环通风、自动调温"的

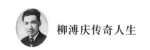

烘票工艺方案。

但是,柳溥庆提出的方案在论证会上,却遭到了当时在该厂指导工作的苏联专家索克里尼果夫同志的反对。

受当时大形势左右,苏联专家的意见普遍被视为绝对的权威,厂内意见基本上"向苏联一边倒",甚至还提出:"对待苏联专家的意见,不论是有理,还是无理,通通三扁担"。

柳溥庆提出的方案未能获得通过。

柳溥庆的想法还没试验,就遭否决,那么问题怎么解决呢?随后,苏联专家也提出了一种"前进前出、零进零出"的烘票设计方案。

外在压力增加时,就应增强内在的动力。见多识广的柳溥庆经过认真分析,认为苏方专家的方案乃欧洲18世纪的水平。来自代表全国印刷最高水平的上海,到过欧洲、苏联印刷厂的他,本着实事求是的原则,再次向厂领导提出自己的想法:

我们可不可以先不做结论,来试验一下。

就这样,苏联专家和柳溥庆的两种方案进行了PK(比试)。厂领导经过慎重研究,决定按照这两种设计方案各制造一台烘箱,进行现场比对试验。

很快,现场比对结果出来了——柳溥庆的设计方案大大优于苏联专家的设计方案。

柳总工程师设计的烘箱,大大缩短了票券的烘干时间,由原来的24~36小时缩短为5~6小时,工效提高了5倍,还节约了制作的成本。

抗折能力加强了,自动调温,有利于提高票券的使用寿命。

工人同志们反映可以在烘箱外操作,这样大大地改善了劳动条件。

"柳总,您辛苦了,请喝一杯酸梅汤,防暑降温。"

柳溥庆接过了饮料,以茶代酒庆祝成功,和工人们笑到了一块儿。

设计的烘箱赢得了广大工人们的交口称赞:

"柳总懂我们,他自己也是工人学徒出身,上海老商务出来的,厉害!加上外国留学,技术上有一套,神了!"

最后,厂领导决定按照柳溥庆的设计方案建造烘票房。烘票房建成后,印刷之后的凹印品可以装入烘车,每车可装5 000大张,每个烘箱可以装12车,烘干16小时,日产达到54万印张。

手工操作的烘票方法改为机械自动控温,为国家节省大量人力、物力和财力,受到工人的欢迎和好评。

人们最出色的工作往往在处于逆境的情况下做出来的。柳溥庆的成功,不能给自己带来喜悦,反而是思想上的压力,甚至肉体上的痛苦都可能成为精神上的兴奋剂,让他去创造更多的业绩。

"人只有为自己同时代人的完善,为他们的幸福而工作,他才能达到自身的完善。"

——马克思的名言也是柳溥庆的座右铭。

幼子上天安门向毛主席周总理献花

5月的鲜花开遍了大地,天安门披上了节日的盛装。1952年五一国际劳动节在天安门广场有大型的群众集会,柳溥庆的幼子柳百坚和另一小朋友杜晋生,代表全国的少先队员登上城楼向毛主席献花。

这份荣幸来自一次西城区的庆祝活动,也是献花。北京市市长彭真在会上看好了两个小朋友,就邀请学校的老师带着同学去他家做客。彭真见小男孩长得周正,是从上海来的专家的孩子,还到过不少地方,落落大方,对答如流——果然见过世面。

柳百坚幸福地回忆道,劳动节的前两天,北京市委领导决定,挑选我和另一位少先队员在五一劳动节向毛主席献花。

——当天晚上,我把这一喜讯告诉了爸爸妈妈,爸爸随即打开书桌边的一个抽屉,拿出一张他珍藏了20多年的黑白大照片,把我叫到桌边坐下,对我说:

"这张照片是1924年中国共产主义青年团旅欧总支部成员在巴黎开会时的合影,我也参加了。"

接着,爸爸指着照片中的人物,逐一向我介绍了青年时代的周恩来、邓小平、李富春、聂荣臻、何长工……

我认出了二排左边第一个站着的人,那就是爸爸。

(这张照片是柳溥庆自拍,等大家站好坐好,他对好焦距、光圈和速度,按下快门后,迅速跑到队伍里,在边上站定,咔嚓一声就留下了珍贵的历史镜头。)

爸爸说,他在20年代就参加革命了,照片中的人物,很多是他的好同志、好战友,有的现在已是中华人民共和国的国家领导人,很久没见面了。爸爸深情地说:"要是你能见到周总理,你就代我向他问好!"

五一劳动节那天,阳光灿烂,晴空万里。庆祝大会开始后,在千万人们沸腾的欢呼声中,我和杜晋生小朋友在一位叔叔的陪同下,快步登上了天安门城楼。

在城楼主席台前,我第一次亲眼见到了毛主席。

毛主席红光满面,神采奕奕,是那么高大魁伟、慈祥可亲。我的心怦怦地跳个不停,好像要从胸口跳出来了!我大步走向主席,万分兴奋地举起右臂向他致少年队的敬礼,然后双手捧着大束鲜花敬献主席。毛主席弯下身来接过鲜花,笑容满面地伸出温暖的手,紧握着我的小手,亲切地摇了几下,然后他的大手向朱老总方向一摆,我立即领会了毛主席的示意,其意是要我与杜晋生小朋友去同其他国家领导人握手。

是啊!敬献的鲜花也应当包括其他中央领导人。虽然我们献上的鲜花只有一束,但能和中央领导人一一握手,既能代表人民表达对中央集体领导的敬意,也表示了党中央全体领导人接受了全国人民敬献的鲜花!

我马上按照毛主席的示意给朱总司令等国家领导人一一敬礼,并同他们一一握手,然后我们俩又回到毛主席身边。我兴奋地站在主席左旁,观看五彩缤纷络绎不绝的数十万人游行,还不时地抬头看看主席。游行群众高呼"毛主席万岁"时,他常常挥动右手致意。我们跟着毛主席一直站到游行结束。

这期间,记者给我们拍了许多照片,留下了难忘而又珍贵的纪念。

重忆战友情

柳百坚讲述了毛主席、周总理回忆起柳溥庆作为他们之间信使的往事——

在检阅群众队伍时,我有幸与周总理拉话了。总理俯下身来,看着我,慈祥亲切地问道:

"你的父亲叫什么名字?"

我回答:"父亲叫柳溥庆,他要我告诉您,他在法国学习时认识您,与您一起工作过,他要我代他向您问好!"

总理听后,嘴里念叨着,沉思了片刻,突然他冒出一句话,兴奋地说:

"是有一个柳圃青、柳圃青!"然后总理又立即问我:"这个'圃'字,是不是口字里头一个甫字?"

我说:"是的,过去他用这个圃字,现在改用三点水的溥字了"。

总理听后笑了,他很高兴地说:"我们是战友,你回去后也代我向他问好!"

正在这时,毛主席从休息厅走出来了,周总理马上指着我告诉毛主席说:"他是柳溥庆的儿子,柳溥庆是我在法国时的战友,他去法国还是你给开的介绍信和带去了信件……"主席听了总理的介绍,好像记起了什么,点点头,高兴地伸出大手,慈爱地抚摸了我的头,使我感受了无比的温暖与幸福!

当晚,百坚把这一情景原原本本地告诉了全家,大家欢呼起来,争相与小百坚握手,柳溥庆顿时沉浸在幸福的回忆之中……

在第二套人民币的伍元券上,有人民群众在天安门广场欢呼的场景,一个个人物都是通过真实的人物做模特,进行写生再加工完成。画面中间的少先队员形象,是以柳百坚为原型,周令钊写生绘就,画家们对人民币上图样的创作,态度之严谨,由此可见一斑。

图6-9 人民币图案中间的少先队员是以柳百坚为原型写生绘就的

吴彭越在24天内完成的伍元券主景雕刻。他雕刻的伍元券人物众多,人物线条优美,形象鲜明生动,堪称经典的雕刻作品。

今天再看整个画面,构图饱满,人物生动,统一而又有变化,枣红色调搭配和谐喜庆,画面气氛活跃,华表标志着特定的地点,横幅表示节庆的时候,各族人民群众仰望天安门城楼纵情欢呼,达到了形式和内容的完美结合。

保存的珍贵照片见了天日

有着在毛主席身边工作经历的柳伦,说起这段历史,非常兴奋:1953年9月,我被调至中南海机关文化学校任教。周末舞会,中间休息,主席垂询了我的教学情况,毛主席把他身边的秘书都动员当了我的学生,他的机要秘书、管党费的秘书都是十一级的干部,(长征干部)后来都当了我的学生,主席让他们到我的

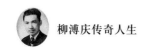

住处专门补课。

谈起和老一辈领导人的交往，柳伦如数家珍：有一次邓大姐派她的卫士来借我的一顶黑色毛线帽子，带在头上下面两个带子一系，冬天就比较保暖。他们大概没有这个样子，派卫士来借，邓大姐、蔡大姐都看了，要模仿我的这个帽子织一顶。

1956年后，文化学校办公室与新华社侯波等摄影记者办公室，都安排在勤政殿旁的政事堂内前排东4间，两家各2间，同事亲密相邻。

1956年，听说新华社记者在中南海内征集中央首长早年照片时，我向父亲借用了2张照片给新华社记者。

一张是1924年中国共青团旅欧总支部第三次代表大会的31人合影。

另一张就是邓小平同志17岁的全身照。照片背面写着："圃青兄惠存 希贤赠 一九二五 五 二十三日 里昂"。

新华社记者将它放大成8寸的小平同志全身照片，特别好看，正是少年英俊，风华正茂！

当即，我将此照片交给我班学员张宝忠（邓小平的卫士）说："请小平同志看看，他自己还有这张照片吗？"

第二天，张宝忠告诉我说：1921年小平同志在法国照相馆拍的全身照片，照相馆只给印了3张。他送给柳溥庆同志1张，寄给四川老家1张，自己留了1张。可是他那里2张照片早丢失了。希望我能送他1张。

于是，我请记者同志将小平同志的3寸照片，放大为8寸照片，印了2张：一张给父亲保存，一张请父亲在照片背面题写照片经历与还赠留念之意；父亲签名后，再请张宝忠带回去送给小平同志留念。小平同志当时口头向父亲和我致谢，也由张卫士转达。

独辟蹊径编写花皮字帖

曾任北京印钞厂工会主席的李林拿到一本《柳体玄秘塔标准习字帖》，如获至宝，他兴高采烈地告诉大家，柳溥庆先生就是咱们印制行业兼有美术书法学养的大学问家。

"那是1965年春天，进厂不到两年的我，被调到厂部人事科工作。当时，厂里把管理人员要求写得一手好字、打一手好算盘，作为一项基本功，并把它们作为衡量管理人员素质的标准之一。

为了练习写字,我到菜市口新华书店找工具书。在书架上搜索中,发现一本由书画大家丰子恺先生题写书名的《柳体玄秘塔标准习字帖》,它的封面设计考究,淡雅的花卉图案,仿佛印在绒布上,古香古色。我毫不犹豫地花了三毛多把它买下,以后一连几天晚上灯下阅读。

这本30多页薄薄的书,却蕴藏着丰厚的知识量。它深入浅出,既有学习书法练字工具笔墨纸砚知识的介绍、执笔和运笔的方法、基本笔画的偏旁部首,又有正楷书法的源流和变迁,以及钟、王、欧、颜、柳、赵等各种字体的特征与区别等,简直可以称之为"书法实用小百科全书",且图文并茂,便于实操练习。它不仅是书法初学者的入门的启蒙读物,而且即便是书法教育工作者、专家学者,也会开卷受益。

带着崇敬又有几分好奇的心情,我仔细阅读了书的"前言"和"编后语",一下子惊喜了:"前言"中作者谦虚地说道"编者是书法爱好者,绝非书法家","编后语"的落款是"柳溥庆于印制局技术研究所"。我头脑中瞬间闪出一个念头:

印制行业真是藏龙卧虎,竟有如此知识渊博的大学问家。

从"前言"还得知,柳先生为传承优秀的中华文化,从抗日战争时期即着手编辑这套字帖,我对先生的敬意更是油然而生。

虽然由于我学习浅尝辄止,后来又赶上"文化大革命",书法练习没坚持下来,字也没有什么进步,心里总是觉得有些愧对柳先生的这本好书。但我从这本字帖也得到意外收获,柳溥庆先生呕心沥血传播中华文化的精神却潜移默化影

图6-10 柳溥庆、柳伦所编写的标准习字帖

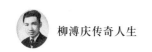

响着我,我为印制行业有柳溥庆先生这样的人物而感到骄傲!

后来,女儿在学校上书法课,也是用的这本字帖,它滋养我们两代人。近半个世纪的星移斗转,这本书的封面已经磨损,书页也发黄、发脆,但我依然收藏在书柜里,每每看到它,总是感慨万千。

如果说柳溥庆先生是留法的洋学生,那么他对古代书法的研究和传播,是再传统不过的。柳溥庆编著由丰子恺题写书名的欧、颜、柳、标准习字帖和柳体间架结构习字帖,于20世纪60年代,由北京出版社公开出版。这是20世纪30~40年代,柳溥庆在上海博览我国历代名家的书论,并结合自身10多年的美术修养,总结出的一套比较科学的楷书学习方法著作。

他认为,"习字理论是习字的工具。只有把历代楷书理论和历代楷书名家的范字结合为一帖,才能更好地发挥书法理论应有的指导作用"。他的这种方法,在近代我国编帖的方法史上,开了先河。他还认为:书法是一种艺术,学习楷书的步骤,可与绘画一样。绘画是先学横竖直线、弯曲弧线、明暗色调、素描等。当这种基本练习达到一定程度时,进而学习风景、人物画面的布局结构等。

他把自己这种学画的方法,用于他所编的这些习字帖中,建议读者应先学习基本笔画的书法,后学习间架结构的书体。

笔者为此专门请教了南京博物馆书法研究所所长庄天明,他赠送我一本《执笔之流变——中国历代执笔图像汇考》,其中讲到:20世纪60年代由柳溥庆编辑出版的《标准习字帖》曾一版再版,创造了初级习字帖出版发行的奇迹,影响巨大。

"十年动乱"后,其长女柳伦继承柳老遗愿续编其他多体标准习字帖。这套花皮系列字帖自1962年公开出版以来,已累计发行数千万册,至今畅销不衰,受到书法爱好者与习字者的欢迎。

柳溥庆的书法美术的修养,滋润了他的印刷大业,但在当时他被打成了党内"右倾机会主义分子",还批判他编字帖是吹捧封建主义,不务正业。恰恰相反,他将艺术修养和科学原理迁移到印刷印钞技术上,取得了史无前例的成就,使中国的印刷印钞技术,有了自立于世界民族之林的基础。

德方赞誉"中国印刷技术的珍宝"

柳溥庆去德国两次,1951年作为中国商务代表团成员,赴民主德国订购轮转凹印机和四色胶印机。1953年再次前往,担任验收小组组长,奉命验收订购的机器。

图 6-11　1953 年 6~12 月，柳溥庆奉命代表中国人民银行总行赴民主德国验收我国订购的各种印刷机器

图为柳溥庆（左二）和鲍振增（左一）于 1953 年 11 月间与民主德国的印钞机设计专家合影

柳溥庆日记：1953 年 5 月 25 日，柳溥庆、鲍振增等人从北京出发，5 月 30 日到达民主德国首都柏林并很快办好各种手续。6 月 1 日，到达泼老温城验收四色胶印机。胶印机验收很顺利，一天工夫即完成。

但在验收凹印机时却遇到了意想不到的严重困难。

从柳溥庆等人 5 月 30 日到达民主德国一直到 7 月 4 日，这些已经造好的轮转凹印机还未印过一张完整的包括双色凹印、底纹及号码印样，也就是说，该机不能印刷多色接纹凹印钞票。但该厂印刷专家却信誓旦旦地表明：我们的机器是世界上最先进的。

柳溥庆对此表示质疑，并大胆提出异议，对方未予理睬。7 月 5 日，验收小组到柏林向该厂主管业务部门反映情况，要求研究试印进展缓慢的原因。德方却提出要中方尽快验收机器，交货付款，以免耽误该厂生产进度。

柳溥庆懂行，面对德方无理要求，据理力争，毫不退让，强调必须连续印刷 500 张完整的印样，才能验收。

1953 年 7 月 15 日，应中方验收小组强烈要求，德方在柏林召开了民主德国全国凹印专家会议。会上，柳溥庆提出了"逆转擦版法"的原理。这是他根据中方所订购的机器存在的主要问题，经过仔细研究、认真琢磨后提出来的解决方案。

该原理主要内容是：民主德国生产的轮转凹印机之所以不能印刷多色接纹

凹印钞票，主要是该机擦版揩布的运动是随着印版滚筒顺行的，因此，每一揩布同印版接触时，经常先擦一色，后擦另一色，所以，揩布很脏，致使所印样张颜色不亮，印样下部常有明显的浮色。

据此，柳溥庆认为，在轮转凹印机上实施逆转擦版法，能够有效地解决这一问题。但是，柳溥庆的建议没有得到与会者应有的重视，更没有被采纳。

1953年7月21日，验收小组一致同意将轮转凹印机试印不好的情况向德国贸易部反映。8月5日，中德双方进行第三次会同检查。仍有两个主要问题没有解决。

8月14日，双方制定了协议书，规定了验收的最低水平。主要包括3个方面：①机器每分钟至少印刷25张，连续印刷500张，其中百分之九十的质量必须达到墨色的深浅张张相同。②每张印样上下的墨色均匀。③试印的一切费用由中方承担。

9月10日，双方在维多利亚厂进行第四次会同检查。试印情况仍然不乐观，进展不大。时间一天天过去，柳溥庆心里十分着急，决定越级反映问题。

1953年9月16日，柳溥庆到莱比锡找到德方技术领导——民主德国工业部印刷机器管理局薛总工程师，再次阐述自己的改进方案，这其中先后经过了5次谈话，柳溥庆终于说服了薛总工程师。同时，通过薛总工程师说服了其他德国印刷方面的专家。

之后，开始对现有的轮转凹印机的擦版结构进行修改。主要是将该轮转凹印机上第一个擦胶架上布的运动方向改为与凹版辊筒相反，这样就能有效克服原有串色、浮色的弊病。同时，经过这样改造，可以取消两三个擦版架，把轮转凹印机的机械结构简单化。10月19日，轮转凹印机改造完成。第一次试印，废品率便由60%降低到10%。11月3日，修改后的轮转凹印机正式试印，终于实现了一次印成多色接纹的凹版印样。

在11月4日德方拿出本年6月所制双色凹版试印后的样张，证明柳溥庆的设计基本是正确的。

难题迎刃而解了，柳溥庆在之后的总结中这样说道：

今后我们无论干什么工作，都要有一种实事求是、认真负责的精神，都要有一种敢于挑战权威而不为权威所吓倒的精神，都要有一种刻苦钻研、精益求精的严谨创新精神，因为这是我们印钞人的使命责任，更是我们印钞人的光荣品格。我们自豪的是，我们做到了。

陆章　风帆正举　波澜壮阔

图 6-12　1953 年 7 月,柳溥庆(一排右二)在民主德国沙可森印钞厂考察印刷制版工艺

印刷机最后照我们提出的草图修改成功,使双方都很满意,德方对中国专家技术水平也有了新的认识。虽然经过初期争执,但最终还是进一步促进巩固了双方的友好关系,如印刷机制造厂厂长说:"我们在凹印机上向中国朋友学得了很多知识"。工业部印刷机管理局设计长薛工程师说:"希望我们以后永远共同合作"。

创造凹印技术 500 多年来的世界纪录

柳溥庆攻克了凹印技术 500 多年以来世界各国不能一次印成多色接纹钞票印样的技术难关。1965 年 2 月 10 日,柳溥庆获得了由国家科委颁发、聂荣臻签发的第 107 号"凹印多色接纹逆转擦版法"的发明证书。

图 6-13　中华人民共和国科学技术委员会颁发给柳溥庆的发明证书

德国是世界公认的工业制造强国。柳溥庆不迷信洋人,大胆在引进的机器上"动手术",并无私地帮助出口方攻克技术难关,使合格的机器经改造达到合同要求。在改造洋人机器的同时,发明了多色接纹逆转擦版法,并在德国的机器上得到验证和鉴定。中国专家超人的智慧,勇于攻坚的真才实学,主动帮助德国攻克技术难关,无私奉献的国际主义精神令德国人刮目相看、由衷敬佩,赞誉柳溥庆是中国印刷技术的瑰宝,并希望以后永远合作,在凹印机上向中国朋友学习更多知识。

图6-14　1953年,柳溥庆在民主德国验收我国订购的轮转凹印机时于德累斯顿留影

柳溥庆提出的"逆转擦版法"主要优点在于:能够一次印成多色风景等,无浮色;能印出各种不同色的接纹,各色衔接处色调和谐,防伪性能高。这项试验的成功,不仅解决了当时对轮转凹印机的验收问题,而且具有特别创新发明的意义。

莫斯科印刷厂的中国老师回来了

27年过去,柳溥庆又回到了莫斯科。1957年7～11月他作为中国人民银行总行印制管理局赴苏联考察印刷、制版、造纸等技术代表团成员来到了苏联。

旧地重游,他的心情异常复杂。当年在这里曾跌倒,但收获了爱情,有参加中共党的代表大会的光荣,也有在苏联印钞厂发挥作用的技术自信。与过去相比,所不同的是今天中国革命取得了全面的胜利,他能代表咱们国家来出访,感

陆章　风帆正举　波澜壮阔

图 6-15　1957 年柳溥庆考察苏联赤岩印刷局印钞厂

到今非昔比的自豪。然而，柳溥庆的身心并不轻松，因为整个代表团他是技术权威、行家，他要从各个印刷厂学习一些印钞新技术，必须十分用心看、用心记和用心想。苏联老大哥对技术的保守是出了名的，不许照相，不许提问……

历时 3 个多月，回来以后，他写了百多页、数万字关于苏联的印刷、制版、造纸等技术报告，为我国印制技术的科研工作提供了宝贵资料……

留下的两张照片，分别是柳溥庆看印钞的样张与看生产印钞纸的原料。

图 6-16　1957 年柳溥庆（一排左二）考察苏联赤岩印刷局造纸厂

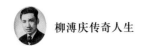

他在看水印的防伪效果,他在为印钞纸的抗折做原料成分的计算,为中华人民共和国印钞事业的国有化做参考。

"中国老技师柳溥庆回来了!"老员工奔走相告。

柳溥庆也记起了这个诺娃,那个斯基。再访印钞厂时,该厂工会对柳溥庆在30年代做出卓有成效的技术贡献仍未忘怀,并捐赠镌刻着"柳溥庆"大名的金表以示由衷的感谢。

时间回到 1929~1931 年。

他在莫斯科学习时曾应聘到消息报印刷厂和工人日报印刷厂传授印刷技术。并在当时苏联最大的印刷厂——莫斯科中央美术制版厂任技师一年,对提高该厂印刷技术水平起了极为明显的作用。

该厂原来进行一次照相制版需要两个月的时间,在柳溥庆的指导下,制版时间缩短为两周,工效提高了 3 倍。

金表见证了中苏两国人民的友谊,但作为一个有价值的礼品,柳溥庆回国后要交公,有关领导回复这是印有个人名字的日常用品,还是自己用吧。

后来中苏交恶,"文革"抄家,金表被收缴,待到返还抄家物资,金表却不见了,至今下落不明。

先进生产工作者的自述

1956 年 3 月,中国人民银行开展评选先进生产者活动,柳溥庆时任印制管理局总工程师兼生产技术处副处长,积极参加先进评选活动,于 3 月 10 日上交了《解放后我在生产技术方面为国家所作出的贡献》自我总结材料。

印制管理局党支部派生产一科科长周永利、劳动组织科副科长赵荣轩、办公室秘书科罗志、生产技术处游洪泉、苗宏源五人组成调查核实小组,专程到五四一厂找主持工作的魏仁斋副厂长和有关领导询问有关情况,召开了专门的座谈会听取意见。针对座谈会中反映的不同意见,与柳溥庆本人也交换了意见,并向印制管理局党支部和王文焕局长写了专题调查报告,认为柳溥庆所述贡献是属实的,至于对某些工作创造的经济价值大小,需另行组织计算。

后经印制管理局党支部和局务会讨论,柳溥庆被评为先进生产工作者。

现将柳溥庆填写的总结材料刊登如下:

（一）有关产品质量提高的具体工作（4项）

1. 创用综合印刷方法，印刷彩色国徽图案　1951年，我在北京人民印刷厂印刷我国国徽图案，曾用照相与手工制版方法及凸版与平版印刷的综合方法制成我国标准的国徽图案。当时获得中央政府办公厅梁处长来函嘉奖，并列举国徽设计人美术雕刻家高庄教授函称："这次所印国徽比过去所印任何一次和其他地区所印的任何一种都要高明百倍……这使我们感到无限的欣慰和无上的光荣……请转达给工人同志们接受我对于他们这样的进步和成功致以崇高的敬意和热烈的祝贺！"这个工作当然不是我一人所做的，而是由数十工人共同努力的结果，不过我是其中组织领导人之一，印制的方法是我倡议的，至少可以说这是我提的合理化建议。

2. 创用照相变点方法制票券底纹原版　1952年，我在京厂为新票券胶印版地纹增创意采用照相变点方法与雕刻方法相结合，并具体指导完成分、角、元券的底纹原版设计（即现在所印的复杂底纹），致使防假的效能提高。这种照相变点制版方法不仅在我国印钞历史上未曾采用，各国钞票印刷样张中亦未曾见过。所以敌人如欲伪造是不可能完全相像的！

3. 建议改造新凹印机擦版机械　1953年，我赴民主德国验收凹印机时，因该机一再试印，在产品下半部浮色严重，同时点线深浅处有很多花白点，根本不能用于生产。当时，我向德国建议修改擦版机械部分，使其活动范围由3公分改为12公分，能个别上下单独调整。当时德方虽然严格拒绝不同意改进，但是经过三至四个月再三试印，始终不能克服这种浮色及花白弊病。最后还是采纳了我的意见，按照我所绘的草图进行修改。自经采纳修改后，第一次试印便克服了上述弊病，那时废品率便由百分之六十突然降低到百分之十。因此我国商务处对该机验收总结中称："最后德方按照我们草图修改成功后使双方都很满意，使德方对中国专家技术程度也有了新的认识，虽然初期争执，但最后进一步巩固了双方友好关系"。

德国工业部印刷机器管理局设计长及该机制造厂厂长在会上说：我们向中国同志在凹印技术上学得很多知识……这是德中两国人民共同的成果，希望我们今后永远共同合作。

这种新凹印机于去年7月已正式投入生产，事实证明如果擦版机械不加修改，是绝不能达到现在所印刷产品质量的。

4. 倡议建造整进整出及前进后出烘箱　1952年，京厂新工房设计时我主张采用整进整出及前进后出原则设计烘箱，以代零进零出前进前出方式，

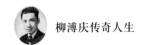

避免工人经常在高温的烘房中工作。这个建议当时有部分同志反对,苏联专家索克里尼果夫同志亦不赞成,因此曾发生争论。但是经过具体试验,事实证明优点多,所以后来苏联专家亦表示赞成,于是在1954年便照此建成新烘箱并已投入生产。根据实际使用情况,其优点除工人不必到高温(摄氏70度)的烘房中去工作而可在常温条件下工作外,所得产品的质量比旧烘房的产品柔软且没有过脆的毛病,因此票券的流通寿命得以延长。

(二)有关产品数量增多的具体工作

1. 建议采用平凹版代替粉浆版　1951年,我在京厂建议采用平凹版代替粉浆版印刷票券的花边底纹,并亲自在技术上指导克服生产过程中各种困难。开始平凹版常出毛病,所以胶印机常常停机等版,其时我建议每天上技术课保证一星期后削减停机等版现象。征得贺厂长同意,于是每日前去上课,并亲自指导操作方法,结果在第四天便已消减停机等版现象。自此以后平凹版技术的质量是稳定的,每版印刷效能多至20余万印,平均在八九万印。因此平凹版较粉浆版的效能增加7~8倍,现在暂时不计制版人工原料节省若干,且先计算换版装版的停机时间多少,借此增加印刷产量共有多少。今据换版时间双色机每次30分钟计算,一块版可以减少6/7等于3小时。每台每天开二班每天可省1小时,每月可省26小时,全车间7台计每月可省182小时,全年可省2 184小时。因此双色胶印机的产量,全年增产18 345 600张。每令印工按5元计每年为国家增加产值183 456元新币,自1952年到现在按3年计共约增产550 368元新币。这个数字不包括制版人工及原料,仅指换版时间内所印的产量及其产值。

2. 建议采购全裁胶印机以代半裁机　1951年,奉命赴德采购印刷机器时,原定计划采购全裁胶印机,但后来局去电改购半裁胶印机7台。当时我考虑7台半裁机的价格比4台全裁机贵,同时4台全裁机产量较7台半裁机增多1/7以上,由于7台半裁机换版停机时间较全裁机多3/4,所以4台全裁机产量较7台半裁机约增多1/4,当时考虑因为上述这些优点,所以建议再采购全裁机。但因赴德商务代表团回国日期已定,不及等候回示故即代为决定。现在每月胶印产量较原计划增加1/4,每一全裁双色胶印机的产量每月至少156万印,全年计产量增多1 872万印。自1952年至1955年按3年计增产5 616万印。每500印工为5元计,共为国家增产561 600元新币。

3. 倡导提早利用新凹印机　1954年10月,京厂为新凹印机利用计划向局报在1955年三季开二台二班、四季开四台二班、1956年一季开六台二班。当时我提出1955年三季度开六台二班的具体计划包括机器安装技术训练、试印、正式生产进度计划,并帮助解决技术训练及试印中所有困难,因此在1955年7月份便正式开动六台二班,提前6个月完成计划,在三季度生产比批准的计划增加2倍,在四季度比计划增加1/2产量,这个增产数字是很大的,不过这不是我个人的成绩,而是京厂有关职工大家的努力,尤其是新凹印车间全体工人同志努力的结果。我不过是其中提倡与助手之一,从合理化建议角度来看我是建议人,事实证明这个建议是完全正确的。

4. 建议改变底纹拼版方法　1952年,新票券原版印刷设计时,局规定在每张票券之间有3公厘(毫米)距离。当216票券在京厂印刷时,由于中间空白3公厘纸张尺寸太小不能印刷,其时我建议改变底纹拼版方法,取消3公厘白边。因此克服印刷过程中的困难而得到增加百分之十五的产量与产值,按照216产品3年来额外增加产量15%,328产品3年来额外增加产量10%,为国家增产28 890万张票券,约计400万元新币。

(三) 有关节省材料、降低成本的具体工作(6项)

1. 建议取消3公厘白边降低成本　由于上述原因取消3公厘白边后票券开数增多,因此白纸节省数字很大,根据3年来216产品所印数额巨大,约节省86万元新币。后来贰角及贰元券吸取这个经验,亦取消3公厘白边,较前增数额为国家降低成本很大。现在仅以328产品计,2年来在纸张方面为国家节省100余万元新币,至于壹角券的节约数字尚未计算,容后补充。

2. 建议利用旧工房减省土建面积　1952年,京厂新厂房初步设计时,除胶印及凹印车间外有制版车间。当局审核时,我建议利用现有制版及大楼三层东部作原版车间,而将平凹版包括在新胶印车间即如今的布置。因此节省1 350平方米面积,为国家节省210 000元新币。这件事在当时局工会主办的黑板报上公布加以表扬。

3. 建议自造凹版用平磨机　1953年,我赴德验收机器时发现前定磨平机不适合需用,故主动与德方交涉退换,当时德国专家建议订造辊筒式磨平机造价每台44 000卢布。我因知道中华书局在抗战前曾向西德购有合用的磨平机可以仿造、节省外汇,因此在德未订购而于回国后到上海聘请私营铁工厂印刷机械工程师设计制图,然后在局床铁工厂制造。结果即如现在京厂凹版整版工段所用磨平机,其效能完全适合工作需要,所以为国家节省

20 000余元新币。

4. 建议改用平凹版后节省原料人工　由于平凹版印刷效能比粉浆版大7倍,前者每版平均印84 000张,后者每版平均印12 000张,前者成本每版约10元,后者每版约5元。根据这个数字计算,每台胶印机每年至少能印1 872印。如用粉浆版每年须1 560块;如用平凹版每年用234块。现按双色四台计算每年节省制版费10 920元新币。如从1951年起至1955年止,按6台胶印机计算,共计节省制版费约43 680元新币。

5. 建议改变技术训练计划,节省教育费用　1954年底,京厂为新凹印机技术训练向局申请训练经费179 783万元旧币。当时我建议技术学习与试印及生产相结合,采用后学同志穿插在先学同志机台上追随学习、师傅带徒弟办法,在试印过程中有计划地进行学习,因此把训练时期缩短6个月,原定计划用纸3 182令,结果仅用300余令。因此为国家节省纸张费14万元新币。

6. 建议取消聘请德文翻译,节省翻译经费　1953年,我去德国验收机器及学习印刷技术,由于我们3人都不懂德文,领导批准聘请翻译每月经费840卢布,后来因为我能采用英文,有时用法文,有时用俄文,对方讲何国语言即用那种语言交谈,所以在德国5个半月没有聘请德文翻译,为国家节省4 200卢布约合新币3 000元(以5个月计算)。

(四)有关技术教育培养技术干部的具体工作(7项)

(1) 1951年,在北京人民印刷厂制版车间为平凹版上技术课有三星期共计20余小时,听课人有20余人。

(2) 1952年,在北京人民印刷厂胶印车间上平版印刷技术课有四星期约计50小时,听课人有50人左右。

(3) 1952年,在上海人民印刷厂胶印车间为油墨不干及纸张伸缩问题上技术课数小时,在平凹版工段上技术课数小时。前者听课人有四五十人,后者有10余人。

(4) 1953年,在天津人民印刷厂为照相制版及彩色平版印刷上技术课约10小时,听课人约六七十人。

(5) 1952年及1953年,在北京中央美术学院实用美术系印刷图案科上印刷技术课,先后共10余小时,听课人有30人左右。

(6) 1955年,在京厂业余学校上印刷技术课有20余小时,听课人有百余人。

(7) 解放后曾编《照相湿片制版术》一书,有四五万字,于 1954 年送文化部出版局,因该局目前出版方针不介绍资本主义国家技术理论书,所以尚未出版。但此稿手抄本据我所知已有 10 余册,分别在北京、天津、上海、长沙等地印刷厂为照相制版技术工人仅有的理论参考书。

总结上列数字,在增产方面计有 511 万元,在节约方面计有 227 万元,共 738 万元新币。我在解放后对国家增产节约据现在已经算出的数字是不是够得上称为先进生产工作者,请求党支部加以审查考虑。

如认为现已具备先进生产工作者规定的条件,希望在此次选举时予以提出。

此呈印制局党支部委员会

柳溥庆　1956.3.10

柳溥庆做出的贡献,越来越被看好,他在当时当仁不让,是有足够的底气、实事求是的科学精神和群众基础的。

柒章

激流猛进　勇立潮头

1950年6月,柳溥庆调至北京印钞厂工作时与家人合影
左起:柳百琪、柳溥庆、周砥、柳百里、柳百坚

柒章　激流猛进　勇立潮头

解决"亚核"技术的秘密武器

求人不如求己,是最为朴实的真理。

自己干!自力更生奋发图强的精神和作为,永远不会过时。

相信群众,我们有集全国之力"三结合"攻关组;相信党,从国家领导人到印制局领导的鼎力支持;相信自己,只要给我一个支点,我能撬动地球!柳溥庆深信:我们伟大的中国共产党和伟大的社会主义国家,在国家力量面前,没有克服不了的困难。

柳溥庆心里有底。

50年代,北京印钞厂年轻技术员李根绪曾抱着试试看的心理,向在京的苏联专家康诺诺夫讨教,其实专家是个生产科长,并不懂具体的技术,却头摇得如拨浪鼓:

"这是仅次于原子弹的绝密技术,不能外传"。

奉召进京的上钞厂工程师陈宏阁与苏联专家用白开水拼酒也未得半句"真言",知道苏联的奥洛夫印刷是一块版多种颜色,多色套线机把几种颜色集中到一个版上来印制,但技术参数需要自己来摸索。

柳溥庆参观苏方印钞厂,其保密措施升格,规定不准提问、不准录像、不准拍照和不准记录。

面对西方国家的经济封锁,苏联的技术垄断,因此货币的印制技术有"亚核"之称。

众所周知,货币不仅是价值的尺度,乃国家金融命脉所系,关系到国计民生、金融安全,也是一个国家经济、科技及文化内涵的体现。因此人民币被喻为"国家名片"。

可叹的是,新中国这张"名片"的印制却让苏联插手,后患无穷,且窘境一直延续到了20世纪60年代后期。

此事关系国家安全,没有退路,顶层决策者和有识之士当未雨绸缪。

其实人民币印制技术国有化的工作早在中华人民共和国成立初就做了充分准备,柳溥庆就是解决"亚核"技术的秘密武器,我们拥有自己的工业基础、专家团队和励志图强的青年工人阶级。

"冷眼向洋看世界,热风吹雨洒江天。"

请看柳溥庆一路走过的历程,就可以发现柳溥庆一直没有停止印刷印钞技

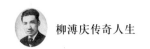

术的研究，他在印刷界有自身的高超技艺和广泛的人脉资源。

中华人民共和国成立前，安排他到香港，一方面是避免当局的迫害，保存实力迎接解放；另一方面是解决南方的印制技术问题，同样为迎接全国解放，积蓄力量做好充分的准备。

任中国人民银行印制管理局总工程师，印刷行业的二级工程师，是不设一级的唯一国家印刷行业的二级工程师。柳溥庆实至名归，可以在技术上大展宏图，放手一搏吧！

来自东德的问候

百废待兴，里里外外，柳溥庆忙了起来。大家发现光靠原有设备印钞，跟不上印制发行的需要，到社会主义阵营的国外去买机器，须选定内行方能胜任，还要有与外国人进行语言沟通的能力，于是，柳溥庆领命去东德订购印钞机。这一趟，1951年去的，到1953年验收。

> 飞机直飞向北方，
> 我的心仍在你的身旁。
> 多么想与你携手蓝天上，
> 让你也把坐飞机的滋味来尝。

望着机舱外零下50多摄氏度的新西伯利亚，柳溥庆不由想到，一出差，差不多就要几个月，对体弱多病的周砥来说，需要关心照顾的时候，自己却不在身边。

夫唱妇随，周砥放弃了上海非常舒适的生活，来到北方，首先住房条件远远不如上海，最不习惯的是没有卫生间，要到公共厕所蹲坑。为了丈夫的事业和永恒的爱情，她都咬牙克服了。为了不给组织添麻烦，周砥停薪留职毅然决然地来到丈夫的身边。

一个曾为共和国做出贡献的老党员，没有工资，没有医保，还支持丈夫工作，操持家务。要用钱的地方太多了，甚至中华人民共和国成立前为了掩护新华社的机器，盖仓库而借的钱，也坚持自己来还。

特别要指出的是她对丈夫的点点滴滴，都是那样精心地保管，哪怕一张小纸片，都收得妥妥帖帖，不会有一丝一毫的错失，因此才能保存这么多的珍贵资料。

夫妻俩聚少离多，爱情仍然是保鲜的。1951年10月的一天，身在柏林的柳溥庆，一到地方就选购一张明信片寄回北京，美丽的献花寄托了一片深情：

柒章　激流猛进　勇立潮头

图7-1　1951年10月,来自东德的问候贺卡

图7-2　敬以民主德国的鲜花送给我亲爱的德华籍以留作旅德的纪念

中华人民共和国成立初的人民币印制背景

中华人民共和国成立以后,在短短的三年时间里,战争给国民经济带来的影响正在迅速消除。然而受中华人民共和国成立前连续多年恶性通货膨胀遗留的币值问题依然存在,因此第一套人民币的面额较大(最大为50 000元),单位价值较低,且纸张质量较差,券别种类繁多(共12种面额62种版别),文字说明单一,票面破损较严重。

为了解决这些问题,进一步健全货币制度,我国政府做出了改革币制的决定,但受当时物质和技术条件的限制,只好请苏联帮助印刷。

最初,缩小了面值。我国政府向苏方提出的印制票面额为100元、50元、10元、5元4种,总金额40亿元;但7个月后,周恩来总理亲自签发电报,通知苏方改变印制方案,提出"采用不超过三元和五元的票面"。

中华人民共和国有了第一套采用胶凹套印、版纹深、墨层厚、有较好防假防伪功能的精致货币。1955年3月1日,苏联印制的人民币3元、5元券和国内印制的2元、1元及角、分币共10种开始发行流通;1957年12月1日又发行了10元券。

图 7-3　第一套人民币

图 7-4　第二套人民币

后来,受中苏关系的影响,中国人民银行发布了《关于收回三种人民币票券的通告》,决定从 1964 年 4 月 15 日开始限期收回 1953 年版的 3 元、5 元和 10 元纸币,1 个月后停止收兑和流通。

为改变第一套人民币面额过大等不足,提高印制质量,进一步健全我国货币制度,1955 年 2 月 21 日,国务院发布命令,决定由中国人民银行自 1955 年 3 月

柒章　激流猛进　勇立潮头

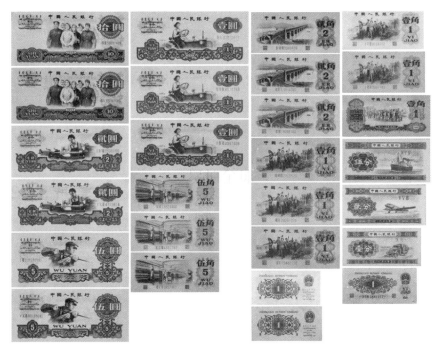

图7-5　第三套人民币

1日起发行第二套人民币，收回第一套人民币。

当时已消除战争给国民经济带来的影响，工农业生产迅速恢复和发展，商品经济日益活跃，市场物价稳定。国际财政在收支平衡的基础上，连续几年收大于支，国际商品库存、黄金储备也连年增加，货币制度相应巩固和健全，一个独立、统一的货币制度已建立起来。

50年代中期以来，苏联"老大哥"全面帮助，中国的所有工业、科技、教育基本上学习苏联，甚至是苏联援助的，民用工业更不用说了，中国的航空、航天、核武器等研制都有苏联人参与。委托列宁格勒和莫斯科印刷厂代印人民币，致使我国放弃了对关键技术的掌控，原有的设备和人员未能得到充分应用。

科研攻关成功增加与苏联谈判砝码

我国大面额钞票请苏联帮忙代印，谈判经历了一个曲折的过程。

1952年3月，经周恩来总理批准，中国人民银行总行派以北京人民印刷厂厂长贺晓初为组长，与制版负责人张作栋、美术专家周令钊、总行国外业务局印刷处长陈达邦（赵一曼的丈夫）四人组成的印制小组，随中国国际经济贸易促进会代表团于3月赴苏洽谈代印人民币事宜。

从4月7日到7月17日，双方就代印钞票的票种、印刷工艺、技术要求、质量标准、订购钞票纸的数量、价格、交货时间等，前后进行了14次会谈。

在4月17日的会议上，苏方拿出5元券正背面原版印样，整个制作远劣于北京人民印刷厂制作的印样，距离中方要求相去甚远。

贺晓初、陈达邦等印制小组的同志与苏方进行了多次反复交涉，苏方采取拖延和种种借口，不肯在代印的人民币上采用当时较高的印钞技术。

时间一天天过去，问题得不到解决，贺晓初、陈达邦等人非常焦急，如再过一两个月苏方拿出的版样仍不符合要求，那将直接影响生产和交货时间，问题就更严重了。

7月27日，贺晓初回国向人民银行总行领导汇报谈判工作。28日，总行向国务院做书面汇报后，让贺晓初去苏联继续洽谈，并携带北京印钞厂已准备生产的1元券票样，借以说明国内产品质量大为提高的尺度，要求苏方承印产品质量应该比中方产品更高。

贺晓初领命返回苏联后，在驻苏大使馆的安排下，与苏方再次会晤，除继续坚持我方印制高质量钞票的原则外，还向苏方提供了新带去的1元券票样。

对我方的要求，苏方依然未置可否。9月4日，苏方第二次提交印样，仍不符合我方的要求，依然不以高技术制作"变点""暗花"，甚至根本不做"黑白线圈线"。

一筹莫展的印制谈判组听到周恩来总理率领中国政府代表团参加156项援华工程项目的签订仪式正在苏联的消息，贺晓初、陈达邦等人立即找张闻天大使，请张大使向总理汇报我国请苏代印钞票、谈判遇到困难的情况。

周总理不愧为经验丰富的外交家，知道如何把握解决问题的场合和时机，在援华项目圆满签订后的庆祝酒会上，周总理不失时机地向时任苏共核心领导层成员、中央政治局委员、外交部部长莫洛托夫提出，我国国民经济第一个五年计划顺利进行，货币改革还得跟上，所以请苏方代印人民币……莫洛托夫当即表态，让秘书把这件事记录下来。双方商定，苏方指定财政部部长兹威列夫、中方指定张闻天大使，负责具体办好代印人民币事宜。

9月22日，张闻天大使受周恩来总理委托，与苏方财政部部长兹威列夫举行会谈。随后，贺晓初、陈达邦、张作栋等人与苏方进行了多次谈判，反复强调，新币制作技术要精细、复杂、防假。苏方一再询问我们能不能制作"黑白线圈线"。显然,还是不相信我们已掌握了这项技术。

当贺晓初等人拿出国内印制的票样给他们看时,他们又问:"你们是怎样制作的?"我方人员回答:"机器加手工。"又问:"开印了吗?"我方回答:"已经开印了。"回答了对方的一系列问题后,我方谦虚地表示,我国的"黑白线圈线""变点""暗花"等制作技术不够好,但已能防伪。

10月中旬,苏方见我国技术人员已经攻克了这些印钞技术难关,终于同意了贺晓初等人提出的技术要求。12月11日,中国人民银行总行通知更改票券印制计划,原定尺寸图案及颜色基本不变,仍照原计划,唯票面数额,由原5元券改为2元券,原10元券改为3元券,原50元券改为5元券。2元券由国内印制,3元及5元券均请苏方印制。1953年2月初,中苏双方就印样、数量、时间等事项签订合同。

3月19日,苏方制作完成了按中方设计的3元券原版印样,经印制小组检查,一切大的规格尺寸,各类花纹、花样、字样等都符合中央批准的设计稿和双方商谈的原则,但变点、花纹做得仍不是很理想。

考虑到时间及其他一些因素,贺晓初建议批准付印,张闻天大使批准同意。至此,经过一年多艰苦细致、反复磋商谈判工作,以贺晓初为首的印制小组完成了赴苏联洽谈代印新币的任务,于1953年4月回国。陈达邦继续留在苏联,作为中国人民银行国外业务局专门委员的全权代表,负责处理代印钞票质量监督和交接事务。

在贺晓初等赴苏联谈判的同时,柳溥庆协助王文焕局长,在国内紧锣密鼓组织科研开发。柳溥庆领军印钞技术人员,满怀为国争光的雄心壮志,夜以继日进行研制印钞新设备、新技术、新的防伪技术。柳溥庆每周都去厂制版科,给技术人员和工人讲授技术课,指导制版和手工雕刻技术人员研究印钞新工艺。商伯衡、张作栋、刘观润、鲍振增等技术组人员,以当时国外钞票为参考,剖析了美、英、法、德、奥、苏等国家纸币凹版雕刻的特点,借鉴和吸取其长处,大胆进行适合我国印钞设备工艺水平的创新,克服了重重困难,终于攻克了苏联人认为仅次于"原子弹"秘密的多种印钞尖端防伪技术,先后研制成应用万能雕刻机雕刻黑白线图案花纹新工艺,形成具有白线、黑线和底色圈线的黑白线图案;钢版雕刻暗花技术,使均匀的底纹出现深浅不同的线纹,呈现暗花的效果;雕刻钢凹版变点技术,用微小的各种图形排列组合成有规律的点状纹样,用于凹印产品的花纹图案上,具有提高整体美观视像、增强防伪功能的特殊效果,使我国的印钞水平赶上了苏联的印钞水平,摆脱了我国过去印钞技术落后、长期受制于外国的困境,在与苏联交涉过程中,要求苏方提高钞票防伪技术,增加了自信和主动的谈判砝码。

1955年3月1日,苏联印制的人民币3元、5元券和国内印制的2元、1元及角、分币共10种开始发行流通;1957年12月1日又发行了10元券。请苏联代印人民币对于提高印刷质量和数量,增加有效防伪,缓解了中华人民共和国成立初的印制供不应求的局面。但是,随着苏联国内政治局势的变化,中苏关系逐渐紧张起来。为防止苏联利用手中掌握的人民币版样,擅自印发钞票,扰乱中国金融市场,中国人民银行发布了《关于收回三种人民币票券的通告》,决定从1964年4月15日开始限期收回1953年版的3元、5元和10元纸币,1个月后停止收兑,不再流通使用。

在此之前,我国印制的工业体系也相应地建立起来,货币印制应当收归国有,我们要有自己的材料、技术、设备和工艺——印制问题日益严峻和紧迫,摆到了周恩来、陈云等人的面前。

再也不能这样过,再也不能这样活!1959年1月,中国人民银行总行正式向国务院上报更换新版人民币的请示,周总理做了认真的批示。同年,中国人民银行印制科学技术研究所成立,柳溥庆被委以所长兼印制局的总工程师的重任,全面负责印钞的技术工作。

柳溥庆感到周总理在注视着自己,党和国家把新中国印刷印钞的最高技术职级赋予自己。

要实现印钞技术全部国有化,要攻克的难关很多,包括票面设计、制版、印钞、机器、一次正反面八色印制工艺、特种油墨纸张和防伪技术等,都要一项项去攻克。

请老朋友陈宏阁设计制造印钞机

几件事情同时进行,先讲机器。

当时要到德国去买机器,领导说要订购6台,柳溥庆建议买1台,他说:

采购回来以后,完全可以仿制,6台要花多少外汇啊?我国有那么多外汇吗?我们有陈宏阁可以仿制任何机器。陈宏阁那个时候就已经是人民印钞厂的工程师,他会设计,擅长印刷机器制造,他们合作制造过凹印机,凹印机就是可以印钞票、邮票的机器,它不是平印,凹印印出来的纸有凹凸感,他还能设计制造三色平版胶印机。

因此,业内人士认为,柳溥庆最大的功绩就是:把陈宏阁引进到印钞行业,才有了印钞机设计研制的开始。

柳溥庆亲自办理,由上海市人民政府人事局写给国营六一四厂(上海造币厂)的介绍信,其中内容包括:

兹介绍陈宏阁由第一重工业局(技术员)到你处分配工作。

图7-6 陈宏阁赴京参加印钞机设计攻关

特注明是"国务院人事局四月十七日(55)国人事字第1381号函件,嘱直接介绍前往你厂。材料:自带。供给转移证:自带"。附带的供给转移证上写着544.1工资分,从1955年5月15日后,下半月由你处发给。

早在1952年柳溥庆就将陈宏阁介绍到六一四厂,请其设计、制造高速刨床等机器,解决硬币的厚度控制。1955年调动成功,陈宏阁正式进入印钞行业。当年还到天津五四三厂重点解决机器设备的运转保养,制定操作程序和进行岗位培训,1957年7月再借调到北京。

陈宏阁一到北京印钞厂,就将一台进口四色胶印机改装成四色接线印刷机。砍掉原有的印刷部,重新做一套四色接线印刷部装在此胶印机空缺位置。在改装的过程中,曾增加一个橡皮辊筒、一个压印辊筒和两个辊筒支架(边框),同时,将原机3套水辊和4个单色传墨辊取消。进口胶印机改造太可惜了,砍掉的东西少,添加的东西多,电机功率小,带不动。新印刷部与胶印机相互不适应,如果不成功,恢复困难。不如造新的。

陈宏阁工程师对上述方案提出异议,认为:引进四色机成本高,现在尚未发挥其效能,改装接线机还需增加投入,增加资金,值得考虑;增加2个辊筒后,不可能与原结构完全适应,会增加机器摩擦力,缩短机器寿命;如改成后使用一段时期,这部机器就不能恢复原有效能。建议:制造一台半裁四色胶印接线机,还可利用一部分现存的凹印机废辊筒。

进口单色凹印机又增加了一个颜色,改成了双色凹印机。技术改造是成功的。之后再考虑对擦版系统进行改造,即可大布擦版又可纸擦版。1957年8月19日,引进自动凹印机,经验证明能够达到两色的目的,保持两色紧密相连、不混淆。

按陈宏阁工程师所绘图纸主要部件及其动作符合技术要求,经改装后能达到双色凹印效果(凹印接线钞券),且能实现该机原先设计印刷效能,又不损伤该机原来结构和主要部件,故同意此方案。

施工图纸绘完后,柳溥庆组织座谈,重点研究:

擦版用纸在设计上能否达到布、纸两用;压版胶辊周径大小,对擦布(纸)的消耗关系很大,故尽可能改小,以免日常损耗太多;3个擦布架是否够用,有无保险或备用。

图7-7 《中国名片:人民币》一书介绍人民币的设计与印制

柳溥庆很看重陈宏阁在设计制造印刷机器方面的才干,积极为陈宏阁发挥作用创造机会。陈宏阁先到北京参与145甲型印钞机的研制工作。再到五四二厂总技师科任技师、工程师,并被委任245甲型印钞机的总体结构设计工作,挑起了研制国产印钞机的重任。

2010年《中国名片:人民币》一书,专门提到研制245甲型双面印钞机,开始解密,详细报道了领军人物陈宏阁研制245甲型印钞机的过程。

几方面的资料证明:我们在没有外援的情况下,靠自己的力量土法上马,集中力量终于破解了"亚核"秘密,245甲型双面印钞机的定位是双面8色接线、套印、叠印底纹胶印机,并且在技术工艺上有创新和突破。

印钞技术人员群英会,领军人物的幕后工作

还没等到苏联问题出来,中国人民银行印制局悄悄成立研究机构和研发小组,印制管理局王文焕、贺晓初、杨秉超、柳溥庆等领导和厂领导商量后,决定扩大研制队伍,调上海五四二厂工程师陈宏阁加入研制小组。"集色印钞"工艺及设备的研制进入了新的阶段。

自己研制大型机器,研发纸张油墨,集各地有这方面专长的技术人才齐聚于北京,北京指名专家陈宏阁到场,指令一到,全部开绿灯放行,各路精英齐聚北京。

上海五四二厂考虑一方面陈老需要陪同照顾,另一方面也需要培养接班人,就派23岁的青工刘正祥跟了陈宏阁到北京去。当年的小刘,现已80岁的高级工程师刘正祥(后改名朱焕明)回忆道:

研发小组由中国人民银行总行印制管理局副局长贺晓初领衔,北方八路军晋察冀印钞厂、冀中北海印钞厂、南方新四军江淮银行印钞厂(一、二、三局)和全国来的专家,会师北京五四一厂,由厂长直接抓,2个副主任负责,把实验小组班子搭起来,先做实验后定方案,大家积极性很高。由于高度保密,无法再现当时的情景。讨论会在工厂的会议室举行,规定不准记笔记,想法、方案一律不准带出会议室,当时介绍了与会专家,对陈宏阁有特别的介绍:

"上海来的陈老另有一功——上海的印刷技术在全国是一直领先的,中华人民共和国成立前世界上所有先进的印刷设备,都在上海和香港,陈宏阁对此了如指掌,他不但懂得印制工艺,还能修理开动机器,陈老在见多识广的基础上,还会设计,对胶印有特别的研究,1950年做成的对开三色平版胶印机是他的天才杰作,是印钞机的前身和样机,他有成熟的设想,请先谈谈"。

58岁已白发苍苍的陈老先生是这团队的长者,特别引人注目,于是他根据自己的实践经验,详细地谈了对印钞机械的构想:

"印刷原理是这样的,给墨装置→向色模版着墨→色模版滚筒向集色橡皮滚筒传墨→集色橡皮滚筒向接纹版滚筒传墨→接纹版滚筒将图文的墨传给橡皮滚筒;纸张在橡皮滚筒与压印滚筒压力作用下,将图文从橡皮转印到纸上,以完成第一次底纹的印刷"。

……

大家的意见慢慢集中起来,一致认为陈老的设想可行。也像招标一样,由各地先搞实验,北京五四一厂胶印机车间副主任、31岁的李根绪,根据陈老提出的原理和沈永斌留下的图纸,连夜抢先把方案做了出来,但结构有所变化。当时上级决定机器由五四一厂来做,机器代号是五四一,倒过来念"145"甲型印钞机。方案定下来开始攻关,陈宏阁具体指导,讨论选用什么结构,开始亲自设计图纸。

时在1958年,沈永斌和陈宏阁坐在了一起,也就是说沈老光荣退休要离开了。

据介绍,沈永斌原来也是商务印书馆出来的,他有非常丰富的实践经验,动手能力很强。他留下的"图纸"还是象形的草图,要真正制作标准化的机器,画出总体布局的总图和各部件的分图以及零件图,有许多工作要由陈宏阁来设计完成。

《北京印钞厂厂志》介绍:

图 7-8　印钞机设计团队欢送沈永斌光荣退休合影
一排左起：鲍振增、陈宏阁、沈永斌、于成群、朱焕明；二排左起：刘国栋、陈生文、李根绪、喻广华、关立桐、唐金铎

145甲型印钞机的工艺特点是：色模版与印版均是平凸版，色模版设计成互不重叠的色块图案，而接纹版则按原稿设计成点线组成的图案，集色橡皮滚筒集中各色模版传递的多色油墨，再传递给接纹版滚筒，在一块印版上实现多色的着墨效果，改变了传统干胶印工艺一版一色或给墨装置只能纵向夹色，纵向着墨，图案色彩变化需多色套印的格局。新工艺可以获得图案，实行一版多色，无穷变化，难以仿造的效果，是证券印刷防伪性较强的工艺手段之一。

领导统一规划开始研制我国自己的新型印钞机，成立了145甲、245甲型双面印钞机设计组设计指导——平凸印一版四色接纹印刷机。

145甲型印钞机是50年代末、60年代初印制系统首次自行设计，上海人民机器厂制造的具有奥尔洛夫印刷工艺特色的四色平凸版干胶印机（亦称接纹机）。该机输纸装置半自动化，侧规是拉条式结构，进纸采用上摆动递纸装置，集色部滚筒呈卫星式排列，压印时滚筒走台肩，给墨装置采用东德波吕格夫胶印机结构，墨斗按工艺要求可以做成夹色，着墨辊设置两根82 mm胶辊，进纸和滚筒离合采用手动脚踏式半自动的机械结构。技术参数21项（略），机器重15吨。

此机一共造了3台，用于高防伪证券印刷。

《北京印钞厂厂志》上有记载：

平凸印一版四色接纹印刷机全机结构由输纸部、接纹印刷部、出纸部3个部分组成。接纹印刷部的结构有色模分色、传墨、集色胶皮辊筒等机构。印制出来的图案、花纹具有四色接纹的特点。该机技术新颖，防伪性能强，印刷成品质量稳定。该机在国内首创，属国际上先进技术。

该机规格及效能：（略）

参与发明者：国营五四一厂、国营五四二厂、国营六一四厂。李根绪为主，参与该机研制的其他人有：唐志恒（工程师，解决设备的动力）、陈宏阁，在设计、绘图技术上具体指导。国家科委颁有发明证书。

陈宏阁完成245型印钞机主体设计

不久，在145甲机的基础上，245甲机开始研制。245甲机的主体设计师是上海印钞公司的陈宏阁。

不久前，笔者陪同柳溥庆家乡的市政府办公室领导在上海印钞厂参观生产流水线时，见到展览上介绍：

60年代初，上钞公司陈宏阁、朱焕明等人在145甲机的基础上，研制成功245甲平凸版多色接线印钞机，实现了双面八色接线、叠印一次成型，从而确立了人民币"集色印刷"的技术标准，其工艺流程运用至今。

245甲机的研制是一个艰苦的过程，机器长13米、高4米，几万种零件必须全部印在脑子里，每一个细节都要反复推敲、仔细确认，一丝一毫的差错都可能使这个大家伙变成一堆没用的废铁。由于245甲机采用的是比145印钞机更复杂的接线印刷技术，很多技术上的难题没有前车之鉴，一切必须自己解决。经过3年的不懈努力，245甲机终于在1962年11月试制成功。从145甲机到245甲机，这种机型开辟了我国印钞接线技术的先河，从技术工艺上讲，245甲机较145甲机有一个质的变化。从此前的四色集印到245甲机的八色集印，从原来的单面到双面印刷一次完成，245甲机不是简单的数字增加，而是完成了一次质的飞跃。

柳溥庆当时是印制局主管技术的总负责人，他非常清楚研发人员的艰辛，他全程参与245甲机的研发，多次参加设计方案讨论，提出建议，进行具体指导，并尽可能地为研发团队提供有力支持。从最初前期设计，到研制过程的具体指导，他可谓全力以赴。从245甲机立项之后，柳溥庆多次来到现场，询问工程进度并

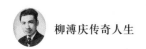

■ 链接：研制245甲型印钞机　为国争口气

要有高质量、高防伪的货币，必须要有达到国际水平的印钞设备和工艺。走"独立自主，自力更生"之路，245甲机的研制是从1959年起步的。1960年初，一个跨企业的245甲型印钞机设计小组成立了。245甲机的定位是双面8色接线、套印、叠印底纹胶印机，对于采用干胶印还是湿胶印，分歧很大，特别是如此多色的干胶印工艺，在印刷行业中很难找到依据。多数小组成员，包括领军人物陈宏阁，大多没有受过中等以上的专业训练。当时曾发生过这样的事，要制造一只凸轮，可是又不会计算，他们的办法是，先用木头估摸着削一只装在机器上慢慢转着试，发觉不妥就拆下来一点一点磨，一直磨到符合要求，再依葫芦画瓢，做一个铁的。但设计245甲机的复杂程度可不是做一个凸轮，8种颜色的双面接线、套线、叠线胶印机，即使在国际上也是很先进的。

图7-9　研制245甲型印钞机成功的报道

提出建议。

柳溥庆对科技人员有着特殊的感情和特别的理解，因而总能及时提供最切合实际的帮助。他是印制行业首屈一指的专家，他的关心与建议，对245甲机研制的顺利推进，有着重要的意义。245甲机是中华人民共和国成立后印制行业的重要发明之一，就其主要性能而言，已超过国外同类设备。

朱焕明与他的师傅陈宏阁一样，也是一名从车间工人成长起来的印钞机械设计专家。在陈宏阁、朱焕明研制新印钞机的过程中，多次得到柳溥庆的具体指导和大力帮助。

这部1965年获国家发明证书的245甲型双面印钞机的改进特点，有关书中有详细介绍（略）。

《上海印钞厂厂志》记载：

"1962年，在印制局的领导和组织下，由厂机械设计组朱焕明、李根绪（五四一厂）、陈宏阁、糜望斗等设计研制成功的245甲型双面印钞机，是专供印刷多色接纹，防假性较高的专用印钞机，属我国首创……1965年2月该机获得国家发明证书"。

柒章　激流猛进　勇立潮头

图 7-10　凹印多色接纹循环擦版法和平凸印一版四色接纹印刷机，获中华人民共和国科学技术委员会颁发的发明证书

与画家们设计沟通的不二人选

时光穿越到 20 世纪 60 年代，1964 年 2 月 10 日下午 6 时，在丰泽园饭庄举行宴会。

宴请人员如下：

中央美术学院院长吴作人，党委书记兼副院长陈沛，副书记兼办公室主任李文，副院长刘开渠，教授罗工柳及夫人杨筠，教授周令钊、侯一民、邓澍、伍必端、陈若菊；中央工艺美术学院党委书记兼副院长刘鸿达，副院长雷圭元，副院长张仃、陈叔亮；轻工业部造纸总工程师陈彭年；总行领导曹菊如行长，李副行长；印制管理局杨秉超副局长，郭明显副局长，柳溥庆总工程师；五四一厂魏仁斋厂长，翟诚书记，刘路双副厂长，张作栋主任。

当时美术界、美术教育界鼎鼎大名的人物赫然在目，他们是：

陈　沛　　中央美术学院书记
吴作人　　院长
齐　速　　副院长

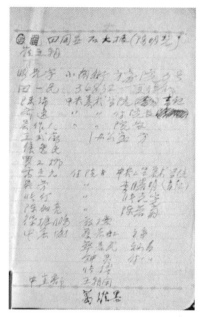

图 7-11 参与人民币设计座谈的美术界人士名单

王式廓　侯逸民　罗工柳

高杰元　中央工艺美术学院副院长

李曙明　书记

吴芳　张仃　张光宇　陈叔亮　陈若菊　徐振鹏

中国美术家协会　蔡若虹　华君武　钟灵　张谔

中宣部　王朝闻　葛维墨　田一民

名单上还有田国安、石大振（北京印钞厂）、陈明光和崔立朝（印制研究所副所长）。

柳溥庆召集这些美术家在一起，显然是与人民币的美术设计有关。

其中王式廓、罗工柳、侯逸民、陈若菊（陈与周令钊为夫妇）、葛维墨和邓澍（侯一民的夫人）等直接设计的素描稿，后来均被人民币的图案所采用，研究工艺美术的人也起了相应的作用。

其时，柳溥庆以印制研究所所长身份参与领导组织协调，以他的美术素养与同道沟通起来更加亲切、融洽和自然。因为在美术的学历方面，柳是这些人的前辈。年龄上只有张光宇与他同岁，其他人都比他小 20 岁左右。

柳溥庆 1923 年毕业于上海美术专科学校。后来赴法国勤工俭学，主要学的也是美术。在出洋留学的画家中，柳溥庆与林风眠、徐悲鸿几乎同时。稍后才有颜文梁、刘开渠、吴作人、张充仁等。因此，柳溥庆犹如美术界徐悲鸿式的人物。

人民币印制是国家行为，参与美术设计的人物政治可靠，业务一流。王式廓是从解放区延安鲁美来的，侯一民是北平艺术专科学校的地下党，周令钊曾在抗战时武汉三厅工作，罗工柳是从杭州艺术专科学校毕业去延安鲁艺，后来游学苏联，他是人民币设计组的组长。据后来解密报道，这些画家都有参加革命实践的经验，对党和国家有深厚的感情，接受任务后，常常周末被接到五四一厂，干一天一夜，星期天很晚再送回家，根据人民币设计的思路方案进行绘制。

王熙民的夫人包阿华打电话给侯一民，侯老回忆说，我们的工作不能与柳溥庆他们比，我们是幕前，人家是幕后英雄，了不起，他们是科学家、工程技术人员，我们只是一个画画的。

了解这段历史,就会发现周总理知人善任。批准成立中国人民银行印制科学技术研究所,柳溥庆是掌握人民币印制技术全过程,并与画家们协商沟通的不二人选。

　　60年过去了,先辈们也已早早离去,笔者不知道柳溥庆和画家们一起研究的细节故事,如减少肖像的灰面,突出版画效果;又如柳溥庆指出周令钊作业的瑕疵,周是柳在1936年办的印技传习所的学员,他的学习的成绩列第一;再如柳溥庆动手修改和平鸽的画稿:人民币的枣红色和植物绿色调的微调,素描稿的线条要更适应制版的要求……

　　画家们也不全了解柳溥庆的革命和美术经历,他谦虚谨慎,自己不会去宣扬。但团队在工作时,都会感受到柳溥庆的学识魅力。

印钞纸和水印技术

　　柳溥庆担任中国人民银行总行印制管理局的印制科学技术研究所所长,还兼任该研究所钞票纸张、水印课题项目组的负责人。该组的代组长是夏祥源,组员有高慧兰、袁荣广、郑新臣。

　　课题组人员反映柳老对工作认真负责,积极组织设计雕刻人员试制第三套人民币的水印工作。1959年,他多次亲自指导,并精心修改水印设计稿,贰圆券水印设计上报总行,并经曹菊如行长批准。此后,他又积极组织并指导雕刻、拼版、镀版、试压水印网等。

　　贰圆券的水印设计稿设计精致,为五角星和长方形古钱,它们上下左右交叉排列,组成为满版水印图案。五星和古钱分别有3个层次,并有黑、白、灰3种颜色的水印图案,经抄纸后,效果显著。同年秋天,在轻工部保定钞票纸厂的合作下,水印钞票纸反复在长网机上试印成功。此水印钞票纸产品问世后,曾印制了我国人民币贰圆券、壹圆券、壹角券。这是我国有史以来,首次采用自己生产的国产水印钞票纸印制钞票,从而结束了我国长期依靠进口水印钞票纸印制钞票的时代,积极有力地支援了我国的经济建设,促进了金融事业的发展。

　　第三套人民币从60年代发行,经过了70年代、80年代,流通了20多年,它是我国货币流通时间较长的一套货币。至90年代中期,这一套货币曾成为我国集币爱好者的抢手货。在北京、上海、沈阳、成都的集币市场上,以珍品流通和发售。当时贰圆券每张售价300元,壹圆券每张售价150元,1角券每张售价100元。为什么这3张钞票卖价昂贵呢?因为这3种货币均为五角星和长方形古钱水印纸,是我国第一次研制成功的中国自己的水印钞票纸,并且是中国自力更生的首创产品。

柳先生认真负责的工作作风,给青年人留下了非常深刻的印象。他知识渊博,精通印刷和绘画的各个领域,并且对待工作一丝不苟、精益求精。

中国人民银行印制科学技术研究所高级工艺美术师郑新臣回忆当年:

> 记得有一次,他说上级领导交给我设计固定水印和平鸽的任务。为此,柳先生亲自为我买来一只白色、漂亮的和平鸽。我用了一周的时间设计了3种稿件,拿给柳老师看。他又亲自指导我画了一张鸽子飞翔的写生素描稿,每张稿件,他都亲自提出修改意见,直到画得完全满意时止。后来因为内容改变,改为天安门固定水印。虽然和平鸽稿未被最后选用,但这次绘制过程,令我终身难忘。
>
> 柳老对青年人热情帮助,凡有问题,他有问必答。他年龄虽高,但在对青年传授技艺和知识时,从不怕麻烦。指点我们画图,常常讲了一遍又一遍。他还亲自动手,给我们示范,多次拿给我们看他青年时期在法国里昂国立美术学校画的人物素描稿,并且给我们讲授如何才能把图画好。他的谆谆教导,使我受益匪浅。在此纪念缅怀柳溥庆诞辰100周年之际,我回想起他那令人难以忘怀的丰功伟绩。柳溥庆先生是值得我们年轻一代永远学习的榜样!

"文革"中,研究所的人员从1969年5月开始,分3批下放到河南省信阳市淮滨县五七干校劳动。柳溥庆的弟子袁荣广、郑新臣奉命于1969年12月支援三线建设,赴四川旺苍筹建钞票纸厂(即东河公司502厂)。袁荣广任车间主任、技术科长,郑新臣任车间副主任、主任。袁荣广、郑新臣在502厂不仅承担水印雕刻工作,而且精心培养了一批学生,带出了一帮徒弟。1974年11月,经财政部批准,502厂招收了10名技校生,专门培养水印设计与雕刻技术。1977年、1978年报经国家计委、劳动局批准,分别招收了4名和5名初中在校生,培养美术雕刻。技校班全称为"东河印制公司美术特种技校"。通过2年专业理论和实际操作的学习,这两批学员分别于1979年8月、1980年8月毕业,留水印车间从事水印雕刻工作。

柳溥庆是新中国钞票水印研制的开拓者和领导人,他培养的技术人员,已成为企业科研的栋梁之材,代代相传,犹如"星星之火",如今已在印制行业形成燎原之势……

柒章 激流猛进 勇立潮头

设计制版有印制工艺保证

第三套人民币,开创了我国印制货币新的里程碑。

第三套人民币纸钞于 1959 年开始设计,自 1962 年 4 月 20 日发行枣红色 1 角纸币起,到 2000 年 7 月 1 日停止流通,前后历时 38 年。这套纸钞共有 1 角、2 角、5 角、1 元、2 元、5 元、10 元 7 种面额,其中 8 种原版(1 角券由红色改为黑色,有 2 种原版)、11 种版别。

《中国名片:人民币》一书中写道:"第三套人民币是在我国全面确立了社会主义制度,开始社会主义经济建设的新形势下设计、印制的,是完全依靠我们自己的力量完成的,设计印制过程中充分体现了独立自主、自力更生的时代精神"。

在《当代中国货币印制与铸造》一书中,对第三套人民币的设计与印制评价道:"概括起来,第三套人民币的设计印制有超前意识,在设计印制和钞票纸技术上取得新突破,开创了我国印制货币的新的里程碑",谱写了中国印钞事业史上"自力更生、奋发图强、赶超世界先进水平的光彩篇章"。

第三套人民币的研发起始于 1955 年,时任中国人民银行印制管理局总工程师兼生产技术处副处长(主持工作)的柳溥庆,积极协助王文焕局长开始组织调查、制定方案,提出新版人民币的设计与印制的总体方案及组织实施计划。

在新版人民币的设计阶段,聘请中央美术学院和中央工艺美院的罗工柳、周令钊、侯一民、陈若菊、邓澍等专家与印制系统张作栋、石大振、贾鸿勋、刘延年、沈乃镛等专业技术人员组成设计绘制小组,经反复修改,设计出了新方案。在设计过程中,曹菊如行长数次批示,提出具体要求。

1958 年年底,方案基本成熟,上报中国人民银行总行。北京印钞有限公司 2008 年撰写的《百年北钞》一书,对第三套人民的设计研发和印制生产过程有很详细的记叙,现摘录如下:

> 1959 年 1 月 23 日,中国人民银行总行向国务院上报关于人民币更换新版的请示,阐述理由有四:
>
> 1. 第二套人民币是 1950 年新中国成立初期设计、1952 年开始生产的,它只能反映一定历史时期的技术和文化艺术水平,与当前我国大跃进形势比较,显得很不适应。因此,有必要重新设计和印制一套能够反映我国政治经济形势和科学技术与文化艺术水平的新版人民币,提高人民币的印制质

量,使它更加耐用和美观,使用便利,又能降低成本,节约印钞开支。由于我国科学技术的发展,现在,已有可能设计和印制一套技术水平较高的新版人民币。例如:在凹版印刷方面,已经研究成功多色凹印;在胶版印刷方面,已试成四色底纹接线机,即在一根线上可以印出4种颜色;油墨的耐磨和耐光性能均有提高;高级造纸厂已建成,经过努力,印制出来的钞票基本上可以达到苏联代印钞票的技术水平。

2. 1958年已发现多起一元券假人民币,防假斗争要依靠发动群众,但在一定程度上也取决于技术水平的高低,不断提高钞票印制水平,造假就会更加困难。

3. 第二套流通中的3、5、10元券都是苏联代印的,考虑到这些大面额人民币迟早要由我们自己印制,现在既然有了条件,就应当争取自印,以利逐步提高技术,还可以节约外汇支出。

4. 现流通的钞券在使用中发现诸多弊病,如1角券和5角券不易区别颜色,10元券票幅过大,不便携带和保管,人民群众对这些缺点,已提出改进意见。

基于以上情况,中国人民银行总行认为有必要集纳国内外印钞事业的最新技术成就,重新设计和印制一套新版人民币。值得一提的是同时在新疆发现大量使用10元券人民币,可大面额10元券并未在新疆发行,这是一起有深刻复杂的国际背景的事件。这不能不引起上层的关注。

周恩来总理批示

柳溥庆落实周总理的指示。

1959年2月14日,以上请示报经中央政治局各位领导审阅,周恩来总理作了几点批示:①方针同意。②内容可以,但反映农业的多了一点,应加一张反映教育和生产劳动相结合、干部参加劳动的。最好把1角券改成这样的内容,因为1角券学生用得多,对他们可起教育作用。③有些要改一下,5元券正面是钢铁,背面是石油,应把背面的石油改为煤炭;2元券正面是机械,背面是煤炭,应把背面的煤炭图案改为石油。④画占的面积太大,看起来不松弛,色彩不太协调。⑤人像都是扁脸、塌鼻子,脸型没有什么差别。1元券的拼音文字弄错了。

看到周恩来总理从政治内容、艺术形象、拼音文字等方面都做出深刻的批示，柳溥庆眼前又浮现周恩来和他在一起的景象，其知识之渊博，作风之细致，实在令人敬佩。他只能从中央新闻电影制片厂的纪录片中仰望，总理正当时，皮肤白里透红，鬓角刮得发青，浓眉大眼，鼻直口阔笑吟吟，浅灰色的中山套装，挺括而又齐齐整整，头势清爽，皮鞋铮亮，周总理的气场足，到哪里都能把事情搞定。

遵照周恩来总理的批示，在认真学习国务院领导批示的基础上，柳溥庆会同美术专家们和五四一厂的设计人员们，经过反复修改，把美术创作与印钞专业技术有机地结合起来，设计出新方案。1959年6月6日，人民银行总行再报关于新版人民币设计稿样修改后的请示：关于人民币更换新版以及新版设计稿样，已于2月经中央和国务院原则批准，总理对稿样设计做了详细批示，遵照周总理指示，经反复研究修改内容如下：

1. 1角券主景内容已改为教育与生产劳动相结合和干部参加劳动图景，图中有学生，也有干部，从楼房背景中可以理解为学校，也可以理解为机关；既可理解为教员和学生参加生产，也可理解为干部参加劳动，共同反映智力劳动与体力劳动相结合的政策。

2. 3种角券(1角、2角、5角)的背面图案，设计了两套画稿。第一套是长方形花框，国徽放在中间；第二套图案由两部分组成，左边是花边图案，国徽放在右上方。美术专家认为第一套较好，图案结构端正，富有艺术感；但印钞工人和干部则认为第二套较好，形式新颖，结构活泼，感到第一套图案过于方正，图画占的面积过大，比较呆板。经研究认为第二套方案除了有上述优点以外，由于国徽不放在正中，可以避免在流通中折破国徽，在形式上又可区别于各种元券，便于辨别，所以认为第二套为好。

3. 2元券和5元券的背面主景已经修改，修改后的2元券正面主景仍为"机械"，背面改为"石油矿井"；5元券正面为"钢铁"，背面改为"露天煤矿"。

4. 前次报送的10元券图案，正面为"工、农、商、学、兵"，背面为"人民公社化"的新农村远景。

鉴于周恩来总理曾指示设计稿反映农业景象太多，经研究拟改为天安门图案，象征着伟大祖国的富强和团结。

人民币真正体现人民当家做主，工、农、商、学、兵和各族人民的肖像成为人民币的主图案。

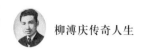
柳溥庆传奇人生

需 要 防 伪

柳溥庆做了深入的研究。

为了加强防假效能,计划在 1 元、2 元、5 元、10 元各券中分别设置防假水印,并且结合图景的结构,安放在各券图景的底纹空白处,务使水印明显,便于人民鉴别。水印图案初步设计稿 3 种:和平鸽、国徽、天安门。水印制作在国内还是初试,尚无经验,在生产前还要不断地试制改进。

人民币所用"中国人民银行"行名和金额数字,原有蒙文、维吾尔文、藏文等少数民族文字,民族事务委员会建议在新币上增添壮族文字,并且按蒙、藏、维、壮顺序排列。

以上画稿呈报后,1959 年 10 月 14 日,国务院批示 10 元券改用新的天安门图案,其他同意。1961 年 10 月 16 日,中国人民银行总行又上报"缩小新版人民币票幅和调整设计稿"的报告。主要内容是:根据两年来我国农业由于自然灾害的歉收情况,为贯彻执行"调整、巩固、充实、提高"的方针,在提高印制技术和设备防假性能的基础上,最大限度地节约原棉等纤维原料和减少胡麻油消耗,拟制了缩小票面尺寸方案。10 月 29 日国务院批准同意。

1962 年 3 月,为了进一步贯彻增产节约和提高印钞生产能力,保证发行需要,经国务院批准 3 种角币的尺寸再缩小。按 1953—1962 年现行人民币 3 种角币的总产量为基数推算,可节约纸张 772 吨,油墨 503 吨,共节省 1 490 万元。印制工艺技术由两面凹印技术,改为正面用凹版,背面用胶版印刷,可增加主币生产能力。关于 1960 年印制的新版 1 角券,在品种、规格、尺寸上多了 1 种,拟作为一个过渡的品种,在印制年份上予以区别。

首创水印为国争光

与陈彭年总工程师合作,柳溥庆领导试制成功第一批国产水印钞票纸——五星古钱图案水印纸。为摆脱印钞纸依靠进口的现状,1955 年在柳溥庆领导下开始向研制国产水印纸进军。1957 年柳溥庆赴苏联考察。

传奇的是:他揭开了苏联制造水印纸的核心技术——网笼技术。

尽管参观时苏方保密措施严格,规定不准问、不准录像、不准拍照、不准记录,只能走马看花。他独具慧眼,凭着灵感和超凡的智慧,发现了网笼的一些迹

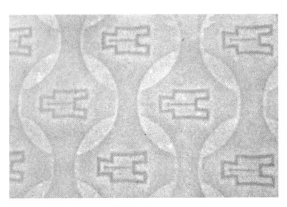

图 7-12 古币水印纸样张

象,在脑海里留下来网络的构造和特征。回国后,他反复琢磨,推敲网笼结构制造水印纸的原理,提出了网笼原模的方案。

1959年印制科学技术研究所成立以后,柳溥庆所长亲自负责水印原模研制。他带领水印原模团队,提出研制网笼原模方案,从设计、雕刻、电镀制版、制网4道工序开展研究。经过一系列实验,克服了一个个技术难关,终于取得成功。

1959年秋在央行,柳溥庆总工程师和轻工业造纸局陈彭年总工程师领军的团队合作下,在一无苏联专家、二无国外资料、三无设备的情况下,自力更生,首次试制成功首批国产水印钞票纸,即五星、长方形古钱水印纸,并用于印制我国的2元券、1元券和1角券。

1962年印制科学技术研究所开始实施水印新工艺探索研究计划。经柳溥庆领军的团队艰苦努力,印制科学技术研究所试制出的可用于10元券的天安门图案水印,为生产精细图案水印纸积累了丰富的基本数据,打破了英、法、美及苏联对水印技术的垄断,开辟了我国独创的制造水印纸的道路。

1963年年底,在保定钞票纸厂展开大会战,邀请全国25个单位的造纸、机械、设计、安装、美术、雕刻、焊接等专家和专业技术人员到保定。在轻工业部陈彭年和人民银行柳溥庆的统一指挥下,攻克了水印纸的技术难关,经过半年多的试运转,保定钞票纸厂原网印纸机试制成功,生产出天安门放光芒的固定水印钞票纸,应用于第三套人民币10元券中。

1964年10月28日,央行轻工业部有关领导共同验收了新中国首家钞票纸厂——604保定钞票纸厂。组织实施了"水印新工艺试探性研究计划",试制成功我国第二批国产水印钞票纸,经数十次对印钞纸进行"表面施胶"试验,使钞纸耐折度超过6 000次,达到世界先进水平。

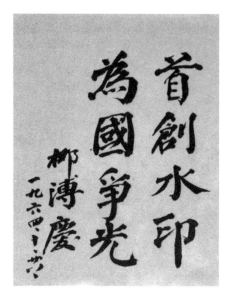

图7-13 柳溥庆为六〇四厂成功研制水印钞票纸题词

保钞周金生回忆,当时年逾花甲的柳溥庆心潮澎湃,当场挥毫题写,八个大字:

"首创水印,为国争光。"

这是迄今为止,我们所见到柳溥庆唯一的书题词。柳溥庆团队研制成功水印纸,获得了轻工业部、河北省科技成果奖,并列入全国114项科技成果,载入国家科技成果的史册。

从此中国印钞史翻开了崭新的一页。中国成为世界上有自主知识产权、自力更生生产水印钞票纸的发展中大国,彻底摆脱了对外国的依赖,自立于世界货币生产之林。

图7-14 柳溥庆(一排右二)等验收组领导专家与六〇四厂领导合影
第一排:(左六起)保定地委专员杜森尧,轻工部第一副部长、党组书记孔祥桢,中国人民银行副行长乔培新,保定市副市长王铁
第二排:(左六起)轻工部造纸局总工程师陈彭年,国营六〇四厂党委书记高庆魁,轻工部造纸局局长梁成恭,国营六〇四厂厂长何庸
照片提供:张秋,保定钞票纸厂工会主席

柒章 激流猛进 勇立潮头

印钞纸依赖进口的时代结束了

1964年10月28日,现在的保钞纸厂(原来代号为六〇四厂)举行了水印钞票纸的验收仪式,迎来了参加现场活动的领导:轻工部第一副部长、党组书记孔祥桢,中国人民银行副行长乔培新,保定地委专员杜森尧,轻工部造纸局局长梁成恭,保定市副市长王铁,印制局总工程师柳溥庆,轻工部造纸局总工程师陈彭年,轻工部轻工设计院总工程师宣桂芬。来宾和六〇四厂党委书记高庆魁、厂长何庸、副总工程师张兢人一起验收六〇四厂生产出被誉为"争气纸"的固定水印钞票纸,并在内部宣布:我们用上了自己生产的钞票纸,钞票纸依赖进口的时代结束了!

为此柳溥庆呕心沥血,做出了巨大的努力。

众所周知,钞票纸是要专门生产国家货币的专用纸张,有了钞票纸在上面进行水印则是世界纸币的主要防伪措施之一。生产出自己的水印纸,填补印钞防伪技术空白,是我们中国几代印制人的梦想。

回顾世界历史,我们了解到水印技术最早产生于13世纪的意大利,后来用于纸币防伪。在18世纪的德国,率先在新发行的萨克森纸币上应用了水印。到了19世纪后期,世界上许多国家都在本国的纸币上应用了水印。在西方资本主义国家和当时的苏联,水印工艺技术已是成熟的技术。

回顾我国的试制历程,有几个节点要注意:1955年,在柳溥庆的组织领导下,开始向研制水印制造技术攻关;1956年夏祥源、袁荣广赴前民主德国学习水印制造技术;1957年柳溥庆赴苏联考察赤岩印制局造纸厂取得技术上的借鉴;1959年局技术研究所成立,柳溥庆任所长兼该所的纸张研究组组长,夏祥源为代组长,组员有袁荣广、郑新臣、高慧兰。另有2名来自保钞公司的宋怀章和刘汉德也参加该组工作,印研所负责水印原模研制,保钞纸厂负责包括制网设备和专用铜网在内的全部工艺技术。

宋怀章和刘汉德首先从还原柳溥庆1957年在苏联参观时看到的水印网笼做起,对水印纸的制造原理进行反复推敲、琢磨,然后进行相关实验。没有设备和工具,就向北钞公司求援。如压制水印时,由于没有专用工具,就用北钞公司的打包机代替。进行热处理试验时,由于没有相应设备,就土法上马,用手工一点点解决;制网时,由于没有专用铜网,就用造纸用的铜网代替,一步步摸索,成功了,马上总结,对成果进行固化;失败了,赶紧查找原因,尽量少走弯路。

柳溥庆不顾年事已高,经常在北京、保定两地奔波。囿于当时的条件,柳溥庆每次到保钞纸厂,都只乘火车硬座。到保定后坐公共汽车到厂区,有时连公共汽车都没有,他就和同行的年轻人一起乐呵呵地步行到厂。研制过程中,柳溥庆多次听取研制小组的进度成果汇报,协调联系相关企业做好配合工作,鼓励研制小组人员解放思想、大胆尝试。仅用了一年多的时间,就在原模图案设计、材料选择、材质确定以及水印生产专用铜网合金参数、网笼制作工艺、制网焊接工艺参数以及相关专用设备选型确定等方面取得了长足进展,为水印这一工艺技术研制的突破和成功运用奠定了基础。

1959 年 4 月 5 日,保钞纸厂生产出第一张无水印钞票纸,纸机初步具备水印纸大型生产试验条件。试验准备期间,柳溥庆与在现场指导试制的轻工业部造纸局总工程师陈彭年以及参与试制的北京造纸工业试验所、保钞纸厂技术人员一起,共同商讨印模、水印网的位置设置与纸张强度的关系,共同摸索水印制作、网部滤造条件以及纤维、水印辊压力等工艺参数,共同寻找原模与钞纸工艺技术相吻合的结合点,并对水印清晰度等关键技术指标提出改进建议。

1959 年秋,经局技术研究所与轻工部合作攻关,试制成功了古钱、五星满版水印钞票纸。该纸已用于印制我国贰圆券、壹圆券、壹角券。1962 年,在柳溥庆的"水印新工艺试探性研究计划"指导下,技术研究所研制出了可用于 10 元券上的天安门图案水印。该水印与第一批水印钞票纸的水印相比,其特点:所印出的水印线条轮廓比较清晰,色调层次比较复杂,尺寸收缩比较容易控制,水印位置比较容易掌握,为生产精细图案水印纸,创造了基本技术条件。

保钞纸厂在技术研究所完成天安门固定水印后,开始试制生产固定水印钞票纸(103—0 号纸)。1962 年,保钞纸厂在圆网纸机未到位的情况下,开始组织技术人员在长网纸机上对相关技术进行摸索。1962 年底,圆网纸机建成后再次组织正式试制。虽摸索到部分工艺条件,但在关键技术方面一直没有突破性进展。

鉴于严峻的国际形势和国内没有大面额钞票可用造成的种种压力,1963 年底,人民银行、轻工业部召开联席会议,决定借鉴大庆油田"会战"经验,成立由轻工业部副部长王新元挂帅,造纸局局长梁成恭、造纸局总工程师陈彭年现场指挥实施的圆网会战指挥部,并先后调聘中国科学院、中央美术学院、一机部焊接研究所、轻工业部安装公司、设计院以及天津造纸总厂、辽阳造纸厂、吉林造纸厂等全国 25 个单位的造纸、机械、安装、设计、美术、雕刻、焊接专家、技术人员来到保定,会同保钞公司干部职工一起,全力攻克技术难关。

1964年7月,柳溥庆奉人民银行、轻工部党组之命,主持了该纸的试印工作。

保定钞票纸业有限公司王跃超为柳溥庆的传奇一生做了PPT,在柳伦家,笔者参与了PPT的整理和修改。王跃超以时间轴为主线,通过大量图片、文字等资料讲述了印制先驱柳溥庆一生的革命经历和奉献印制事业的事迹,并对柳溥庆的社会经历和精彩故事进行介绍。

犹如"原子弹爆炸"

一代代中国人追求国家强大,不再技不如人。1964年,国防工业再传喜讯。10月16日下午3时,新疆罗布泊上空,我国第一次使原子核裂变的巨大火球和蘑菇云升上了戈壁荒漠——第一颗原子弹爆炸获得成功。

当周恩来向人民报告这一喜讯的时候,全场沸腾,总理也难以抑制自己主持会议的喜悦,神采飞扬,手舞足蹈。我国第一颗原子弹爆炸成功了!人们奔走相告,一遍又一遍地听着广播,全国各地大街小巷,人山人海,沉浸在欢腾的海洋中。巨龙腾飞,扬眉吐气,更是震惊了整个国际社会。扬言要遏制中国的苏共总书记赫鲁晓夫黯然下台。

柳溥庆备受鼓舞,他非常明白核武器的重要。我们反对核垄断,但如果我们没有核武器,发出的声音是没有力量的。第二次世界大战以来,日本投降的第一大原因,就是屈服在核武器下,朝鲜战争,美国人也不时要进行核威胁;苏联人后来也想给中国"动手术"进行核打击……中国成为世界上第5个拥有核武器的国家,是中国强大的标志,此举极大地提高了中国的国际地位和影响,全国人民士气大增!我们是在国家处于经济甚为困难时期,勒紧了裤带,砸锅卖铁依靠自己的力量把原子弹研制出来的。原子弹试制的成功也鼓舞了各条战线的科技人员。

奋战在印钞领域的工程技术人员也不含糊,在集体努力下,中国人民银行总行高质量、高速度地印制第三套人民币,及时满足市场流通需要,从此结束了我国货币生产依赖外国的历史。核武器保证了国家国防安全,"亚核武器"(货币),保证了国家的金融安全。

中国人民银行印制局的礼堂一派浓浓的过年景象,全体同志聆听了柳溥庆的发言,总结在组织领导印制高质量、高水平的第三套人民币的经验他的16号笔记本上记有:

1966年春节联欢会的发言提纲:

我国四色凹印接纹一次印成10元券工艺方法,是世界印钞历史上的新发明(犹如"原子弹爆炸")。

一、1965年我研究所工作成绩很少,但从全局看,对我国印钞技术贡献很大。

二、以昨天发行的10元券为例,从纸张、油墨、印刷工艺与前相比:①先与解放前比;②与10年前相比;③再与欧美各国比。

三、重点说明四色凹印接纹一次印成工艺方法,是世界印钞历史上的新发明(原子弹)。附带说明四色接线胶印不是首创的原因,八色一次印成从色素上是首创。但从原理上说,不是我国发明的。奥尔洛夫四色接线工艺已发明了60余年。正背面同时印刷五色机,西德发明已10年。

四、四色凹印接纹一次印成工艺方法是我国首创,不仅色素多、是第一个,而且印刷原理也由单色印刷进入多色一次印成的原理和方法。据国家科委审查,肯定是1953年我国发明的。

五、发明是个人或几个人的研究成果。任何发明创造由少数人试验成后,并不能说已完全成功。必须大量生产,使之在人民生活方面起作用,能产生经济价值,才算完全成功。因此1953年试成虽有大样,1957年试验用纸擦版虽有印样,不能算完全成功。必须经三结合才能算成功。

六、总之,过去几年,我局贡献相当大。

七、四色凹印接纹一次印成工艺方法虽属我国首创,但不应以此骄傲自满。因为现印的10元券,还有不少较落后的技术。比如:①设计原版雕刻技术水平低。②凹印版的寿命短,5万左右,较先进水平低20倍以上。③平凸版质量低,工时长,离先进的水平差远了。④油墨不干,还需用衬纸。⑤纸张耐折度2 000次,较先进水平低1倍以上。

八、今后努力方向

(1) 雕刻技术培训应扩大,应下决心多派人,大量培养,适应国际形势需要。

(2) 应继续试验镀铁工艺。

(3) 应下决心派人研究平凸版一次腐蚀工艺。现在太落后了,还用60年前老方法,应迎头赶上去。

(4) 人像水印原模赶上国际水平。

(5) 精细水印新工艺要赶紧试验。

(6) 耐折度赶上国际水平。

(7) 快干凹印油墨,不衬纸要赶紧试验。

（8）用塑料辊擦版，代替大布擦版。

九、赶超国际水平，不能依靠外国人，而应依靠自己发扬自力更生精神！改进技术，提高产品质量，首先必须依靠发挥群众的积极性和创造性。内燃机别国搞了8～10年，我们2年多即成功。我国技术物质条件比工业先进国差，但我们完成速度快得多，这是因为我们运用马、列、毛思想，发扬了社会主义制度优越性。希望大家共同努力，艰苦劳动，把革命精神同严格的科学态度结合起来，不断实践，总结成功和失败经验，就一定能赶上、超过国际水平！

最后，祝大家1966年取得新成功，并祝大家身体健康！

捌章

狂涛险滩　难耐春寒

柳溥庆（1969年）

捌章　狂涛险滩　难耐春寒

参与一场又一场运动的"老运动员"

　　1965年,北京的仲秋依然有点闷热,蜻蜓低飞,山雨欲来风满楼。柳溥庆仿佛预感到了什么。他依旧上下班,这段时间政治压倒一切,业务工作不忙,但他上班时间比以前更提早了。

　　他想在办公室静静地腾出时间研究一下反映政治晴雨表的报纸。

　　"德华,"他出门前对妻子说,"你看这几天的报纸与往常有什么不一样?"

　　周砥帮溥庆拿好衬衫,应道:"还是讨论新编历史剧《海瑞罢官》的事……"

　　"你没看出点蹊跷?"

　　"难道又要有一场运动,不是'四清'还没有结束吗?"

　　"四清"搞的是经济问题,这文化艺术之争,不会仅仅是学术问题。因为文化艺术哪怕是一个电影一出戏都会导致一场路线斗争,此种情况,不是今天刚刚开始有。批判电影《武训传》《清宫秘史》,利用小说《刘志丹》反党,《四郎探母》是汉奸戏,电影《怒潮》是替彭帅叫屈……文人含沙射影,御用文人捕风捉影,在白纸黑字上,可以寻到许许多多问题——言之凿凿,好像就是这么一回事。

　　古时忠臣良将都有百折不挠的牛脾气、犟脾气:文死谏,武死战,文官见有问题可以实话实说,甚至骂皇帝,也是职责所在,文武分工明确。彭帅,武将也,越界死谏,问题不在问题的本身,而是提问的人,手握兵权——你想干吗?却把事情推向另外一个方面。

　　看打!掌握话语权者,帽子加棍子在手的一幕幕就在眼前上演了。

　　柳溥庆再联想下去,心中不由地一惊,如今之争,是"大跃进""反右倾"之延续啊!因此他要有思想准备。

　　柳溥庆不是唯唯诺诺之辈,不唯上不唯书,崇尚科学追求真理,对诸事诸物有自己的想法,"为了事业,我作为总工程师、技术负责人,我不说,谁说?"与那个时代过来人不同,柳溥庆说了,做了,还要记录下来,他不怕黑字白纸到时候都会成为"罪证"。周砥也是读书人,她把先生的每张字条都看作宝贝,收藏得规规整整。

　　"你回来啦,他们今天又说你什么了?"

　　"喔,老一套。"

　　"你要的资料我寻找出来已经放在书桌上了。你不会又说了什么。"

　　"你放心好了,我说到天边也只是技术上的事情,是没关系的。我在想,像人民公社的事情、农村问题,让我一个工厂的工程师越界去说,是不妥当的。以后碰上了再也不要提,再也不去想它了。"

"好的,想明白就好,免得罪加一等,你招架不住。"

放在案头的 1959 年《关于柳溥庆同志所犯右倾机会主义错误的结论》和 1962 年《关于柳溥庆同志右倾机会主义错误的甄别报告》,在灯下读来仿佛就在昨天,往事再次涌上心头。

反右倾是"文革"的前奏

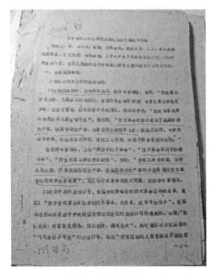

图 8-1 柳溥庆所犯右倾机会主义错误的结论

1959 年 10 月 19 日,反右倾运动的支部大会,火药味十足,有人指责柳溥庆:

"你轻视工人创造力,强调工程技术人员作用和迷信专家,要挖思想根源!"

为了说明工程技术人员在实际生产上的技术主导作用,柳溥庆旗帜鲜明理直气壮:

"党在群众中是少数,它是群众的先锋队,在群众中起领导作用。专家在群众中也是少数,在企业管理、技术指导中也是先锋队,起到领导作用。工程技术人员在建设中的作用,我认为还是主要的,这一点我与一些同志的看法是有分歧的。"

"我的思想根源来自列宁文献。列宁指出,苏维埃当前任务:'没有具备各种技术知识的专家指导,就不能达到社会主义……'所以我认为工程师、工人应结合起来,而工程师起主导作用,这是理论根据,这是我的思想实质。这种思想,你说他专家思想也可以,工程师在技术革新中只起技术的指导作用,不是全面领导作用,你说它是专家路线也可以。"

——这哪里是在接受批判,柳溥庆在给他们上马列的课!没过几天,无休止支部大会上,又有人指责:

"你攻击中央政治口号!"

"敢想敢干的做法,强调敢想敢说,是有它的积极性,但强调敢做,是有些盲

捌章 狂涛险滩 难耐春寒

目性。前者是有好处的,可鼓动大家开动脑筋,但敢做这一号召,有些盲目危险性。要做,是有些正确和把握的才可做,没有危险的。只要是敢做,不管对不对,就鼓励他去做,这不一定成功,很可能失败,造成损失"。

"你这是反对三面红旗!"

"我们要实事求是,用数据说话,在大闹技术革命中,有好些成功,但失败是要多一些的,同时,损失也不小,假使没有敢做这个号召,下面就不会这样做法。重点摆在敢想敢说方面是有好处,如放在敢做上,失败就要多一些,当时我是这样感觉的。各企业也应当统计一下,在大闹技术革命中有哪些成功和失败,再看比例是多少,何者多,何者少"。

"建设不同于革命""技术革命不同于阶级斗争""向自然界斗争没有阶级性""在建设中工程师技术人员起主导作用"。

——现在看来,再也没有比这更为朴实的话了,他道出了大跃进的盲动,大家都非常明白,但谁也不愿去捅破大炼钢铁造成生态破坏和资源浪费的局面窗户纸。

好像要完成指标,柳溥庆1959年在这场运动中,赶上了末班车,自然成了运动的对象,划为右倾机会主义分子。

反右的甄别

显然,柳溥庆还是要用的。他自己并不清楚知名人士在政治生活中的地位取决于他的用处。当时内部就有规定,对有较高科学成就的,不可轻易划为右派,必须划的,也应作为右倾机会主义批一下,"斗而不狠";对有的人,还让你工作可以"谈而不斗"。这也就是在1957—1976年这一政治动荡的时期,中国仍然有重大科技成果的原因之一,而在这时候正是印钞造币领域出成果的时候,临阵换将兵之大忌,也无人可替代柳溥庆。

促使甄别平反还有一个重要的原因是当时的政治气候转暖。由于1957年反"右",1959年反"右倾",打击了一大批知识

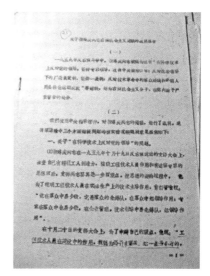

图8-2 柳溥庆所犯右倾机会主义错误的甄别报告

分子和党内军内领导干部，严重影响了中国的建设。1961年5月21日至6月12日，中共中央召开工作会议，讨论了"平反与处分"的问题。毛泽东在会上指示，要对几年来批判和处分错了的党员和干部甄别平反。7月19日中共中央发出《关于自然科学工作中若干政策问题的批示》，要求对几年来批判错了的人"都要甄别事实，分清是非，纠正错误"。各地陆续开展了甄别平反工作。但是由于没有从根本上清除错误，进展也不平衡，甄别平反也不可能是彻底的。柳溥庆的平反就是一例，只是中央有要求，"一风吹"；但是问题并没根本清除。

柳溥庆还是感受到了这一政策的关怀。1962年3月2日，周恩来在全国科学工作会议和全国话剧、歌剧、儿童剧创作座谈会上做了《论知识分子问题》的讲话。他说不论是在中华人民共和国成立前还是中华人民共和国成立后，我们历来都把知识分子放在革命联盟内，算在人民的队伍中。这次讲话重新肯定了他在1956年提出的知识分子的绝大部分已经是工人阶级一部分的结论，以及当时提出的对知识分子的正确政策。

图8-3　与留苏同学在20世纪60年代的合影
左起：柳溥庆、冯定和张崇文

令柳溥庆和广大知识分子特别感动的是，3月5日，陈毅在"广州七千人大会"的讲话中，宣布给广大知识分子"脱帽加冕"，即脱掉"资产阶级知识分子"之帽，加上"劳动人民知识分子"之冕，并郑重向与会的人员施行了"脱帽礼"。

马列学院第一副院长冯定在第一时间用电话告诉柳溥庆这一好消息。柳溥庆回到家中对周砥说，这是天上人间第一件称心如意的大事情啊！幸亏中央领导还有清醒认识……

周总理、陈老总的务实作风，给柳溥庆留下深刻印象，这一印象与柳溥庆在巴黎结识周恩来时的印象吻合，依然十分亲和。因此在相当长的一段时间里，周总理还在主政,成为柳溥庆的精神寄托。

接着,在1962年4月27日,中共中央发出了《关于加速进行党员干部甄别平反工作的通知》,中共中央统战部提出了《对党外人士进行甄别平反工作的意见》,确定对1958年以来在政治运动中受过重点批判、处分或戴了帽子的人士,经过甄别,凡是完全错了的,或者基本错了的,坚决予以平反,不留尾巴。这样,据不完全统计,1959—1963年共有30多万"右派分子"(大约占全部"右派分子"的五分之三),摘掉了帽子,其中主要是知识分子。中国的文化科技领域迎来了短暂的春天。

由此可见,对柳溥庆所犯右倾机会主义错误的甄别平反,是大势所趋。尽管当初具体操办的人并不愿意,有意思的是,两份报告放在一起对照,后一份报告还就是这些人在先前做的结论上,去掉"诬蔑"之类的言辞,再加上以下几句话,就成甄别报告,承认组织对此事处理得不应该、不正确,是错误的,于是就平反、摘帽、撤销处分:

……

柳溥庆同志上述言论,是在一定会议上发表个人看法与意见,在认识上有错误,进行教育帮助是必要的,经过教育帮助后,仍保留自己意见并想向中央写报告的做法,是符合党章关于党员权利的规定的,不应作为批评和处理的根据。

……柳溥庆同志所举事例是符合实际情况的。原结论中把上述言论,当作"对党的群众路线的诬蔑"进行批判和处理,是不正确的。

……柳溥庆同志的这种看法是正确的。因此,把上述言论当作"否认人民公社化运动成就"进行批判和处理是错误的。

根据以上情况,我们认为:在反右倾运动中,把柳溥庆同志划为右倾机会主义分子,是搞错了。应该予以平反,摘掉右倾机会主义分子帽子,撤销原有处分,并在原批判范围内予以公布。

印制局党支部　一九六二年四月二十六日

印刷词典编撰始末

看罢对柳溥庆的政治结论,再看一下他的印刷事业的一大贡献:编写《印刷词典》。

杨天寿在《上海印刷》2005年第12期上撰有一文,题为"中国首部印刷词典的坎坷夭折路"。

说的是柳溥庆和糜文溶一拍即合,决定发起编写印刷词典。

1964年年底柳溥庆写信给上海的印刷专家何步云。

1965年4月,何步云回信表示非常赞同,称与他的打算不谋而合,并对辞典的原定名——《印刷工艺技术辞典》,提出了不同意见,说工艺技术日新月异,过了一段时间词典会显得陈旧。他建议索性简简单单地称为印刷词典,写稿时比较灵活自由。至于工艺技术在词典中说明技术管理和必要的工艺过程就可以了,这样使不懂印刷技术者也可以读。

同时何步云还想编一本《印刷技术发展史》作为编写词典的副产品。

柳溥庆和糜文溶表示赞同他的意见,并且将何步云列为该词典的发起人之一,开始组织全国主要的有关印刷技术力量参与该项编辑工作。

他们在北京轻工业出版社内设立编辑委员会。聘请文化部出版事业管理局王益副局长担任该编委会主任,中国印刷公司倪康华、中国人民银行总行柳溥庆、北京印刷技术研究所徐仲文、文化部出版事业管理局赵晓恩、上海印刷技术研究所周寿彭、中央工艺美术学院郑德深、上海印刷学校吕纪、轻工业部陈彭年、轻工业出版社阮波九人为编委会委员,由该编委会负责编辑审定印刷词典。

另外,编委会还聘请何步云、万启盈、苏士、徐则达、沈斌仁、欧阳有康、谢燕声、丁一、马慧生、虞豪栩、付鹤、徐晶、李根绪、吴朗西、糜文溶、刘龙光、柳培庆、糜文定、糜望斗、林应勤、杨明幹、董维良为责任编辑,由何步云、糜文溶分别负责上海与北京各责编的联络和办理稿件的互审、初审工作。

印刷词典的编辑计划由柳溥庆修改,这三位发起人于1965年4月28日完成该计划,油印稿由柳溥庆的长女柳伦刻印,1965年5月先后分别送到全国各地的编辑人员手中。

为避免个人编写的名词库有重复,由柳溥庆参考英文印刷词典,将所有名词分为15个,按照英文字母先后编成15类名词,目录分别交相关编写人作为编写的基本课题。

他们商定初审和复审的程序。编稿完成后,交给柳溥庆等三人初审完成,签名盖章。由三人负责与有关出版社联系,商定出版合同和复审的办法。

计划出版的《印刷辞典》共分15个科目,分别是:

1. 印刷总论——收集有关印刷、制版的主要发明人,印刷技术事业的奠基人,印刷工厂、印刷学校、印刷研究所的名录和凡不属于后列14个科目的术语等。该科目由何步云、糜文溶编撰。

2. 图书出版——收集有关文献资料。

3. 雕刻制版——收集有关雕刻铜版、钢版、木刻和版画等术语。该科目由柳培庆、丁一编撰。

4. 电镀制版——收集有关印刷史话的电镀凸版、凹版和电解腐蚀等术语。该科目由柳溥庆、糜望斗编撰。

5. 照相制版——收集有关照相湿片、锌版、铜版、三色版、镁版和无粉腐蚀、电子刻版等术语。该科目由王莲魂、柳溥庆编撰。

6. 平版制版印刷——收集有关彩色照相，修版绘石、手工制版、晒版、凹版、石印、胶印、铁皮印刷、玻璃版印刷等术语。该科目由糜文溶、徐则达编撰。

7. 凸版制版印刷——收集有关铸字、排版、浇版、平台印刷、轮转印刷等术语。该科目由何步云、苏士青编撰。

8. 凹版制版印刷——收集有关照相凹版制版和印刷的术语。该科目由糜文溶编撰。

9. L版制版印刷——收集有关孔版制版和印刷的术语。该科目由何步云、苏士青编撰。

10. 证券制版印刷——收集有关邮票、钞票的制版印刷术语。该科目由柳溥庆、糜望斗编撰。

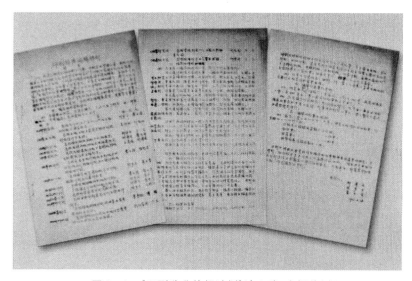

图8-4 《印刷辞典编辑计划》油印稿，由柳伦刻印

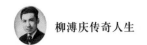

11. 特种印刷——收集有关曲面印刷、苯胺印刷、静电印刷和各种非纸质印刷的术语。该科目由何步云、沈斌仁编撰。

……

预计全书编撰 6 000 条词目，平均每条 200 字，估计 100 多万字，争取在 3 年内正式出版，计划在 1965 年底完成。

"文革"耽搁了许多事情，在印刷行业这也是一件学术性的大事。

66 岁生日

重提反右倾后又得到甄别的这段"折腾"的往事，否定之否定，批判之批判，再读柳溥庆犯错误的结论和甄别报告，现在的人读起来是很拗口的。这便是当时政工行文的特点，不是玩文字游戏！

柳溥庆的直觉告诉自己，好像自己还是有错误的，至少认识有问题，好像没有"搞错了"3 个字这么简单。总有阴云在头上笼罩，别有用心的人上纲上线，完全可以随时再把问题弄得更加严重。"文化大革命"后来的发展印证了柳溥庆、周砥的想法。

风越发地紧了，柳溥庆下班，夫人周砥都要迎出来。
"今天公共汽车挤吗？"
周砥接过饭盒，这里有从食堂带回的 2 个白面馍。
"今天蛮好，我一上车就有人给我让座，我也是 66 岁的老伯伯了嘛！"
"我没忘记，66 岁要给你过生日，要女儿给你做 66 块肉的生日面。"
"啥地方去弄这么多肉，用豆腐干切切，象征性的……"
"太太平平一天过去，要犒劳你，给你加餐——皮蛋一只，这些事情，咱们吃饭的时候就皮蛋避（皮）而不谈（蛋）啦"。
"哈哈哈哈……"房间里响起了柳溥庆特有的末尾带有金属音的爽朗笑声。

1966 年的第一场雪比往年要来得早。柳溥庆参加印制局的局务会议，研究进口印钞设备验收工作，杨秉超宣布成立局验收小组，由上海刘世华厂长全面负责。柳溥庆以总工程师名义参加，负责技术。验收人员春节后到上海集中，计划 1966 年 6 月 15 日安装完毕。

捌章　狂涛险滩　难耐春寒

上海造币厂

回到了上海,这是他一生当中最后一次回到他从事印刷事业的发祥地,百感交集。

柳溥庆睡不着,1966年2月他向中监委反映:五四一厂、五四二厂和东河公司的基本建设"贪大求洋",不符合勤俭建国的方针;1966年4月向中共中央监察委员会再次提出申诉,要求分清是非,撤销1930年被错误开除出党的处分——都没有答复,却接上级电话指示,1966年6月3日,返京参加总行的"文化大革命"。

他从五四二厂招待所走了出来,沿着苏州河向西方向慢慢踱步,毗邻五四二厂(周围居民都叫造币厂)是江南造纸厂,一色的工厂开在苏州河北岸,没有环保措施,其污染可以想见。

他再从三官堂桥的下面走到桥上,这是一座钢架桥,现在已拆除。

柳溥庆对这里再熟悉不过了,桥南是曹家渡。很久以前有姓曹的大族人家在苏州河南岸靠近现在长宁路、万航渡路和康定路交界处的地方聚居。曹氏族人在苏州河边开辟了码头,还建起了渡口,免费摆渡两岸乡民,渡口名称就是"曹家渡"。

当时上海老城厢与嘉定等西北地区的水上交通多取道于此,河上没有桥梁,往来都要依靠船渡。随着苏州河两岸开始造工厂,人车过河越来越成为大问题时,有个老板倡议建桥。倡议很快得到苏州河北岸各工厂主响应。1928年曹家渡渡口东面建起第一座木桥,时人不叫它的大名"曹家渡桥"而称其为"三官堂桥"。因桥南桥脚下有个三官堂庙,有一间木头房子,里面供着天、地、水三尊神仙,香火缭绕,三官堂桥的名称源于此。

1861年时,租界当局越界修筑极司非尔路(即现在的万航渡路)及其支路(现在万航渡后路),两路在渡口处相交,形成的三角地带,俗称"三角场"。沿河码头和渡口的交通便利使"三角场"迅速发展,形成商业闹市。20世纪20年代后,租界当局继续越界筑路,逐渐在现在的长寿路、长宁路、万航渡路、康定路、余姚路交会处又形成一圈酒楼、饭馆、茶肆及各类商号,民房相继建起,公共交通建站,人气足、市口旺,最终成为沪西第一闹市中心。

刚解放的时候,柳溥庆从奉贤路的家出来,没几步到南京西路石门路路口,坐3站20路电车到静安寺,再坐45路汽车到曹家渡,下车走过闹市三角场,过

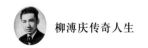
柳溥庆传奇人生

三官堂桥,走到谈家渡路,五四二厂大门开在这里,这段路要走20分钟。

15年了,面前的景象依旧,苏州河越来越黑臭,柳溥庆转身就想离开。

与老友陈宏阁道别

在谈家渡路上,柳溥庆转进来一个曲径通幽的小巷子,这里没有标识,有点医院的药水味,内部人知道是五四二厂的疗养院。在这里有他在走之前,最想要见的人,比他大几个月的陈宏阁斜卧在病床上,惨淡灯光的映衬下显得苍老了许多。

"难为你还来看我。"

"陈先生,好些了吧,不要起来,明天我要回北京去了。"

"你看我没办法帮你饯行。"

"245甲机成功,把你累着了。"

"我是自己身体不好,你也累啊,心累……"

"国家有发明证书,讲是讲集体荣誉,写是你们4个人的功劳,其实你是领军人物。"

"你最了解我,我们还落名字,可你却是无名英雄。听说又要搞运动啦,北京不比上海,高处不胜寒,要格外想开些。"

"你放心我不会(做了个抹脖子的动作),哈哈……"

与并肩战斗半个多世纪的挚友告别,从此永别。

后来,年届67岁的陈宏阁白发苍苍受到体罚,烈日炎炎,他在工地上搬运砖头,口渴难耐,喝了生水,诱发了原有的肠胃病。他郁闷的是,柳溥庆一辈子都在为党工作,为啥还要挨整,自己在北京时享受专家待遇,而柳溥庆却过得非常艰难。

1967年6月30日陈宏阁病逝在五四二厂疗养院。

柳溥庆一回到北京就受到批判。他万万没有想到被抄家时,自己冒着生命危险将邓小平等的照片从法国经历欧洲多国带到苏联,又从苏联设法带回上海,在上海沦陷区敌占区秘密珍藏了近20年都没被敌人发现,却在"文革"中抄家后因为照片后面有小平同志的签名而获罪,成为"刘邓黑帮分子"、反党罪行证据!由此而来受到残酷的政治迫害,以至肉体刑罚、人格侮辱。

1966年,正当国民经济的调整基本完成,国家开始执行第三个五年计划的时候,意识形态领域的批判运动逐渐发展成矛头指向党的领导层的政治运动——所谓"整走资本主义道路的当权派"。一场长达10年、给党和人民造成严重灾难的"文化大革命"爆发了。

6月9日,柳溥庆被停止工作,他在研究所召开了最后一次所务会。

忠良沉冤难雪

中华人民共和国成立后,印制行业在党中央、毛主席和周总理的亲切关怀下,印制行业在保证国家货币发行、赶超世界先进水平等方面,取得令人瞩目的成就。但在"文革"中,"四人帮"一伙为了篡党夺权,残害忠良,以莫须有的罪名,污蔑"印制行业有一条又粗又长的黑线",还别有用心地搞了个"反黑线展览"。

这个展览曾到北钞厂大会议室展出。整个展览按照"文革"的时髦做法——颠倒黑白,指鹿为马,"上纲上线"。最典型的是中国画用墨,被指为黑画,画家画一只猫头鹰,眼开眼闭,是对社会主义建设不满……

在展览最显眼处,有一张约4寸高、3寸宽邓小平17岁刚到法国里昂时拍的全身照,因时间较长,照片已略带茶色,照片

图8-5 邓小平(邓希贤)赠送柳溥庆(圃青兄)照片的背面题词

背面邓小平题写:"圃青兄惠存 希贤 一九二五 五 二十三日 里昂"(希贤和圃青分别为邓小平和柳溥庆曾用名),照片中的邓小平英姿勃发,非常帅气,字也写得漂亮。展览的解说词强调:这张照片是造反派抄柳溥庆家时发现的,说明柳与"刘邓黑司令部"的二号人物邓小平关系何等密切。

此时看到柳溥庆在20年代就和邓小平一起搞革命活动的迟到"新闻",群众方知他是位资深的老革命。而这样的老革命,又是满腹经纶的大学问家,当革命成功后,没有享受高官厚禄,却默默地在为国家工作,这不能不让人们对柳溥庆

先生多了几分敬意。

这个结果可能是展览的始作俑者始料不及的。

乐于助人，勇于承担责任

"文化大革命"期间的一个冬天，在外地工作的留法同学方释之来到北京，到家探访，述说在"文革"的不幸遭遇，临别，柳溥庆见他在寒风里光着脑袋，就把大儿子叫来。

"爹爹叫我做什么？""把你头上的羊剪绒解放军帽，给这位叔叔。"

互道珍重，含泪而别。

1967年的一天，笔者父亲陈宏阁的二儿子来访，在北京民族文化宫的后街找到了柳溥庆家，告知他陈宏阁去世的经过。周砥给削了一个梨，安慰陈宏阁儿子。

陈宏阁"文革"时期受到冲击，原因是在老家有16.2亩土地，曾被定性为工商业兼地主或自由职业兼地主受到批判，好在当时党对国家科技人员还有保护的政策，没遭受进一步的迫害。1967年春节备战不放假，他坚持上班，4月的一天突然腿行走不便，去了瑞金医院住院后在医院开的刀，此后再也没有从床上起来，6月30日在苏州河边上的五四二厂疗养所与世长辞。因为有历史问题，被剥夺包括抚恤金在内的一切待遇。

"我知道他的身体一直不好，原来肠炎有不好的肿块，开过刀，这次是？"

"医院诊断是骨癌。"

当时的柳溥庆也身陷囹圄，听到不幸的消息，深表同情和怀念之余，他以深沉又肯定的语气对陈宏阁的儿子说：

"陈宏阁的情况我最清楚，他是一位非常聪明、经验丰富的印刷工程师，对国家是有贡献的，特别解放后业内一些重大技术难题的处理和解决，有他的发明和创造，由于工作的保密性，他的业绩不能公开。你父亲是清白的，要相信党，总会有真相大白的

图8-6 柳溥庆为陈宏阁做的书面证明

捌章 狂涛险滩 难耐春寒

一天"。鼓励后代要好好工作,继承父亲优良工作作风和高风亮节的做人品格。

柳溥庆在先后两次的外调材料上,客观地反映事实,保护了陈宏阁等一批同志。

被 隔 离 审 查

"文革"中有人在外面或在单位受到冲击,回家再遭到亲人唾弃、白眼、因断绝关系而自尽的,绝不在少数。

柳溥庆则不然,同为老革命的妻子同甘共苦百般呵护,子女尊恭有加鼎力相助,有了问题,女儿女婿随叫随到,准备稿子组织回击;这是文斗对文斗,至于武斗一来,只能像在混沌的原始森林一只受了伤的野生动物,回到自己的巢里,舔好伤口,吃饱睡好养足精神,继续面对!

能够等到中华人民共和国成立,迎接胜利的前辈们是经历过刀光剑影劫后余生的幸存者。在这之后,历次政治运动能够逃过一劫的柳溥庆更是幸运者。

作为上海的地下工作者,柳溥庆没有受到潘汉年案的牵连,在反右倾时,也是斗而不狠,很快得到甄别。"文革"时期,虽然戴上许多莫须有罪名的帽子,也只有批斗、隔离,没有被抓起来判刑,到了1968年10月底,军代表在大会上宣布放柳回家。

图 8-7 全家九人合影
前排左起:柳溥庆,周砥;后排左起:柳百里、王华初、柳百琪、柳百坚、梁百申、柳伦、姚克明

但还是要参加学习班,接受思想改造。

1969年5月,技术研究所被中国人民银行总行军代表宣布撤销。为人民币印制国有化做出贡献的中国人民银行印制科学技术研究所的关停并转,给柳溥庆的打击无疑是巨大的。

在动乱的年代失去的东西太多了,这已经算不了什么,再说,柳溥庆已为此打下了基础,机器还在运转,技术还在进步,人民币还在源源不断地印制出来。

柳溥庆被解放回家,他丝毫没有无官一身轻的感觉,才下眉头,却上心头。

下放河南淮滨五七农场劳动

柳溥庆所到过的地方,笔者基本都到过了。他下放到河南的淮滨,为信阳市所辖,如今建起了"信阳市五七干校纪念馆",那里保存了最全的五七干校的研究资料。

淮滨,顾名思义指淮河之滨,地处淮河中上游,南望大别山,北接黄淮大平原。现在自然和全国各地都一样,有了很大的变化,但变化得都一模一样的——

再看当时的淮滨,据县志记载,淮滨是个大灾区、重灾区的贫困县,流经这里的淮河水喜怒无常,它时而兴利,时而为害——平静时温柔恬静微波涟漪,河上白帆点点,田园诗人见此也会吟唱一番,但到大洪汛来时,淮河水作怪泛滥浊浪翻滚,村庄被淹颗粒无收,一片汪洋平地行舟,人为鱼鳖。历史上有记载的河水决堤350次,造成大面积重大损失,而淮滨首当其冲,水洗的大地一穷二白。

淮滨还有一个名声在外的,就是本章的开头所说的中国人民银行总行党政机关干部的五七干校。

毛主席发表了五七干校的指示,各地纷纷响应兴办农场。全国范围内河南、湖北、江西等18个省区先后创办106所五七干校,其中河南信阳一地5个县有19所五七干校,占全国近五分之一。

整个信阳地区接纳过胡耀邦、胡启立、邹家华等中央领导,大名鼎鼎的学者楚图南、俞平伯、何其芳、顾准、钱锺书、杨绛、孙冶方、吴敬琏和柳溥庆等,对他们进行所谓的劳动改造思想教育。

本传传主柳溥庆在1969年5月,被下放到总行河南淮滨县五七干校,继续接受审查。在干校期间,他抬过粪、翻过土、修过水渠、种植土豆、蓖麻、灌溉浇水等。

捌章　狂涛险滩　难耐春寒

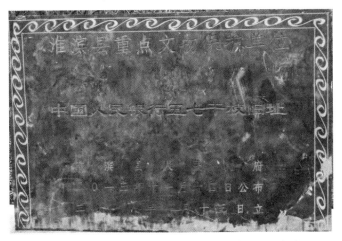

图 8-8　中国人民银行淮滨县五七干校旧址纪念碑

就在位于淮滨县三空桥周围几十里范围内的农场里，有柳溥庆留下的印记——笔者要去的，上海有火车直达信阳……

图 8-9　1969 年 5 月，研究所全体人员拖家带口下放到河南信阳地区淮滨县五七干校劳动。这是研究所部分人员及家属在农田上的合影

1971 年林彪出事之后，人们都陷入反思，有一天忽然大家想明白了，斗什么斗？完全多出来的事情，想开了，于是同病相怜，干活时接一把，吃饭时让一下，有话没话找话说，好好说说人话。慢慢地人性复苏，看问题不再那么偏激，室友、难友也成了朋友。

过去多少年后,笔者听到他们的后人评论这段历史,有耿耿于怀还要告状的,也有开放释怀不计前嫌的。某领导回忆起这段经历,说就是在五七干校时想明白了,去世前给子女留下话说,柳溥庆是有重大贡献的好人,任劳任怨,我们不应该这样对待他。

柳溥庆下放五七干校不久,女儿柳伦也被下放到了江西。过年也不能回家。那时节叫做过一个移风易俗革命化的春节。1972年4月,柳溥庆写申诉信给时任财政部革委会副主任、党的核心小组成员乔培新。乔培新1955年10月起调任中国人民银行总行党组成员、副行长,主管过人民币印制工作,是柳溥庆的老领导,柳曾多次随乔培新副行长参加与轻工部联合研制钞票纸的会议,并听取柳溥庆的工作汇报,与柳溥庆很熟悉。在这之前,柳溥庆也多次给党中央、国务院、周总理、财政部党的核心组、淮滨干校党的核心组、加工连党支部写过申诉信。信写得坦诚坦荡、有理有据、事实清楚、观点明确,体现了柳溥庆一贯的坚持原则、敢讲真话、实事求是的可贵品格。(从略)

柳溥庆对我们后来的研究者提供的最大方便是:所有的事情都有文字记录,他所写的申诉材料除了上交以外,多留有一份底稿。他在后来写给总理的信,在特殊情况下不能留底,但大致的情况不出以下所反映的内容。

给周总理写写信

长夜难眠,鸡鸣声声。在晨曦中他坚定了自己的想法:给总理写信,我要申请回家,我要休养治病。

每天依然看着报纸,传真照片和新闻电影制片厂的纪录片上还能看到毛泽东和周总理的身影。他多么想再和他们坐在一起谈一谈自己的想法。但这一切只能在梦里,不可能再有机会跟他们见面了。好在原来还有一些关系,写的信也会递到他们的跟前。相信日理万机的总理会眷顾到他这一块,会松一松手,下一个指令,他就不会这么难堪。

这个意思,实在是不好意思,他一生唯一的一次为自己的事情写信给总理。平常写信谈的都是工作,很少谈到他自己个人的事情。最后这一次,他下了决心把自己想要说的通通说出,一吐心里之不快。

因为他第一次感到了悲哀,不是老之将至,而是疾病当头,死亡的威胁。

难道我要终老于中原大地不成?一辈子在上海的机器、油墨和纸张味的厂房里度过,走过欧苏,在北京主管印刷、印钞,没想到到老了,却要面朝黄土背朝

捌章 狂涛险滩 难耐春寒

天,做只是劳力而不是生产力的工作,一开始并不把心累体乏放在心上,可是现在起了变化,从心理到身体被摧垮了!腹部在隐隐作痛,好似定时炸弹……

此时的国内政治形势已经起了很明显的变化。1971年9月,林彪叛逃事件后,周恩来在毛泽东支持下主持中央日常工作,在政治、经济、外交等方面采取了许多措施,使各方面的工作有了转机,柳溥庆才有在12月获准第一次回北京治病的机会。

在毛泽东的支持下,周恩来抓住机遇,大力推进领导干部的解放工作,使一大批被关押被迫害被打倒的党、政、军领导干部,获得平反昭雪和恢复领导工作。在出席陈毅追悼会时,毛泽东念起了邓小平的好。

1972年1月10日,毛泽东突然出席陈毅追悼会,在陈毅遗像前三鞠躬。他对陈毅夫人张茜说:陈毅同志是一个好人,是一个好同志。陈毅同志是立了功的。他还指着在座的周恩来、叶剑英等同志说:要是林彪的阴谋搞成了,是要把我们这些老人都搞掉的。在谈话时,毛泽东还提到邓小平,并且把邓小平和时任中共九届中央政治局委员的刘伯承并列为刘邓大军,说邓小平是人民内部矛盾。

此刘邓非彼刘邓,邓小平是人民内部矛盾的消息不胫而走,为邓小平1973年复出,奠定了舆论基础。

柳溥庆隐约感觉到了高层微妙的变化。

北望京师,想到已过古稀的自己,是上班还是退休,是政策落实还是乌有结论,都没有答案。最迫在眉睫的问题是疾病……日理万机的总理啊,也许您知道有我,却不知我现在的处境。

如果说柳溥庆现在最后悔的,就是当年没去见周总理当面谈这些个事,不然境遇要好许多。现在只有一个信念:

他们的健在是我的希望!

可我到底希望什么?我,我是什么?一粒沙尘而已,一滴水投入大海才不会干涸,还有我们的事业、国家的前途。

放在普通人身上也难以接受的事,柳更难以承受,何况自己是对共和国有过贡献的人,每天都要用的钞票都是自己带领团队辛苦做出来的,一辈子再忙再累再落难也都是在工厂里机器声中度过,如今真的要青山忠骨天涯芳草吗?!回到五七农场,新一轮审查又开始了。想想,判刑是有时限的,劳教也是一个过渡,难道就这样终老于此不成。

痛心疾首久之成病,真痛!

唉唉,起个大早,赶个晚集!

我可是 1921 年成为共青团员,1926 年成为法国共产党党员,在我们这个共产党已经执政的国家,党和国家领导人一、二把手曾是我认识的、联络的,每天看报纸都能见到他们,可他们看不到我,如果说我不想因个人的事情麻烦他们,但是,到现在不是我个人的境遇,而是印制科学技术研究所和国家的金融事业的发展,货币的全部国有化进程的大事情啊!

悲愤填胸,落笔倒有千斤重——

总理:

> 在这次"文化大革命"中,我已经有 6 年没有从事自己的印刷印钞工作,现在觉得一个革命者,尤其是一个共产党员,长期脱离自己的专业岗位,不去为祖国的社会主义建设事业服务,是违反党和毛主席的抓革命、促生产、自力更生、勤俭建国伟大的教导的。因此今天我向您表示,自愿利用我自己所有专长,到工厂去,再为祖国的社会主义建设事业服务!

信写好了,没法通过检查寄出,托人回北京把信捎去,是最稳妥的选择。

农场里一群人在送一个被解放的回京人士,这位和柳工的关系不错,也很同情柳溥庆的遭遇。大家的心情十分复杂,围着幸运儿,都要让他捎信带东西,柳溥庆挤不进去。

在向众人挥手告别走出一段路后,他听到了急促的脚步声从身后传来——

"柳工,还有什么事吗?"

"我有一封信,请务必交到我家人手里,老爱人身体很不好,还老是挂念我⋯⋯"说着,柳溥庆动了感情,眼圈红了。

"向家里报平安,拜托了。"

此时的周砥也已病魔缠身,要求她同去五七干校,她用羸弱的身体勇敢进行抗争。

"我不能走,死也要死在这里,我要等柳溥庆回来,我有肺结核、哮喘等多种疾病缠身,时日无多,我要看到最后审查的结论,见到他本人,可以考虑脱离关系,我再回上海或者湖南。"

上层对柳溥庆问题要慎重的指示,谁敢定结论,谁能定结论。没有最后结论,只有柳溥庆保留上诉的权利,准备不断地反映⋯⋯风头过去了,柳溥庆在北京的家保住了。

周砥接到书信,连连喊道"家书抵万金啊"!

通过曾在中央警卫局文化学校工作的柳伦,交给了她所教的学生、周总理的警卫战士手里。给周总理的信显然起到了作用。很快,五七干校的领导就通知他回北京看病。在离开河南的时候,有关领导还千叮咛万嘱咐,表现出很少有的关怀,至少不像是对一个被批斗对象的态度。

1972年的12月柳溥庆获准回到了北京,回家了!

身体出了要命的问题

柳伦也终于在1972年底回家探亲,可以陪陪家人,陪父亲去看病。

几年不见爹爹,再看到时,老了许多,眼窝深陷,早些年患有高血压、心脏病,常常伴有头晕、心悸,无疑是加重了病情。啊啊,看病是当务之急,重中之重。

柳伦强压心酸,不提自己在干校的劳苦。找了曾是毛主席的保健医生、北京医院内科的钱主任。钱主任和他的爱人都是医生,在中南海与柳伦住楼上楼下,关系很好。

仔细检查了柳溥庆的身体,在贴满大字报、高音喇叭声不绝于耳的环境下,钱主任对柳伦做了一次决定柳溥庆命运的谈话。

"刚才通过B超检查,发现你父亲的腹部有一个动脉血管上长了一个瘤子,医学上称为后天性血管畸形,成病的原因,有遗传和环境的影响,尚无准确的定论。

一般我们以观察为主,这个地方的病变,以前一直没有发现?还在做体力劳动,挤公交车?

要十分当心,防止外力作用以免破溃。一旦破溃,出血量很大……用药?也只有降血压,休息好……

手术?手术摘取是可以的,这样的手术要得到上级的批准,还是批斗对象?好像不给做!

就是要做手术也有一定的风险,你们发现得太晚,瘤子已经有鸭蛋这么大了。

保重吧,乐观估计,最多还有两年……"

柳伦征得母亲的同意,把医生说的情况,除了最后一条,原原本本地告诉了父亲。

柳溥庆闻讯,说:

"我是唯物主义者,相信科学,你们不要伤心难过,我自己当心就是了。"

后来的情况证实了医生的判断。

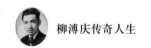

再后来的医学科学告诉患者：血管瘤的危害是很大的，血管瘤一旦长大，周围的器官都会受到压迫，且血管瘤还有可能出现并发症，如溃疡、出血、感染、重要器官功能损害、充血性心力衰竭及骨骼肌肉损害而造成的畸形等。

如果真的血管瘤增加的速度过快，用现在的技术是可以使用冷冻、激光和手术治疗的。

已将生死置之度外的柳溥庆，感觉时日不多，这个时候格外地重视起自己的生命来。他觉得他的许多事情还没有明了，这个时候去见马克思，显然是心犹不甘、死不瞑目的。有些问题是明摆着，在桌面上的板上钉钉的事情，但是执行起来就是那么的艰难。难道非要等到人死了以后才能盖棺定论么？想到这里，他又鼓起了勇气，拿起了笔。在未能去开发的印制事业之外又重新做了一些科技的探索，所谓生命不息奋斗不止，恐怕就在这里得到很大的体现。他要用有生之年、有限的时间来完成自己应尽的为人民服务。

人有时候就是因为诚实失去了很多机会，就是因为清高许多机会擦肩而过。柳伦回忆起来自己完全可以直接向毛主席、周总理提出来，也完全可以跟医院的钱主任说她父亲的情况。这一切都没有争取，成了最终的遗憾。写在书里，把这段历史深深地埋在这一代人的记忆里。

政治生活的转机

古稀老人为了说明自己不是叛徒、特务，不是资本家、走资派，不是反动学术权威、反革命修正主义分子，在被批斗劳动的间隙，用心血书写40万字，向组织阐明自己的一生理想和经历，以及付出的巨大精力和辛劳。

他常说这七八年时间要是用于国家的建设事业该多好，这数不尽的写交代材料的时间精力用于研究印刷技术的革新，该能出多少成果啊！

家人诧异地看到，柳溥庆从"文革"开始，在允许回家的时候，见到家人，尤其是子女，从不讲述他在单位里如何挨斗受批，也不唉声叹气、发牢骚，而是像寻常下班一样，回到家里读书看报，坐在桌子旁边写东西。

柳溥庆在返京治病不去医院期间，除了读书看报，依然在家不谈自己的冤枉和身体状况，总是惦记着工作，他不相信社会上的政治谣言、"小道消息"，也不议论国家大事，只有一次星期六的晚上，吃罢晚饭他说了邓小平在林彪事件后复出后的第一次公开亮相。

报载：1973年4月12日晚7点半，人民大会堂一楼宴会厅灯火辉煌，周恩来在这里盛宴欢迎视察柬埔寨解放区后于 12 日返回北京的西哈努克亲王和夫人。邓小平以国务院副总理的身份出席宴会。他不动声色地坐在一个并不引人注目的座位上。

柳溥庆说,我在巴黎与他共过事,后来的一切,证明邓小平非常能干、有魄力,在总理病重的情况下,他来主持工作,中国有希望了。

到了 1973 年,中央对科技工作者的境遇和待遇还做了专门调查。

当时陈宏阁已去世 6 年,组织上还是对柳溥庆做了外调。他交与外调人员的书面材料,是源于中央 1973 年对科技人员工作生活状况的普查,说明重视这方面的工作。

关于陈宏阁的政历问题:

今据上海五四二厂革命委员会组织部来信所提的问题,据我所知答复如下:

陈在 1948 年至(上海)解放的这段经历和工作情况。

我记得 1948 年前后,陈在上海失业时,我曾介绍他到香港永发印刷公司,担任印刷机器修理工程师。这项工作时间不长,大约一年。他把一台德制全张胶印机修理任务完成时,1949 初就回上海的。

陈回上海后,于 1949 年下半年,我曾介绍他到上海虬江路建华印刷机制造厂,担任三色胶印机的设计工程师。

1951 年底我从东德回国后,因从东德购得凹印铜版磨平机而委托上海六一四厂自己制造。当时六一四厂要我设法请一工程师到该厂担任设计工作。其时我把陈介绍给六一四厂。

陈当时每月工资收入有多少?

陈在永发印务公司时每月的工资,我现在已记不清了。那时我介绍到该公司去的工人有 3 个,其中工资每月最多的是 400 多港币。我和陈在那时的工资,每月至多 500 港币。

至于陈在上海建华制造厂时的工资,我现在也记不清了。不过有一个根据可以找到答案,因为我记得陈到六一四厂时的初期工资,与陈在建华制造厂的工资数是一样的。由于陈在六一四厂时工资数目,我同六一四厂总工程师商定:按照陈在建华厂给他的工资数付给陈。为要查明陈在 1949 年的工资数目,可到六一四厂查 51 年底到 52 年初的工资账,就能知道。

柳溥庆传奇人生

陈当时所得的工资折合多少米?

1948—1949年香港的大米市价,我记得在80—90港币左右。每月工资500元可购五担到六担米。至于1949年上海大米的市价,现在我记不得了,请查上海《新闻报》便知。

以上是我现在所知道的情况,供参考。

柳溥庆(私章)

1973年12月24日

所写材料供参考1973.12.25

研究起印彩色报纸和彩色胶卷

1973年12月27日,中共财政部核心小组批准了1973年12月8日财政部五七干校"关于柳溥庆政治历史问题的审查结论和处理意见"。给予柳溥庆党内严重警告处分。但柳溥庆在本人意见栏上,提出了两点保留意见,要求恢复1926年入党的党籍。1974年开始恢复过党内组织生活。

为此柳溥庆写信给组织要求恢复工资,要求让他回到专业工作岗位。他说自己岁数大了,要做的事情还有很多很多,他真是等不及了。

没等组织上对他的要求批复下来,他就在治病之余,自己忙活起来,把自己着想做的工作以及他认为客观上需要自己做的工作一一思考安排,有的马上动手做了。

图8-10 柳溥庆生前所用的德国照相机

捌章　狂涛险滩　难耐春寒

在早春的阳光里,柳溥庆在打着太极拳,一招一式颇为到位,这是他几十年养成的习惯,一则强身健体,二则调剂身心,再则一定要使自己静下来,养好心情和身体,好接受任务。

接过周砥递过来的《人民日报》,柳溥庆看了一下套红的最高指示,观察传真照片的清晰度,有了印制彩色报纸的想法,印过人民币的他觉得不难,努力一下没有问题。

当时他听说《人民日报》为出版彩色报纸,准备用宝贵的外汇,从国外引进彩色印报机。柳溥庆考虑到自己有制造彩印机器的知识、技能和经验,可以制出与国外相同质量的机器。为了替国家节省外汇,他夜以继日地改写书面意见,向有关部门及时寄去了建议和方案。

1973年5月,他又亲笔写信给周总理,提出了可利用北京人民印刷厂的机器印制彩色报纸的建议。

印彩色报纸,还是印刷的事情,柳溥庆还想到了材料上的创新。那时彩色胶卷很稀罕,又触发他的灵感,早在1949年他就用过彩卷,拍摄了上海人民庆祝解放的一天。

有一次,子女们回家,妈妈告诉大家,爹爹正在考虑研制彩色胶卷,这是柳溥庆早想做的事情。中华人民共和国成立后我国使用的彩卷都是进口的,价格太昂贵了。而他在30年代中,曾经制成国产第一代黑白照相干片,替代了当时进口照相干片。他认为要进一步研究学习,是可以制成国产彩卷的,为此他跑到北京图书馆查找资料,着手研制的准备工作。

原理都懂得的柳溥庆以实际行动告诫大家,要做的事情还很多,我们落后世界很多。

人工降雨之新策

1973年有一天柳溥庆急呼百坚夫妇赶紧回家,说有要事商量。于是有了小儿媳董履平和柳溥庆一生中唯一的一次合作共事。

当天晚饭后,百坚夫妇回家了,什么急事? 他们心里一片狐疑。

柳溥庆见到他们,立刻郑重其事地说:

"我们国家许多地区已经多年严重干旱,粮食产量大减,影响到国计民生,目前农业生产太需要雨水了。今天,我在《参考消息》上看到一条国外短讯,说用碘化银做原料,可以人工造雨。我一生从事照相制版印刷工作,和碘化银打了一辈

图8-11 柳溥庆家中自己设计的工作台

子的交道,却从不知道碘化银有人工造雨的功能。你们俩是化工大学毕业的,对碘化银的用途比我懂得多,我想和你们研究用碘化银人工造雨。"

董履平真没想到,父亲紧急找我们回家,是为了研究人工降雨,是为了抗旱,一项和他的专业及他当时的身份毫不相干的高科技研究项目。

夫妇俩当即商量一下,回答说:

用碘化银做原料可以实行人工降雨,但是碘化银价格颇贵、成本高,我们国家穷,可能承担不起。

柳溥庆听了立即就碘化银人工造雨的机理效果、国外应用情况,以及价格和造雨所需要数量等问题仔细研讨起来,三人谈了一个晚上。他说成本问题,可以进行精细的经济核算,他愿意为此做调查和计算。

此后许多天,柳溥庆每天挤公交车跑北京图书馆,他能看懂英、法、德、俄、日等多国文字,他查阅了大量书籍、报刊,寻到了很多有关人工降雨的资料,进行了认真的取舍整理。于是进一步了解了碘化银适合哪一种云层,在国外造雨时如何运用,收到过何种效果,在我国干旱地区造雨,多少面积需要多少碘化银,成本需要多少,而造雨的效果和价值又是多少,等等。据此,经过具体的一步步核实,终于得出用碘化银实行人工造雨是可行的结论。

几天过去了,柳溥庆写就人工降雨的建议和方案,建议用飞机喷碘化银微粒的方法实施人工降雨,以缓解北方地区的严重干旱。写成后,百坚夫妇回去细读细算提意见。

在干旱地区,当时用飞机(当地有空军训练基地)人工降雨,所撒的是细盐和碳酸氢铵的混合粉末,确实有效。另外土法上马用高射炮、土火箭对云层发射以降温、凝核的材料也是可以的,当然比不上用干冰和碘化银。怎么操作,柳溥庆给出了答案。

1973年6月17号,柳溥庆将定稿的建议和方案,送交国务院,并在给周总理的亲笔信中提出,我国农业进一步发展,对于国防的巩固、工业的发展、市场的繁荣、外贸的扩展和人民生活水平的提高都有极为重大意义。

这封信展示了柳溥庆一贯重视农业、关注经济建设、深切关怀人民和祖国命运的赤胆忠心。当然读信人不会想到,这份花了数十个日夜研究计算写成的人工降雨的方案,竟会是一位年高体衰、身处逆境、被打倒在地的"牛鬼蛇神"的杰作。他提出的一万多字的《人工造雨抗旱灾,防冰雹灾》的书面建议,情真意切,感动了周围所有的人。

不久柳溥庆收到了国务院有关部门深致谢意的回信。他很高兴,感到他的心血没有白费。

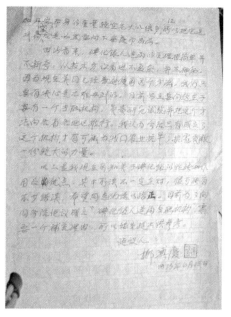

图 8-12 有关人工降雨的建议报告手稿

妹妹以为他不在了

电报未到人先到了。

9月的一天,妹妹柳静要来北京,不是她一个人,还有妹夫吴朗西,夫妻俩马上就要到北京来。

早在1934年,柳溥庆在上海三一印刷公司担任工务部主任,创办大型《美术生活》杂志社时,就和吴朗西认识了。

9月该公司又创办《漫画生活》月刊,由吴朗西和黄士英等编辑,负责文学部分和外国漫画介绍。该刊有一半篇幅刊登杂文和小品文。

1935年5月,精通出版业务、熟悉出版行情的吴朗西创办文化生活出版社,任社长,与巴金合作,推出《文化生活丛刊》《文学丛刊》《译文丛书》《文学小丛书》等,其中不少是中外名著,由名家翻译,装帧讲究,封面庄重大方,得到社会上的好评。

吴朗西不仅是一位杰出的出版家,还是一位翻译家。中华人民共和国成立后,他翻译《好医生》《沃尔夫童话集》等多部外国儿童文学作品,还曾与丰子恺合作出版《童年与故乡》《蒙古短篇小说选》等。

图8-13　1974年9月,(左起)柳静、吴朗西与柳溥庆、周砥合影

在文化生活出版社创办后,从1935—1955年,不论出版社是在上海,还是在大后方,或是抗战胜利后又回到上海,20年间,柳静与吴朗西,这两位为文化生活出版社日夜操劳,为数不清的文化工作者出版发行了千万册广受读者欢喜爱的书刊的出版人,竟然从来没有在出版社取过一分钱的工资(有账本可查)。在1955年文化生活出版社并入上海新文艺出版社时,不知是何原因,柳静这位文化生活出版社的创始人、奠基人和投资人,长期默默地义务劳动者,竟然没有被列入新组成的出版社的在编人员之中。

甚为遗憾。

吴朗西、柳静他们风风火火地来到了北京。

一下火车就直奔柳溥庆家。听到自己的妹妹从南方赶来,柳溥庆喜出望外,与妹妹深情拥抱。这个时候他们都流下了眼泪。

"啊!大阿哥。我真想念你呀。你知道吗?我昨天做了一个梦,梦见……你不要忌讳,梦见你死了。我一下子哭醒了,坐了起来。"

吴朗西说:"不会的,不会的。你安下心来,这只是一个梦,何况梦有时候还是反的。"

"不行!我总觉得有不祥的预兆。"

"那怎么办呢?那我们就到北京去,一趟特快,去看一看我们心爱的哥

捌章　狂涛险滩　难耐春寒

哥吧。"

"他遭受的磨难已经够多了,我们应该去看看他了。"

好。说走就走。特快列车直接奔向北京。柳溥庆破天荒地请他们在外面四川饭店里正儿八经地吃了一顿饭。

"你看我不是活得好好的吗?我不相信我会走。我会看到但是我还要等到我们国家走上正途的那一天。因为你有理由相信,这个国家会振兴,还是有毛主席、周总理来把持着,邓小平复出了。我们的国家还是充满希望的,科技还会得到应有的重视。

"我自己活着一方面是使命所在,一方面也是这个事业离不开我这个人。我这个人一生无悔,在政治上跌了跟头,相信会得到正确对待。但是在事业上、在业务上,我无愧于这个时代,无愧于经历了这个从清朝贫穷落后的农业国,向中华人民共和国这样一个繁荣富强的工业国过渡的全过程。我在这个领域里是问心无愧的。"

第二天,吴朗西夫妇去看茅盾,初始茅盾闭门谢客,所有来客都不见,说是吴朗西来了,茅盾马上表示欢迎欢迎,结果谈了一个多小时。

大文学家茅盾自然说起吴朗西的姐夫柳溥庆:"当时我主编《小说月报》常常因为临时改换版面样式,自己到印刷所去,就和排字及制版的工人熟悉了,也认识了技术工人糜文溶和柳溥庆。这两位文化程度相当高,我把他们介绍给徐梅坤,并商量先在工人中发展党团员,糜、柳二人随后都入了党。"

世界这么大圈子也就这么大,转一圈都认识,都不是一般的关系。

吴朗西 1992 年在上海逝世,巴金从北京赶来悼念这位文化生活出版社的创始人。正是吴朗西社长的推荐,巴金任主编,两人合作,出版的《文学丛刊》,坚持 10 余年,共 10 集,计 160 本,在中国现代文学出版史上占有一定地位。该社翻译出版的《译文丛书》包括一大批外国文学名著,选题精当,编辑严谨,深受读者欢迎。

面对吴朗西的贤内助柳静,巴金表达了歉意,当时出版社公私合营,没有给同样是创始人和投资人的柳静入编。因此从 1955 年起的 38 年间,柳静为出版社做了大量事务性的工作,没有工资、没有公费医疗的她,依然胸怀坦荡,毫无怨言地为我国文化出版事业默默地奉献着自己的光和热。

巴金道歉已没有什么实际意义了,第二年(1993 年)8 月 16 日,柳静不幸辞世,享年 87 岁。

柳溥庆传奇人生

给女儿买块表

1974年夏落实政策,组织恢复了柳溥庆的工资,并补发了所扣下的工资,补发了1万多块贴补家用,柳溥庆给子女4户人家每人500元。大外孙女柳桦与外公外婆生活,每月给外婆10元,也得到500元。这时柳溥庆想到了女儿柳伦。

10月2日9点柳溥庆来到柳伦家里,兴高采烈地请女儿去工人俱乐部看电影,11点散场,路过隆福寺人民市场。

"伦,陪爹爹去商店一趟,你看这只坤表哪能?"

"样子蛮好。"

"爹爹帮侬买一块?"

"好的呀。"

"多少钱?300元!瑞士表……"

"太贵了,不要不要!真的不需要啊。"

柳伦一边向外走,一边说:"爹爹,你不要客气,要用钱的地方多,侬留着。"

"你为家做了许多工作,贡献很大,你们两口子是我的左膀右臂啊。不论是编字帖,还是写材料,你和姚克明都辛苦了。"

说来也巧,中华人民共和国成立初,为了加强中南海的警卫工作,中央从全国各地调年轻的干部进京,姚克明从浙江省调来,柳伦作为家属,1953年10月共同进了北京,来到北京在毛主席身边工作,一家人都为之高兴,也回到了父母身边。

鉴于柳伦在浙江干部培训学校有3年的教学经验,就进入了中央警卫局学校当了文化教员。姚克明1955年去上了大学,当了一名法官。"文革"起,清理队伍,组织上要柳伦与父亲、丈夫(姚克明被打倒)脱离关系,柳不允,1967年去了景山西街学习班。1969年1月下放江西五七干校。到了1973年底,北京有关部门到江西干校选调教师,她才回北京做了中学老师,后来在北京市55中国际部任主任。

这个时候一家人凑在一起吃顿饭,也是奢望,好不容易大家坐下来,柳溥庆问了问大家的工作情况,小道消息和政治谣言,也姑妄听之。

熬过严冬不胜春寒

不动声色,天冷了下来,夜长了起来。

捌章　狂涛险滩　难耐春寒

图8-14　1967年元旦，柳溥庆全家11人在天安门广场前合影
前排左起：董履平（幼媳）、柳百里（次女）、柳林（柳百琪长子）、姚柳闻（柳伦之幼女）；后排左起：王华初（长媳）、柳百琪（长子）、姚克明（长婿）、柳溥庆、周砥（夫人）、柳百坚（幼子）、柳伦（长女）

柳溥庆感到不适。

周砥说："你就不要去了吧，"他摆摆手。

"叫柳桦陪你去？"他停了一下，接过周砥递来的水，喝了一口，"还行。"

东窗外有几棵杉树，今天格外引起他的注目，缘何？它们本来不是这个颜色，是绿的或墨绿的，怎么一下子成了暗红色，他每天都要眺望远方，忽然发现，有时候的变化就是在一夜之间发生的。

"诶？本来从家走到公共汽车站的路不算长呀，今天怎么会在路上走了这么长的时间？公共汽车也出奇地挤！"那时候柳溥庆戴了一顶帽子，也没有人给自己让座。当时的样子一定很难看，一手拉着把手，另一手还要扶着腹部的塑料盆。

好不容易来到单位。望着大楼，整一个6层，没有电梯要走上去。他扶着把手一步一步往上挪。许多认识的人都从他身边走过，还回过头看他，看他那苍白的脸。"啊！你怎么了？要不要帮助？"等到坐定，他只觉得天旋地转，主持会议的人在说什么？他全然听不见。

这是怎么回事呢？极度的不适，严重影响了他的情绪。他竟然在学习班上打起盹来，咯噔一下，他再定睛一看，笔记本上歪歪斜斜写着陀思妥耶夫斯基、托洛茨基……

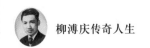

晚上6点钟他终于回到了家里。说了一句：今天特别累，让我先休息会儿。"吃饭了。"

周砥推开房门，见他歪斜在床上鞋也没脱。

"我，我不想吃，只觉得浑身无力。"

众人七手八脚，问街坊借了一辆三轮车把他送到了医院。

医院里人满为患，嘈杂声不绝于耳。

人满为患，人满为患！这个患字，多么形象！汉字都是象形文字，"串"，你看呀，就是把穿在绳上的一组东西（事情和问题）放在心的上面悬挂起来，不就是提心吊胆地担心啊……忧患，患病，患得患失……担心搞特殊，柳溥庆不要单位车接车送的待遇，等到真正要用车的时候，却一筹莫展，还要被讥笑：你没有这个老红军、老干部、老革命、老专家资格……他要担心的事太多，眼下最担心的事情终于来临了，他在流血。

恍惚之中，脑子突然出奇地清醒——

已经晚上九点一刻了，墙上的钟在咔咔走着。

医院急诊室的热闹声远了。一个年轻的医生走近用眼角瞟了他一眼。见他疼得厉害，赶紧给打了一针止痛针。

"医生啊医生，你只见我在流汗，没看见我在流血，是流血，不是留学！"

柳溥庆心里想着，却说不出来。

这些医生不知道柳溥庆犯的什么病，也不知道用的什么药，更没办法对症下药。

他躺在走廊里临时的加床上，肯定谁也没有想到，一位1926年的党员，现在该享受什么医疗待遇？但他应该会想到，一个75岁的老人，按人道主义的做法，应该可以进病房接受治疗吧？

周砥的手还拉着柳溥庆的手，一丝温暖使他一怔，"你快回去吧，我还能挺得过去。有什么要说的？我说的太多太多了，所有的都有文字图片记录，整整一皮箱，都在那里了。"

久病成良医，他心里很明白，肯定还是老地方出了毛病。

钱主任啊钱主任，你在哪里呀？柳伦也不在，要告诉她去找。

好不容易熬到天亮。大家望着一脸疲惫的妈妈，在身边的子女要求快回家再躺一会吧！

"你听听他在说什么？"柳溥庆动了动嘴，半天没说出话来。

这一天一夜没进食没喝水的，等到清醒了，呃，饿了，喝点粥吧。

天亮了。柳溥庆突然拉住了百琪的手,过了一会又松开了。他指着自己的腹部。

"恐怕还是老地方老毛病犯了,血管瘤破了,我在流血,还在流。"

众人感到心乱如麻。

"医生,医生,快来,血压要没了,爸爸他好像不行,真的真的不行了。"

他的脸越来越白,额头也越来越亮。

医生没法实施抢救,这时候才找到以前的病历——腹主动脉瘤出血,动不得。

"我为这个事业流尽了最后一滴血……"

北京阜外医院,1974年10月24日上午九时一刻,一颗坚贞不屈的心脏停止了跳动。

年过古稀的柳溥庆同志因腹部主动脉血管瘤破裂,无法抢救,于1974年10月24日在北京病逝,享年74岁。

没有遗言和告别,一代光荣的印制人、印刷泰斗、印钞技术主帅与大家永别。

感时花溅泪,恨别鸟惊心。笔者写到这里,不觉泪流……

啊,柳公您活得充实,没有一天不在工作;走得太突然,没有留下任何遗言。您身后留下的却是中国印钞事业的坚实奠基!您留下的是生命不息奋斗不止的革命精神。

您不给家人尽孝尽责的机会,不浪费国家医药治疗资源,捧着一颗心来,不带半根草去。说走就走了,就好像远渡西欧,在巴黎、莱比锡和莫斯科的印刷厂里,又仿佛闯上海、走香港,进而进北京印制行业。

您应该没遗憾,总行已为您平反,又恢复了您的组织生活,您还有诉求没被采信,但已然看到了希望。

就在您走的第二年,曾经的战友邓小平全面主持工作,提出把国民经济搞上去。

然而您最终没有等到两年后内乱结束、人民的胜利的那一天,最终没有看到6年后正义审判的那一刻。

您应该欣慰,我们的党正式提出以经济建设为中心,彻底结束以阶级斗争为纲的错误路线,党的十一届三中全会高扬起改革开放伟大决策的风帆。

历久弥新,历久弥香,好在历史是人民写的。在您走后的40年里,我们国家发生了翻天覆地的变化,您的事迹也不断地被点击、刷新。

玖章

水落石出　青松高洁

柳溥庆（1974年）

玖章　水落石出　青松高洁

无 尽 的 思 念

　　年逾古稀的柳溥庆，虽熬过了严冬，却不耐春寒，没有等到拨乱反正的那一天，经历了"文革"期间长达8年的不公正待遇，身心疲惫，于1974年10月24日在北京病逝。

　　阜外医院上午九时许，子女们送走了辛劳一生的老父亲，分头忙着准备后事，并向单位报丧，一阵忙乱之后，回到家里，找出了他出国穿的中山装，还不敢马上告诉妈妈。

　　周砥闻讯已是下午，她卧病在床，问："你们怎么还不去医院？"

　　柳伦悲声大放："爹爹走了呀……"

　　这时所有的人才知道或者真正意识到，参天大树轰然倒下了，顿时天旋地转，一家人哭作一团。

　　之后许多年，周砥写下她无尽的思念：

　　"溥庆没有留下一句遗言，没有和我告别，就匆匆地离我远去了，使我遗憾终身！

　　1974年，他的冤案尚未完全平反，溥庆是带着遗憾过早地离世，在他走后的漫长的岁月里，我时刻都在想念着他，我们共度沧桑的情景，桩桩件件常浮现在我眼前。

　　在痛苦的时候，回忆幸福的时光，更加深痛苦。

　　在莫斯科春意盎然的日子里，我们有缘千里来相会，从相识、相知到相爱，有情人终成眷属，成为革命的伴侣。风雨同舟，患难与共，相濡以沫，互相鼓励。在坎坷的进程中亲密地并肩奋斗，经历了将近半个世纪的风风雨雨。

　　当革命工作和个人利益需要选择的时候，他毫不犹豫地选择了前者。新婚后神秘失踪，他是为中共六大做工作去了；他把气节看得比什么都重要，不为日伪服务，不屈服国民党的欺压，为革命先辈迁坟，不让英灵遭到玷污；中华人民共和国成立后放弃了香港的高薪，主动请求减薪。心里就想着别人，他把无私的爱献给了亲人，给了弟弟妹妹，还给了他的战友和同志们。

　　作为妻子，我时时刻刻都能感受他对我的爱和无微不至的关怀，而我对他的关爱照顾实在太少了。

　　溥庆革命第一、他人第一的崇高品质，不仅在我们共同生活时对我产生影响,而且在他离开我之后的几十年中,继续在影响着我。溥庆是我学习的榜样,也是我们全家应当学习的榜样。"

子女们追思先辈,睹物思人,见老人家留下成堆的文稿,整理出来,将有史料价值的写成文章发表,计有 28 篇,多方面反映的都是为党所做的事业而做的工作,也有和他有关的方方面面的人,汇合在一起,组成团队的群像,大家共同奋斗,才创造了中国近代印刷印钞的历史。

最 后 的 告 别

柳溥庆去世不久,举行了追悼会。在审查还没结束还没完整结论时,有关领导的出席,就是对他肯定的评价,只不过原本由单位负责的致悼词,改由家属来完成,悼词要组织审定。

图9-1　1974年冬,在北京八宝山革命公墓礼堂举行了柳溥庆同志追悼会
中国人民银行总行行长陈希愈[(一排左二起)李沐英、朱仲芷、曹立凡和肖凯(一排左六)、张仲实(二排右一)]等参加了追悼会

定下的日子在一周以后,北京八宝山革命公墓礼堂举行了柳溥庆同志追悼会。奉上级指示,中国人民银行行长陈希愈等领导率印制系统的局、所和五四一

厂的同志,以及亲朋好友李沐英、曹立凡、肖凯、张仲实等共计100多位同志出席了追悼会。

愁云低垂,秋菊含泪,柳溥庆安卧在鲜花丛中,人们在哀乐声中念起了他生前的好,不觉悲从中来,抽泣声一片。

追悼会由单位工会代表主持,柳伦代表家族致悼词。稿子还交中国人民银行组织审定,为逝者尊,为长者讳,没有提开除、被捕和受迫害的事,在历数了柳溥庆传奇人生事迹之后,柳伦几度哽咽——

历史公正,冤案平反,丹心高洁,正气永存。

生我、养我、教育我成人的父亲教导我们:

革命第一,学习好科学技术知识,拥有为人民服务的本领。我们欣慰地告诉父亲,子女8人都有专业,在工作中都有出色的表现。

为了钻研技术精益求精,父亲放弃一切娱乐活动,生活有规律,严于律己,宽以待人,革命第一,他人第一,是广大的革命同志的良师益友。

柳溥庆也是我们全家学习的榜样——

我们要学习他,一生做一个有理想并且永远忠于理想的人;

我们要学习他,一生做一个正直处事实事求是坚持原则的人;

我们要学习他,一生做一个在学习上孜孜不倦的人;

我们要学习他,一生做一个在工作上精益求精的人;

我们要学习他,一生做一个坚持乐于助人的人;

我们要学习他,一生做一个在生活上简朴的人。

您放心吧,我们姊妹兄弟一定团结一心,孝敬照顾好妈妈,各个家庭和睦,化悲痛为力量,努力工作,在毛主席革命路线指引下奋勇前进!

父亲,您安息吧。

"文革"结束后单位的平反

1976年发生了太多太多的事情。周总理逝世,爆发了天安门悼念总理的"四五"运动,继而邓小平下台,接二连三,朱老总和毛主席去世,为中国人民银行书写行名的董必武副主席也早一年去世了……

终于到了10月,称为胜利的10月,人民的胜利。党中央一举粉碎了"四人帮",一时间,神州大地都唱开了——

大快人心事,揪出"四人帮",揪出"四人帮"!

这时节，没有什么能比常香玉豫剧吟唱郭沫若写的《水调歌头》，来得更回肠荡气——政治流氓文痞，狗头军师张，还有精生白骨，自比则天武后，铁帚扫而光，铁帚扫而光！

哎嘿嗨！全国上下都在哼唱，痛快淋漓，拨乱反正，大地重光——

百废待兴。1978年3月全国科学大会在北京召开。在举国上下重视科学技术的热潮中，同年5月20日召开了中国人民银行印制科技会议，8月由中国人民银行总行批准，以印制系统72型机实验小组为基础，重建研究所。

全国科学大会提出科学技术是生产力，四个现代化关键是科学技术现代化的思想深入人心。

组织没有忘记柳溥庆。1979年4月6日中国共产党中国人民银行党组首先做出"关于柳溥庆同志的平反决定"，将强加给知识分子工程技术人员的政治罪名全部推倒，为柳溥庆在"文革"中的冤案平反。

继承先辈的遗志，子女们不断地上访，以事实继续申述受王明路线迫害的事实。再说此时，我党对王明已有定论：1930年他从苏联回国后，打着"反对立三路线"旗号，在1931年1月的六届四中全会上夺取了中央领导权，至1934年间，在党内推行一条以教条主义为特征的"左"倾冒险主义路线，对革命事业造成了极大危害。他在莫斯科中山大学所做的决定，殃及许多人，柳溥庆、周砥也在其中，受到迫害。

王明1956年托病一家到苏联，发表反华文章，再也没有回来。1974年3月27日在莫斯科客死他乡。

邓小平文集的珍贵照片

1988年，八开大版式的画册《邓小平》又厚又重，定价为每册100美元。在香港印制出版发行后，邓小平同志特意派杨尚昆同志的儿子杨绍明等三位同志，找到柳伦当时迁居在北京朝阳区东大桥的宿舍，将三部《邓小平》隆重送交给柳伦。他们说，小平同志在法国的照片如今存世、印在画册中的，只有3张，其中有2张照片是柳溥庆带回珍藏后提供的；他17岁拍的照片，放大后成为纪念邓小平大画册中的第一张巨幅照片，小平同志还记得，是1965年柳伦在中南海工作时托张宝忠转送的，所以他派了画册主编杨绍明亲自向柳家致谢并送三部画册给柳家，留念。

柳伦记录了这段往事——

我当然十分惊喜！因为，这部画册在北京书店里不仅见不到，也买不起啊。那时，听说100美元最贵时，可以换作人民币1 100多元！而解放初期出生，上山下乡插队返京工作的年近40岁的工人工资，当时每月只有三十几元，多数工人工资每月不到50元。买一部《邓小平》画册，工人需用两三年工资！而我当时已经离休，也需要近一年的基本工资才能买一部《邓小平》画册。如今，我一下子得到了三部！这是一份厚礼！我想过，这应该是小平同志表达的对先父柳溥庆同志对待革命战友忠贞不渝真挚情谊的真诚感谢！应该是邓小平同志送给父亲的，不是送给我的。

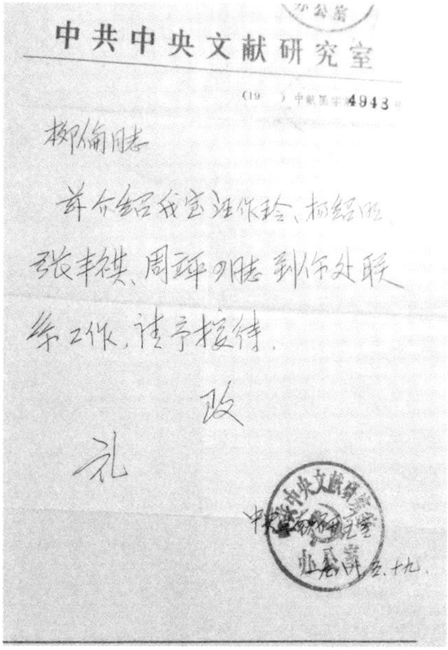
中共中央文献研究室

(19　)中献第字4943

柳倫同志

兹介绍我室汪作玲、杨绍俊、张丰祺、周玮同志到你处联系工作，请予接待。

致

礼

中共中央文献研究室办公厅

十九

图9-2　中共中央党校文献研究室赠送大型画册《邓小平》的介绍信

于是，我自己保存了一部，给百琪与百坚两位弟弟各保存一部。我们姐弟三人将三部《邓小平》画册从1988年珍存至今已整整30年！

去年4月，我数病并发迅速，有病危感觉时，赶紧将自己保存的《邓小平》画册和有关父亲的一些文物再次捐赠给了中国印刷博物馆收藏。

去年9月，小弟柳百坚、董履平夫妇去靖江市参加庆祝国庆70周年的主题教育展览“学习柳溥庆，初心永不忘”时，我也建议他俩将他们保存的《邓小平》画册送给靖江市收藏，因为这本画册是父辈老革命的战友情谊的实物代表！应该交祖籍靖江市党委组织保存。

中组部发文承认柳溥庆为1926年的党员

距离中国银行党组对“文革”这段冤案的平反，又过了10年，由于周砥不停督促子女每年申述，终于在1989年11月10日，迎来了中共中央组织部下文，撤销了王明于1930年做出的错误处分，中国人民银行的领导把文件送到家，周砥拿到批示的文件，热泪盈眶：溥庆啊，你终于真正归队了，你终于得到承认了！

中共中央组织部　干审字(1989)216号文件

中共中央国家机关工作委员会：

关于柳溥庆同志党籍问题的请示报告收悉。经研究，同意承认柳溥庆同志一九三〇年至一九五〇年的党籍，党龄从一九二六年入党时算起。

此复

中国共产党中央委员会组织部(章)一九八九年十一月十日

与此同时，中共中央国家机关工作委员会也以"国党工组通(1989)26号文"批转了中组部的文件。

中共中央国家机关工作委员会国党工组通(1989)76号文件

关于柳溥庆同志党籍问题批复

中国人民银行机关党委：

关于柳溥庆同志党籍问题，中央组织部已批复，现将中央组织部的批件转去，请按批示办理。

中共中央国家机关工作委员会组织部一九八九年十二月六日

中共中央国家机关工委办公室一九八九年十二日六日印发

图9-3　中共中央组织部发文承认柳溥庆同志1926年入党的党龄

图9-4　中共中央国家机关工作委员会组织部转发中组部文件

玖章　水落石出　青松高洁

柳溥庆去世 15 年后,才把近 60 年前的案子推倒,恢复 63 年的党龄,或者说是承认 1926 年党员,享受到老红军的待遇。

周砥也落实了离休干部的政策

柳溥庆去世后,周砥真正化悲痛为力量。此后,她下决心为柳溥庆几十年前的冤假错案平反。她积极寻觅人证,搜集物证,自己写申诉,还年年督促子女写。经过 15 年努力,柳溥庆 30 年代的错案终于被平反了。

图 9-5　周砥和柳氏全体族人合影

其后,83 岁高龄的周砥又为自己恢复党籍提出申请要求。待组织审查时,已是 90 年代了,能为她 30 年代入党作证的几位老同志都已去世,找不到证人了,也没有找到有关的证明材料。1997 年,上海党组织找到一位当年香港地下党的领导人万流一同志,他能证明她 1948 年在香港从事革命工作的历史。经她的留苏同学李文宜、袁溥之、帅孟奇与王鹤寿等同志先后的亲切过问与证明,再经中共上海市委组织部批准,周砥从 1998 年 1 月起,由退休改为离休(她于 1985 年起享受退休待遇),参加革命时间,从 1948 年算起。

这一年,周砥 92 岁了。纵观史实,作为 1925 年参加革命,留学苏联,舍生忘死,不计报酬,无私奉献,长期从事艰苦地下工作的老革命,她从不居功自傲,宣扬显摆;她长期患病、无名无利;痛失老伴、生活艰难,也从不怨天尤人、消极悲观。她本来级别不高,工资很低,56 岁后又为国家节约、放弃退休待遇,自动留职停薪了20多年,以致困难到无钱治病的地步,她也从不后悔,从不埋怨。

在1998年组织肯定了她中华人民共和国成立前从事的革命工作,批准她为离休干部后,她由衷地感谢党、感谢组织关怀,以92岁高龄,继续时时关心改革开放后国家前进的新步伐、新气象、新成果,为中国的伟大复兴而激动、而兴奋。

又一个世纪之交,1999年2月3日上午9时,周砥因呼吸衰竭,与世长辞,享年93岁。从此时起,周砥同志与志同道合、相濡以沫、出生入死、患难与共、共同为共产主义理想奋斗终身的革命伴侣柳溥庆同志一起,安眠在八宝山革命公墓。

周砥逝世后,她所珍藏的柳溥庆的资料(文稿、日记和图画)被逐渐披露出来,分别捐给国家博物馆、中国印刷博物馆和中国印钞造币博物馆。

中国印刷博物馆个人业绩专柜

柳溥庆在政治上平反以后,恢复其在业务上应有的地位,大力宣传他们的业绩,党组织和印刷界的同志们做了许多纪念活动。

人们没有忘记柳溥庆!

图9-6 中国印刷博物馆为柳溥庆设立展示专柜

机会一次次来了,中国印刷博物馆,位于北京市大兴区黄村兴华北路25号,是世界上最大的印刷专业博物馆,1996年6月1日正式建成并对外开放。该馆特设了两个专柜，长期展示柳溥庆的印技创新业绩。

中国印刷博物馆总建筑面积约 8 000 平方米，展陈面积约 6 000 平方米，设有中国古代印刷展厅、世界近现代印刷展厅、印刷设备馆、数字展厅及临时展厅等。博物馆内不少珍贵藏品是由博物馆顾问专家委员会和一些社会知名人士捐赠的，从有历史价值的陶器、经书，以及古、近代的字模、铅字、印刷设备，到成套的印刷书籍。

柳溥庆同志百年诞辰纪念大会

为迎接在北京举行的第七届世界印刷大会，我国印刷界要找一个全面研究印刷技术并且卓有成效的人物，非柳溥庆莫属。

一时间，关心问候的人纷至沓来，中国印刷技术协会名誉理事长王益、《中国

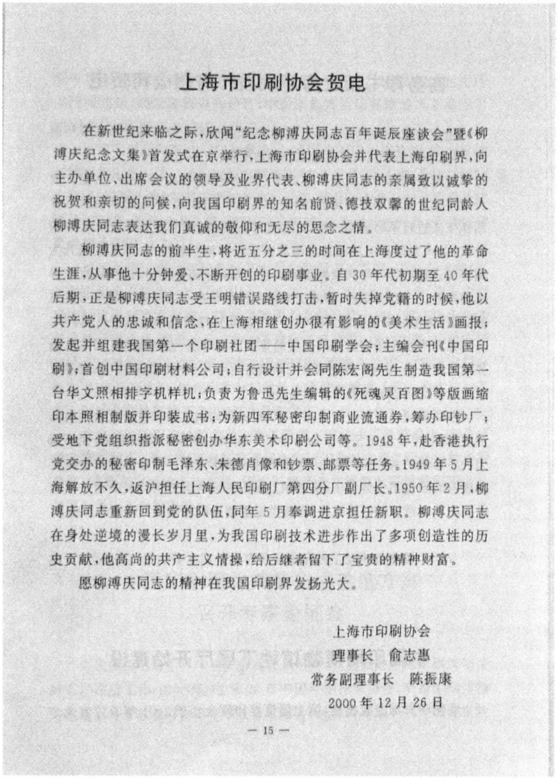

上海市印刷协会贺电

在新世纪来临之际，欣闻"纪念柳溥庆同志百年诞辰座谈会"暨《柳溥庆纪念文集》首发式在京举行，上海市印刷协会并代表上海印刷界，向主办单位、出席会议的领导及业界代表、柳溥庆同志的亲属致以诚挚的祝贺和亲切的问候，向我国印刷界的知名前贤、德技双馨的世纪同龄人柳溥庆同志表达我们真诚的敬仰和无尽的思念之情。

柳溥庆同志的前半生，将近五分之三的时间在上海度过了他的革命生涯，从事他十分钟爱、不断开创的印刷事业。自 30 年代初期至 40 年代后期，正是柳溥庆同志受王明错误路线打击，暂时失掉党籍的时候，他以共产党人的忠诚和信念，在上海相继创办很有影响的《美术生活》画报；发起并组建我国第一个印刷社团——中国印刷学会；主编会刊《中国印刷》；首创中国印刷材料公司；自行设计并会同陈宏阁先生制造我国第一台华文照相排字机样机；负责为鲁迅先生编辑的《死魂灵百图》等版画缩印本照相制版并印装成书；为新四军秘密印制商业流通券，筹办印钞厂；受地下党组织指派秘密创办华东美术印刷公司等。1948 年，赴香港执行党交办的秘密印制毛泽东、朱德肖像和钞票、邮票等任务。1949 年 5 月上海解放不久，返沪担任上海人民印刷厂第四分厂副厂长。1950 年 2 月，柳溥庆同志重新回到党的队伍，同年 5 月奉调进京担任新职。柳溥庆同志在身处逆境的漫长岁月里，为我国印刷技术进步作出了多项创造性的历史贡献，他高尚的共产主义情操，给后继者留下了宝贵的精神财富。

愿柳溥庆同志的精神在我国印刷界发扬光大。

上海市印刷协会
理事长　俞志惠
常务副理事长　陈振康
2000 年 12 月 26 日

— 15 —

图 9－7　上海市印刷协会贺电

党史研究资料》主编陈夕来了，国家教委副主任柳斌打来电话，中国当代摄影学会主席杨绍明、上海印刷协会顾问万启盈也来了。中国国家博物馆、中国印刷博物馆、中国印刷协会的领导都来了，为印刷界有柳溥庆这样的优秀人物而自豪。

2000年12月26日，中国印刷技术协会、中国印钞造币总公司、中国印刷博物馆，联合举办了"柳溥庆同志百年诞辰纪念大会"，中国印刷技术协会为此盛举编印了专刊与简报，向全国印刷界通报。

会上宣读了上海市印刷协会发来的贺电，由上海市印刷协会理事长俞志惠和常务副理事长陈振康联名致贺。

第七届世界印刷大会上介绍柳溥庆

国际印刷界规模最大、影响广泛的第七届世界印刷大会，于2001年5月21日在北京开幕。这次大会是新世纪国际印刷界的一次盛会，来自五大洲25个国家和地区的近3000位印刷及相关业界的代表围绕"21世纪知识经济对印刷业的挑战"这一具有鲜明时代特征的主题相互交流。

柳溥庆是我国唯一能用多种外语及时关注世界各国印技动态，力争使我国印刷技术赶超世界先进水平的印刷专家，他所代表的中国印刷人所拥有的技术水平和创新精神，完全可以自立于世界民族之林。

在大会上，首发了《柳溥庆纪念文集》，柳伦出席大会，向世人介绍其印技创新的光辉事迹。

柳溥庆的传奇人生引起了与会的各国代表的极大兴趣。

他从13岁在世界闻名的商务印书馆做铸字童工做起，勤奋好学刻苦钻研，掌握美国的制版印刷技术、法国的美术照相制版印刷技术，改良德国印钞机，在苏联印刷厂指导，成为一位跨界的天才，在绘画美术、照相制版、印刷机械、水印纸研制和印钞工艺等多个专业和学科都有出色的表现。尤其在照相制版和印刷技术上有许多发明创造，被誉为中国近现代印刷业的泰斗，是新中国印钞科技工作的奠基人。

近年来，中国印钞造币总公司编写的面向全社会公开发行的出版物上，对柳溥庆给予高度评价。

如：2006年12月出版的《当代中国印钞造币志》（上中下三册，中国金融出版社）、2008年9月编印的《百年北钞》、2009年10月出版的《中国红色印钞造币事业八十年》（上下两册，中国金融出版社）、2010年8月出版的《中国名片：人民币》(中国金融出版社)等书籍和专刊,对柳溥庆做了专版介绍。

被评为杰出出版家

在纪念中华人民共和国成立60周年之际,受新闻出版总署委托,中国出版工作者协会和韬奋基金会,联合中国出版科学研究所、中国出版集团、中国印刷技术协会、光明日报社、新闻出版报社、中国图书商报社、中华读书报社、人物杂志社、新浪网等单位,共同举办了"新中国60年百名优秀出版人物"评选活动。柳溥庆被我国新闻、出版、印刷界评为新中国60年22位"杰出出版家"之一。

2009年12月2日,《光明日报》《中国新闻出版报》等新闻媒体公布了评选结果:"新中国60年百名优秀出版人物"评选活动得到了社会各界的关心和支持,候选人名单和简要事迹在媒体公布后,各地各界热情关注,投票踊跃。经公众和专家投票,报经活动组委会和新闻出版总署审定,评选出22位"新中国60年杰出出版家"和"新中国60年百名优秀出版人物"。

柳溥庆以中国印刷技术泰斗和对出版印刷的卓越贡献,与胡愈之、周建人、胡绳、叶圣陶、冯雪峰、张元济、王子野、王匡原、王选、王益、包之静、汪原放、张静庐、陈原、陈翰伯、范慕韩、姜椿芳、徐伯昕、爱泼斯坦、黄洛峰和梅益中等中国现代著名作家、教育家、编辑家、出版家等"大师级"文化名人一道,当选为"新中国60年22名杰出出版家"。柳溥庆的工作业绩和贡献,达到了"新中国60年杰出出版人物"的三条评选条件:

1. 以自己独到的理论建树,独特的实践创造,对我国出版业的发展、改革与繁荣做出杰出贡献者。

2. 在出版、印刷(或者复制)、发行某一领域,有独创性发明或开拓性改革,其成果产生广泛深刻影响者。

3. 在出版界德高望重的领军人物,其工作和业绩有较强的代表性、示范性、典型性。

在各大新闻媒体和网上公布的柳溥庆简要事迹:

……1920年任商务印书馆印刷厂影印部副部长。1924年赴法勤工俭学,先后毕业于里昂国立美术学院、巴黎国立高等美术学院、巴黎印刷学院。1927年奉调至莫斯科中山大学学习。1929年应聘在苏联消息报、工人日报印刷厂和莫斯科中央美术制版厂任技师。

1932年发明"红墨水修版法"。1933年在上海与友人发起成立中国印刷学会,创办《中国印刷》杂志,建立华东美术照相制版印刷传习所。1935年发明汉字手动照相排字机。抗日战争期间,在上海秘密印制苏北解放区通用钞票,并在苏北筹建印钞厂。中华人民共和国成立后,任中国人民银行总工程师兼印制科学技术研究所所长。1950年9月下旬,他创造了"先金后压印"的新工艺流程。1953年在民主德国自主发明"凹版印钞多色接纹逆转擦版法",在世界上首次实现了一次印成多色接纹凹印钞票。1953年发明了中国首台钞票烘箱,改变了人工在70摄氏度高温工房操作的传统。1961年与轻工部合作组织科研攻关,成功研制出我国第一批水印钞票纸。

著作有《近代平版印刷术之理论与实践》《照相凹版术》《蛋白版的原理和方法》,译著有《欧美印刷名著摘要》等。

光荣的印制人"寻访柳溥庆,凝聚正能量"主题活动

2014年8月,中国印钞造币总公司团委为传承老一辈共产党人和印技专家的优秀品德和奋斗精神,组织开展了"寻访柳溥庆,凝聚正能量"主题活动,号召

图9-8 柳溥庆纪实专刊

玖章　水落石出　青松高洁

全体印制工作者,"一起学习柳溥庆同志,励精图治,勤俭建国,奋发进取,锐意创新,为实现印制强国梦,不懈奋斗!"

自"寻访柳溥庆,凝聚正能量"活动开展以来,数百名团员青年参加寻访系列活动,柳溥庆的传奇人生,被越来越多的人知晓;柳溥庆的感人故事,被越来越多地传颂;柳溥庆的崇高精神,正越来越广泛地传播,激励我们奋发向上,鞭策我们让梦飞翔。

寻访活动成效显著,但仍未达到预期的目标,对柳溥庆的史料征集仍不完整,对柳溥庆的事迹挖掘仍不深入,对柳溥庆的出版印刷学术思想研究仍不系统。寻访活动仍将继续,我们将持续不断地走近柳溥庆,认识柳溥庆,了解柳溥庆,感悟柳溥庆,致敬柳溥庆……

柳溥庆,是与毛泽东、周恩来、邓小平等老一辈革命家同期投身大革命运动的先驱,是中华人民共和国印钞科技研发的开拓者和奠基人,是印制行业先进模范人物的杰出代表。

要准确了解柳溥庆充满传奇、跌宕起伏的一生,我们就要博览群书,查阅多方面的档案史料,全面了解中国近现代史、中国革命史、中共党史、建国后历次政治运动和"文革"等重大历史事件及历史人物的生平事迹,仔细查证、真实还原柳溥庆投身人民币印制所做的大量工作和杰出贡献。

寻访柳溥庆,不仅仅是为柳溥庆个人建立的功业评功摆好,而且是为了纪念柳溥庆与王文焕、贺晓初、杨秉超等那一批志同道合、奋发图强、艰苦创业的印制老前辈,在激情燃烧的岁月和极其艰难的条件下,废寝忘食、夜以继日、忘我工作,为人民币印制事业做出的非凡贡献。

"为什么我的眼里常含泪水?因为我对这土地爱得深沉……"我们热爱印制,我们感恩印制,是因为印制有太多太多值得荣耀、催人奋进的时代精英、杰出人物和优秀人才,有无数引以为豪、激动人心的辉煌业绩和丰硕成果,有深厚的代代相传、凝聚人心的优秀文化和宝贵的精神财富。

静下心来,认真阅读这一篇篇纪念柳溥庆、缅怀柳溥庆、歌颂柳溥庆的文章,凝视着老照片上那些早已逝去的历史风云人物,让人感叹,引人深思,令人浮想联翩和久久回味。历史总是惊人的相似,前事不忘,后事之师。我们不仅要继承前辈创造的光辉业绩和成功的经验,也要汲取在探索路途上遇到的挫折和付出沉重代价的教训。

历史的车轮滚滚向前,面对新形势、新常态、新任务、新挑战,要实现"印制强国"的愿景,时代呼唤柳溥庆,呼唤柳溥庆式的人才层出不穷,呼唤柳溥庆这样的具有国际一流水平的科技领军人物、具有精湛技艺的高技能人才源源不断、脱颖而出。

习近平总书记在参加"实现中国梦、青春勇担当"主题团日活动时勉励广大青年,展望未来,我国青年一代必将大有可为,也必将大有作为。这是"长江后浪推前浪"的历史规律,也是"一代更比一代强"的青春责任。广大青年要勇敢肩负起时代赋予的重任,志存高远,脚踏实地,努力在实现中华民族伟大复兴中国梦的生动实践中放飞青春梦想。

工作者是美丽的。我们要倍加珍惜现在,珍惜印制行业当前这来之不易的兴旺局面,珍惜我们承担的光荣使命和工作岗位。我们期盼,有更多的青年朋友们,走近柳溥庆,了解柳溥庆,研究柳溥庆,学习柳溥庆,以柳溥庆为榜样,像柳溥庆那样去工作、学习和做人、做事,去实现自己的人生追求和梦想。

寻访柳溥庆,凝聚正能量。学习柳溥庆,迎接新挑战。走近柳溥庆,实现新跨越。柳溥庆的崇高精神和感人事迹,将为广大印制青年播种梦想、点燃梦想,让每个"敬业、职业、专业、精业"的印制青年都敢于有梦、勇于追梦、勤于圆梦,都为实现"印制强国梦"增添强大的青春力量。

笔者宣传柳溥庆

图9-9 《文汇报》庆祝中国共产党成立九十周年"风雨同舟"征文,笔者文章在《笔会》专栏发表

1. 2011—2012 参加三次征文活动

在追寻先人足迹的过程中,不断获得他们业绩的资料,一次次被感动,于是笔者写就文章先后参加了三次征文活动。

2011年 "百年家国"纪念辛亥革命一百年征文,在《档案春秋》杂志发表《父亲陈宏阁与新中国印钞业》,介绍两位老人三次重大的合作贡献。

"风雨同舟"纪念中国共产党成立九十周年征文,2011年在《文汇报》发表《一生有此荣誉足矣》,介绍陈宏阁与共产党人柳溥庆风雨同舟,合作完成印钞伟业而获得的崇高荣誉。

2012年 纪念上海美术专科学校建校一百年征文,在《上海艺术家》杂志发表

"印刷泰斗亦为上海美专之骄傲",介绍世人不太了解的,柳溥庆先生美术书法学养的研究。

文章入选发表,归功于前辈的精彩事迹,以及大家对人民币印制事情解密的关注。趁热打铁快马加鞭,2014年笔者在复旦大学出版社出版《一代造币专家陈宏阁》一书,全面介绍前辈的印刷人生,受到欢迎和重视。

2. 2014年在北京八宝山革命公墓红军墙

笔者参加了在北京八宝山革命公墓红军墙柳溥庆周砥夫妇碑前的祭奠仪式,宣读自己撰写的祭文,文中尊称其为柳公,表达了笔者对出版印刷泰斗、印钞技术主帅——柳溥庆老人家的尊崇感念之情:

图9-10 笔者在《上海艺术家》杂志发表《印刷泰斗亦为上海美专之骄傲——柳溥庆先生美术书法学养的研究》一文

图9-11 笔者与柳溥庆第二代子女见面

图 9-12 柳溥庆、周砥安葬在八宝山革命公墓

祭文

长风万里,秋气凛然浩荡。缅怀前辈,汇聚社稷庙堂。

晚生陈发奎,区区不才,特从父辈的发祥地上海赶来,代表家严陈宏阁之后世族人,计有一百余位,近前拜上。

伫立墓前凝视先贤良久,不觉岁月恍惚泪满巾裳。

遥想柳公当年,湘楚才女初嫁,雄姿英发,一生坎坷又何其辉煌。

自诞生以来,公元起始,新世纪曙光初照江南大地,随国际大都市之发展荟萃申城,出手不凡加入印刷行当,书画俱精才情万丈。

其天资聪颖,勤奋博望。俨然激进文艺青年,决意革命斗志昂扬。继而寻求真理,远渡重洋。活跃巴黎旅欧支部鞍前,学艺超群在法兰西里昂。忙碌中共六大马后,印技传授在苏维埃工厂。

遭无情打击政治发展无望,归国回来却打开技术之窗。堪为人中翘楚,驰骋隐秘疆场。

中华人民共和国成立即任要职,全面施展才华,柳公乃人民币印制国有化主帅,统领四方,印刷出版学术界的泰斗属众望,有自立于世界民族印刷之林雄心,自强不息创下丰功伟业勇于担当。中华人民共和国印技人才俱出柳公的门下,写下名震德欧技压群芳的辉煌。

与家严乃珠联璧合,柳溥庆陈宏阁合作共创留下一段佳话。先制成中文照排机、影写版凹印机配合默契,后制抗币、做掩护,再赴香港蓄力量庆解放,迎来全面建设驰骋在"亚核"战场。情同管鲍,义无反顾共谋大业,伯乐知遇,高山流水古道热肠。

面对先人心怀感恩,盛世有幸延续父辈情缘,再度携手,愿合作写下弘扬先人之篇章。

看天翻地覆,岁月洪荒,物是人非,几度沧桑,哀民族之不幸群体受苦又受难,庆盛世谱华章魑魅魍魉全扫光。告慰先人,柳公伉俪当喜迎东风,含笑在九天之上。

继承遗志,父辈精神永放光芒。天地悠悠,呜呼哀哉伏惟尚飨。

3. 武汉寻访

日暮乡关何处是?烟波江上使人愁!我伫立,突然想起在这武汉重镇,有太多的人文资源,也有与柳溥庆老先生有关的人和事,那就是这里有写过《柳溥庆传》的杨湘君,还有他的夫君胡金魁(起初想不起最后一个字,最后从我年初二去苏北的新四军纪念馆那里,想起蓝底白字新四军赣州办事处主任的名字)。他们住的水果湖红军楼四号。还有柳老曾于1938年在这里身陷囹圄……

想起了当年事,好不惨然呐!——不知不觉在丽日下我走完了长江第一桥。下得桥来,在汉阳江畔阴凉地,汗如雨下。电话响起,武汉的另一朋友告诉我寻人的情况——

胡金魁(1906.12.4—1982.7.23)官至省委组织部部长、政协副主席。

杨湘君(1926.10.25—1997.6.8)在教委任副厅长。

水果湖红军楼物是人非杳如黄鹤……

第二天,朋友打探又有进展,胡杨的女儿胡东妮,女婿骆地,省广电总局党委书记,现调离,电话没人接,再查。

此行探路,没有太多准备,好在朋友的姐姐是做媒体的,还在问询,我在下下周还要再去,要准备点资料,会人访人总要备好课。

胡杨有个儿子胡立东,居澳大利亚……

打电话给柳溥庆的大女儿,她有杨湘君给她的信。

4. 2015年访柳溥庆旧居、上海印刷博物馆

(1) 2015年访柳溥庆旧居 乍寒还暖天气湿漉漉,树木苍翠欲滴,我从奉贤路弄堂北巷进入72号楼后庭院,从后庭院旁门进入楼内。这座楼与奉贤路路北左右相连的十几栋住宅楼,当石门二路东面的张家宅住宅区几十栋楼结构一样,都是公共租界工部局在 20 世纪 20 年代统一筹建的。每座楼都是前三层与后三层相连,有着 9 个大间 7 个小间的木地板住房,前有微型花园,后有小庭院,都是同一式样的旧英式居民住宅楼。现在都被市政有关部门定为不许拆除的历史建筑物了。60 年前,我父亲陈宏阁轻车熟路多年常来此楼找柳溥庆谈事。

这是我父亲陈宏阁曾经熟悉的地方,如今为研究柳溥庆写好柳溥庆柳老,我来了。

走过一条长长的甬道,再踏着陈旧的木扶梯拾级而上,看梯左边沾满尘埃的雕花栏杆、右墙的百叶窗、龟裂的墙衣,我小心翼翼穿过拐角处的黑暗,梯侧有窗敞开,些许见亮;踏上二层,径直扣响前楼的旧房门,默念道:柳老,我找您来了。

这可是印刷泰斗、印钞主帅柳溥庆去北京赴任前住了 6 年寓所卧室的房门啊,他的夫人周砥 50 年代在上海印刷学校任俄文翻译,更在此间居住了长达 15 年之久! 我不假思索去敲"尘封历史"的大门,回音却从身后传来:侬寻啥人家?我脱口而出:柳溥庆……

图 9-13　笔者向在上海的柳氏族人介绍柳溥庆的光辉业绩

其实早已人去楼空,而他是我家中最耳熟能详的人。正是:

> 寂寞的风骨已将逝去
> 一代的名士也化作风尘
> 翻开这段老上海的历史

讲起那先贤们动人的故事

……

（2）2015年上海印刷博物馆　上海印刷博物馆拟设个人展室，在奉贤路72号故居内的旧书桌及椅子作展品。

5. 2016年上海柳溥庆事迹报告会

2016年柳溥庆事迹报告会　在上海市青少年活动中心的视觉艺术工作室，举行了柳溥庆事迹报告会，在上海的柳氏亲属16人出席了会议。

图9-14　上海印刷博物馆馆长滕莉为在上海的柳氏族人介绍柳溥庆光辉业绩

图9-15　2016年国庆，香港印刷业总工会邀请笔者做柳溥庆事迹宣讲

围坐在长条桌边的与会者认真观看了摆放的有关资料书籍和图片,陈发奎用PPT的形式讲述了他传奇的一生。

与会的亲属们纷纷表示:以前只知道这位亲戚是个人物,但不知道有这么多的贡献。以前只知道这个人物有了不起,但是不了解他历尽坎坷,还能够忍辱负重、坚持不懈,为党为国为民勤奋工作,他的伟大精神值得后世景仰。亲戚们感谢这生动一课,是柳氏家族的荣光,在柳溥庆的影响下,他的弟弟妹妹都走了进步的道路,参加了革命。他们的第二代也卓有成就。后代们深情地回忆了他的点点滴滴,他们都提供了各自的资料,如柳光青的业绩等。

上海印刷博物馆的藤莉馆长也即席讲话,上海总工会《主人》杂志编辑也应邀出席。

6. 香港印刷业总工会演讲

2016年4月22日永发印务有限公司 企业管理部周淑芬介绍曾为香港永发公司服务的人士柳溥庆、陈宏阁。

我自1996年在永发印务公司工作。1997年制版部同事问我可否扔掉一些放存已久的旧东西,我一看原来是珍贵的公司印刷文物,大喜大惊,视如珍宝。适逢母公司上海实业要求各子企建立公司档案室,我在1998年建立了一个小小的公司档案及历史资料馆。公司并逐一交给我自1917年公司董事会记录原稿及珍贵无价的名师画作,收藏馆中。

母公司上海实业在2014年构思统筹集团的历史编大事记及口述历史,建立上实公司历史馆。上海实业公司领导在2014年冬到访永发印务有限公司历史档案室,查询1948—1949年间,中国近代印钞之主帅柳溥庆先生在永发任职总工程师的第一手历史证明,却未有找到。

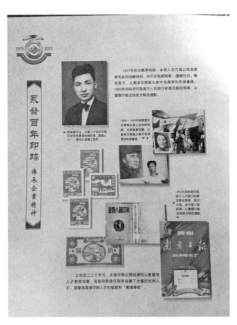

图9-16 香港永发印务有限公司成立百年画册设专版介绍柳溥庆

玖章　水落石出　青松高洁

2015年公司命我为编写永发印务年编大事记,一个人常在小小的历史档案室中工作至深夜,周末也常回去翻资料,埋首史料,越看越投入。夏天一日,陈发奎老师和他的女儿到访永发印务湾仔总部。陈是上海盛名画家、作家,而陈妹妹则是香港中文大学艺术博士研究生。他们没有与我预约,当接待同事说有人来访永发,询问永发历史,我感到奇怪极了。到大堂一见两位文化人气质非凡。坐下来一谈,得知他们自上海而来,陈发奎父亲是柳溥庆事业战友、近代中国铸币先驱陈宏阁先生。1948年,陈宏阁应柳溥庆邀请到永发印务铜锣湾旧厂房修理一部没有香港人懂的德国印机,在港工作了半年,完成任务。陈父限时在港为修机忙得很,在港期间,除了在厂房机器间工作,夜里挑灯思索方案,没在港留下多少足迹,只有几张发黄郊游照及后来柳溥庆先生对他在港工作的证明书。陈、柳两家人一直如家人相亲,陈发奎受柳家人请托编写《柳溥庆传奇人生》。

我不禁大喜,陈发奎到访岂不是上天掉下来的历史线索?我们实时约好第二天到永发新蒲岗厂历史档案室找第一手数据。因陈发奎提供了新的时间线索,终于在永发印务1948年12月6日董事会会议记录中找到了自上海聘请柳溥庆和下属数人来港负责照相影版技术的记载,随后又找到1948—1951年间永发印务的业务会议记录。柳溥庆参与了所有会议,册上有他那独特的毛笔亲书签名,十分珍贵。原始资料记述了柳公当年在永发传授德国影版制版技术、印刷技术、印机系统改进、采购器材、参与广州永发的建厂,以至永发生产制度的建立,功绩硕果累累。可惜的是并没有陈宏阁先生的资料。虽然如此,陈发奎仍十分欣喜。我立即领他到土瓜湾会见一位现年80多岁,40年代在永发当制版学徒的历史见证人,梁广权先生。

梁广权是永发印务前辈,一生贡献在香港的爱国爱港活动、印务行业及工人事务等。他在1948年时是一位年轻的制版学徒,师承柳溥庆徒曹立凡先生。曹立凡是随柳溥庆来永发的其中一人。梁广权当年在永发厂见过柳溥庆,后来一直与柳家保持联络至今。

虽然梁广权未能记起陈宏阁先生,但却在陈宏阁在港的旧照中认出永发人杨恕先生。杨恕是上海人,自1933年10月入职永发印务,最高职位为永发厂厂长。陈发奎出示陈宏阁与杨恕等人登香港太平山及访青山寺的郊游照。地点、人物及年纪等都对上了,成为陈宏阁其时曾在香港,并与永发人一起的证明。

2015年6月,我到上海为永发大事记再访陈发奎先生。他客气地邀我

到他家做客，认识了他太太陶医生，阅读了他女儿的诗作，真是一门三杰，超凡脱俗。他并实时挂电话到北京柳溥庆长女柳伦处，介绍我认识。后来柳大姐更为永发写了一篇关于柳公的文章，十分难得。

2016年4月3日，我与陈发奎全家在深圳晤面，陈发奎先生提供了中国印钞造币总公司《光荣的印制人》一书，面呈柳溥庆、陈宏阁两位先贤的全部资料。

陈发奎老师告诉我，那次摸上永发总部找数据，其实很怕受到冷落，却遇上一个热心的我。我跟他说，要不是他找上门来，我仍苦求柳溥庆及陈宏阁两位大师史迹不得，这真是上天的安排啊！

7. 2017年俄罗斯寻访

1928年4月至7月，柳溥庆（曾用名柳圃青）被党组织派至共产国际中国代表团工作。他在塞列布若那乡间的银色别墅，参加了中共六大的筹备，在周恩来任大会秘书长的秘书处工作；也是旁听代表，柳圃青编为71号，俄文名为：Бабушкин（巴布什金）。

   2017年9月13日　六大代表柳溥庆魂归莫斯科

捧着柳老的照片，面对蓝天白云绿树如茵，我轻声呼唤：柳溥庆，您老人家又回来了，这里是你们曾经战斗过的地方啊……

走进大楼，见到莫斯科中国文化中心分部、中共六大会址常设展览馆副馆长兼研究员马先军，他对我们的到来表示热烈欢迎，称这是接待的第一个国内的知青代表团，也是中共六大代表的后人（代表），第一次向纪念馆贡献资料。

我在收集馆史资料的同时，重点拍摄了馆藏陈列首次问世的原始文献（中俄文对照）。在周恩来秘书长领导下的工作人员中名单上有"柳圃青"的名字，我觉得文件中手稿和装帧表格，可能是柳溥庆留下的工作痕迹，有待与他的后代家人详细辩解。

座谈会由王总编主持，我代表六大代表的后人和来自各地的采风团成员陆续发言，浙江知青博物馆馆长叶亦通、《上海知青》杂志副总编颜新城、舟山嵊泗知青联谊会张友龙都觉得是一次深受教育的有意义的活动。

接着，采风团向六大纪念馆赠送礼品：《上海知青》杂志社总编、泛长三角知青旅欧采风团团长王建国，赠送炎黄慈怀知青基金发行的中国知青纪念勋章，福建知青文体交流协会制作的福建知青荣誉勋章，邵阳知青文化研究会制

玖章　水落石出　青松高洁

作的习近平像章,《上海知青》杂志若干册和卷首语汇编一册,青岛金红星赠写意花鸟画一幅,我作为中国美协委员赠送《中共六大会址》油画若干幅和六大代表的有关资料,浙江海宁知青联谊会会长谢伟民赠书法作品《中俄友谊长存》等。

马馆长表示收藏这些珍贵的资料,并安排展出。他对知青的精神高度赞赏,知青群体早已成为社会弘扬革命传统,承先启后继往开来的中坚力量。

马副馆长挂起党旗,让代表团的共产党员们宣誓,并且在纪念馆前合影留念。

参观中共六大会址纪念馆的时间约一个半小时,安排得短暂而又紧凑,意犹未尽,印象深刻,感慨万千。我不由想到:革命前辈是成功者,也是从血雨腥风中走过来的幸存者。要说我们知青曾经的磨难,与父辈经历过战乱兵劫、灾荒病疫和政治斗争的苦难,与在第一线经历苏联技术封锁和西方经济封锁的困难相比,真算不了什么! 我们虽然没有父辈那么艰苦而又辉煌,但是,改革开放30多年,正是知青这一代人的努力,成为创造今天大好局面的有生力量。有评论认为:我们知青最了解中国社会,刻苦耐劳,有知识能力和奉献精神,这是对中华民族优良传统和革命先辈精神的一种传承。因此,好儿女志在四方。独立自主、自力更生、艰苦奋斗、奋发图强和自强不息的精神,也是我们的知青精神,是永远需要倡导传承和发扬光大的。

8. 2018年黑河纪行

黑龙江流经这里时是那样的安静,黑河市的上游,江面的最窄处。

上马厂乡党委书记齐峰指着对岸俄罗斯境内的山峦,说这是过江的一个通道,那峡谷间似有小径下达江边树丛中,这里藏多少人也不会被发现。

现在水盛时节刚过,江面开阔些,但仍能估摸出冬天水枯冰封的样子。陪同的旅俄华侨史学家曹明龙是曾生活劳作在此多年的知青。他曾在冬日冰上过江中岛打柴。他说,冰封时节江面并不宽,也就五六百米,从江上走过来,爬上来是极容易的事情。乡史记载1942年陈雷(后任黑龙江省省长)等一干人等,就是从这里出境去苏联学习的。

这是一条红色通道! 在中苏漫长的边境线上有六处秘密通道。我据中共六大代表柳溥庆的后人柳伦(毛主席身边警卫局文化教员)口述,当年她父亲及三人就是从黑河这里偷渡回国。依据这条线索,是从苏联往这边来,把红色通道的时间推前了八年。中共人士回国,不能明走海参崴,只好取道于此。

1931年,柳溥庆(31岁,后任中国人民银行印制科学技术研究所所长。)、沙可夫(27岁,后任中央音乐学院院长)、李瑛(23岁,邓中夏烈士的夫人)三人,在海兰泡(后由俄方改为布拉戈维申斯克)所处的黑河这里过境回国。柳伦回忆说是四五百米的冰面。也就指这里最有可能,还有一处是江中岛,也是极易过得界河来的地方。

我凝望着多少回梦里神游的地方,见太阳光照强烈,广袤大地静悄悄。我极力想象冬日深夜冰天雪地的模样,极力体会三位热血南方青年经过北国风雪的淬火,成长为冷静坚毅的革命家的过程……

我们一行两车再沿江溯水而上。晚霞落晖,水上白雾腾江。当地人介绍,乡政府不远处目力所达地的江水热气腾腾,最冷时也就是一层薄冰。

传说此地乃黑龙腾飞之地!

9. 2019靖江记起了一段历史

靖江是一方具有光荣革命传统的热土,2019年该市举办了纪念渡江战役胜利70周年系列活动,启动了弯腰沟红色基地建设,就是为了将红色基因不断发扬光大,让红色基因不断传承下去。柳溥庆同志在特殊的战线上为革命事业做出了历史性的贡献。要通过事迹展,让更多的人知晓在战场一线外,还有很多像柳溥庆同志这样默默奉献的革命先辈,让城市永远铭记这一段不同的红色历史。

图9-17 笔者为靖江市委常委会做主题党课讲座,宣传靖江第一位共产党员柳溥庆

玖章　水落石出　青松高洁

图9-18　靖江市委书记赵叶等领导听取赵小华汇报柳溥庆传奇人生展览的情况
前排右二为柳百坚

　　柳溥庆同志的事迹为全体党员树立起一面旗帜，溥庆同志身上集中体现出精益求精的敬业精神和勇攀高峰的创新精神。这些是历史的，也是时代的。柳百坚先生表示，在深入开展"不忘初心、牢记使命"主题教育之际，家乡举办父亲的事迹展，学习柳溥庆爱国、敬业、奉献、创新的精神，作为柳溥庆的子女以及后辈，他深感骄傲与自豪。他相信，传承先辈志，初心永不忘，靖江将涌现出千千万万个像其父亲一样的共产党员，共同把家乡建设得更美好。

　　活动中，《柳溥庆传奇人生》的作者陈发奎在"先锋讲堂"上讲述了柳溥庆同志的先进事迹，展现了柳溥庆同志的光辉形象，让全体同志接受了一次深刻的党性教育和灵魂洗礼。

后记

上善若水　文化自觉

1951年10月,柳溥庆(左一)出席民主德国造纸厂欢迎会

柳溥庆的传奇人生作为一个课题值得研究,放开党史的研究,单就他在科学技术领域的贡献,与中国近现代印刷(机械)工业史的研究相结合,有许许多多需要深入探讨。更为重要的是通过研究,弘扬文化自觉的民族精神,勇于创新,提振中国工业能够自立于民族之林。

图后-1　1951年10月,民主德国克米茨(CHNEMITZ)造纸厂工人们欢迎柳溥庆(中)等访问时的合影

实践是检验真理的唯一标准

正如柳溥庆所言:

"我们是从事印刷技术的中国人,中国是一切落后的国家,我们的印刷技术,自然也不能独外。所以我们不必去谈大的若政治经济等等,我们只须来检视我们自身相依为命的印刷工艺"。

实践证明:我们先辈的团队是好样的,他们完全依靠本国的力量,做成了人民币印制技术的全部国有化。他们把技术视为生命,深信技术不仅仅可以安身立命、养家糊口,就是荒年也饿不到手艺人,还能够安邦治国,使国家不受制于人,维护国家的金融稳定。因此特别强调一技之长,"一招鲜,吃遍天"。这不是一般的操作技术,而是有创造、创新意味的特殊技术。技术需要埋头苦干,需要达到"人无我有,人有我精,人精我专"的境界。

目前中央正在大力倡导回归实业,实业救国,经济不能空心化、虚拟化。美国也在呼吁制造业回归。我们更应该夯实我们的经济,消除指望"草船借箭"式

柳溥庆传奇人生

一夜暴富的投机土壤。正如习近平总书记所指出的：与其喊破嗓子，不如甩开膀子，空谈误国，实干兴邦。

工程技术就像布阵打仗，实打实硬碰硬，关键时候，能开动机器，画出图纸，造出机器，拿得起放得下，出色的领军人物，都是从实践中走出来的，实践是检验真理的唯一标准。

有发明创造的劳动者最光荣

在充满竞争的今天，也格外需要有一大批这样的人才。这不是简单地从大学培养出来的，而是从工人到技师到工程师这样一条路径，一路磨炼出来的实践性的人才，同时能与时俱进，上升到理论，并投入设计，自己制造，属创新型人才。当英国工人出身的总工程师斯蒂芬孙亲自驾驶着自己设计的蒸汽机车，牵引着满载第一批乘客的列车，在英国斯托克顿和达林顿间40公里的铁路上行驶时，就成为世界交通史上划时代的大事，蒸汽机车成了工业革命的标志。

20世纪50～60年代的技术革新"三结合"的攻关小组不胜枚举：蔡祖泉就是从一个学徒工走上光源研究道路的科学家、教授。

上钢二厂的王佩洲和他的试验小组在一台破旧的焊接机上反复实验，结合在业余工业大学学到的电工学知识，终于成功地解决了自动焊补轧辊的质量问题，这项新技术一经推广，立即推动了生产力的发展。

倪志福原是北京永定机械厂的一个工人，发明了当时著名的"倪志福钻头"，因而成了全国先进生产者、劳动模范，"文革"前在厂技校大专毕业，后晋升为工人工程师。

在中华人民共和国的工业建设史上，王凤恩的名字是与5 000千伏安大型变压器制造成功紧紧联系在一起的。1953年，5 000千伏安大型变压器的制造成功，开创了我国自行制造大型变压器的先河。

王崇伦，中华人民共和国成立前在昭和制钢所当徒工。后入鞍钢机修厂工具车间当刨床工。曾改进机加工车床8种工具和卡具，提高工效5～10倍，其中新型工具胎即"万能工具胎"，提高工效6～7倍。因此，他曾被誉为"走在时间前面的人"。

孟泰的钻研精神与苦干精神同样有名。"孟泰工作法"就是他多年来在高炉工作实践中摸索出来的一套操作规程。他实现60多次重大技术革新。

包起帆开展新型抓斗及工艺系统的研发，被誉为"抓斗大王"。进入新世纪，

图后-2 1950年,柳溥庆(三排左二)与中国人民银行技术管理局生产处成员在天安门前合影

他又领军发明了在国际上被誉为"人类运输方式革命"的集装箱电子标签系统。

同样,柳溥庆、陈宏阁、李根绪等人都是从工人做起,成为这个领域的专家,他们与以上这些劳动模范都无愧于这个时代,柳溥庆的经历比以上这些劳模还要复杂,因为技术的难度系数还要高,工程还要浩大和烦琐,需要通晓国际印刷水平和团队合作才能得以完成任务。

如今保密厂开放了,档案解密了,造原子弹的专家邓稼先、王淦昌等都介绍出来了,在印钞造币保密战线工作的先辈们,特别是柳溥庆也应该为人们所知晓。

毫不逊色的世界级的印刷技术水平

仔细想来柳溥庆等父辈在印刷事业上的成就,放到国际印刷舞台上也是毫不逊色的。

都说德国的印刷技术世界一流,在德国莱比锡印刷博物馆就有柳溥庆、陈宏阁第一代华文照排机的记录,比日本发明早;50年代柳溥庆在东德引进设备,反过来帮助他们解决技术难题。柳溥庆和陈宏阁在仿制影写版凹印机进行印制时,悟出的凹印多色接纹逆转擦版法,又被称为世界印刷史上的一大发明。

都说苏联老大哥支援中国援助建设,代为印制人民币。可是柳溥庆早在30年代在苏联当老师,为他们培养过技术人才,1959年没等他们撤走专家,我们已

图后-3 1957年8月13日至12月13日，王文焕局长率中国人民银行印制管理局代表团赴苏联参观学习印钞技术和管理经验
左起：张作栋、于洪来、王文焕、徐晶；右起：柳溥庆、陈练军、魏笑天

全面实现纸张、油墨、印机和防伪技术的国有化。

都说美国的印刷机器厉害，陈宏阁能开动它，还能在生生美术公司印刷厂修理它；还有在许多印刷专业的书上说到的机器，都必须由外国人来修，可是在香港永发印务公司的外国印刷机，就让陈宏阁修好了，日本和德国的工程师也望尘莫及。

都说中华人民共和国成立前三色平板胶印机都是进口的，可是陈宏阁在建华机器厂设计制造三色平版胶印机，早就做出来了，以至中华人民共和国一成立，他就把机器献了出来，还出口到朝鲜，改进口为出口。

都说日本比中国先进，民间有"西洋人创作，东洋人仿作，中国人不作"的说法，可是柳溥庆陈宏阁发明的方块字的照排机的发明就比日本早，证明中国当时在印刷领域的某些方面、某个人是技术领先的。柳溥庆帮助民主德国实现了一次印成多色接纹的凹版印样，大大提高了钞票的防伪功能。这项发明的重大意义还在于，首次突破凹印技术发明500多年来的旧模式和理念，具有重大的创新价值。

好样的，中国人！我们的父辈丝毫不输给外国人！

柳溥庆的印刷印制技术和学术研究在全国是绝对领先的——

发明了"红墨水修版法"；办印技培训班，传授平凹版制版新工艺。

与沈逢吉、糜文溶等在上海发起成立了历史上第一个"中国印刷学会"，被选为理事。

后记　上善若水　文化自觉

图后-4　1959年，贺晓初（左二）、柳溥庆（右一）陪同来华工作的苏联专家在北京参观游览

他创办《中国印刷》杂志，任主编。

创办中国第一个印刷教育机构——"华东照相印刷传习所"；

创办新中国的第一份彩色画报——月刊《华东画报》；

筹建并创办中国第一个"印制科学技术研究所"。

领导试制成功了"五星古钱图案水印纸"，这是中国有史以来的第一批国产水印钞票纸！

树立"科学技术是第一生产力"的思想

《印刷术》名人录中记载：前有宋代活字印刷鼻祖毕昇，后有北大方正汉字激光照排创立者王选；中间就是第一代华文照排机，陈宏阁把柳溥庆的设想变成了现实，动手把机器造出来，成为印刷史上的一次革命。

笔者整理这一切，得到了方方面面有识之士的支持，大家一致认为，这段辉煌的历史，增强了民族自豪感，牢固印证了"科学技术是第一生产力"的伟大思想。时代在大声呼唤工匠精神、工人发明家不断涌现。

为了强调这一点，邓小平在1988、1989两年里分别提出：

我们国家，国力的强弱，经济发展后劲的大小，越来越取决于劳动者的素

图后-5　1957年,柳溥庆(二排左四)访问苏联赤岩印制局印钞厂时与干部工人们的合影

质,取决于知识分子的数量和质量。马克思曾指出:"生产力里面也包括科学在内"。但是现在看来这样说可能不够,科学技术不仅是生产力,而且是第一生产力。

回顾当年,柳溥庆1936年在一文中呼吁:

时代在不断前进,一切事事物物,如不与时代共同前进着,则必为时代落伍,落于时代之后的人们,世人都视为劣等民族……当今世界印刷工艺日新月异,无论凸版平版凹版之技术,还是制版技术,都已进入新的时代。知识的进步,社会的需要,正促使我国从事印刷技术者要自重,要不自满地永久前进,进而与世界各国的印刷技术者携手并进。

以上两段话语的提出,相差60多年,从一个科技人员的大声疾呼到党和国家领导人的一锤定音,差不多用了半个世纪的探索。到今天,邓小平的话,才真正成为我们国家和民族的共识。

柳溥庆也以自己的亲身经历与陈宏阁等共同实践了"科技是第一生产力"的伟大思想。

改革开放以来,科教兴国回归实业的呼声越来越高。实业要资金、技术和管理,这一切离不开人才,其中核心是科学技术人员,科技是第一生产力!当"科学技术是第一生产力"的论断重新回到改革开放的大地,就有了最好的答案,但为

后记 上善若水 文化自觉

图后-6 柳溥庆与五四一厂工人技术学校全体师生合影

此我们的祖国付出了无比沉重的代价。

老一辈人的文化自觉精神

以柳溥庆为代表的老一辈尽管处于西方殖民文化大量侵入的时代,但他们并没迷失自己的方向,很早就在与世界接轨的上海租界学习西方科学技术,进而出国留洋寻求真理,刻苦钻研印刷技术和美术绘画,学得西方长技,是为了报效祖国。

他们根植祖国大地,起于上海底层,工人学徒出身,最了解中国社会,不是"言必称希腊"的洋学生。以柳溥庆为典型,做一个堂堂正正的中国人,坚守着自己的文化阵地、专业领域,不管身处何种逆境,都为振兴中华做出努力。这就是我们现在更要提倡的文化自觉精神。

我国著名社会学家费孝通先生认为:文化自觉是指生活在一定文化历史圈子的人对其文化有自知之明,并对其发展历程和未来有充分的认识。换言之,是文化的自我觉醒、自我反省、自我创建。文化自觉,主要是指一个民族、一个政党在文化上的觉悟和觉醒,包括对文化在历史进步中地位作用的深刻认识,对文化发展规律的正确把握,对发展文化历史责任的主动担当。文化自觉是一种内在的精神力量,是对文明进步的强烈向往和不懈追求,是推动文化繁荣发展的思想基础和先决条件。

中国本土的工程技术发展,作为本民族的荣光,承载了太多的文化内涵。父辈的实践,体现了他们对本民族文化的自觉、自信,是中国优秀知识分子和杰出

工程技术专家在自己所从事领域里的自我觉醒、自我反省和自我创建的过程。

为实现中华文化的大发展,从文化大国到文化强国,从中国制造到中国创造(设计制造),我们呼唤这样有使命感、责任感和忧患意识的工程师和领军人物。他们是真正纯粹的从本土成长起来的中国人才,有丰厚的中华文化底蕴,有坚定的信念,是中华民族的脊梁,一代接一代,创造出具有国际视野的"中国设计"的自立于世的中国品牌。

榜样的力量是无穷的

以柳溥庆为代表的科技专家、美术专家、先进模范人物、优秀管理人才都是行业发展的精英人物,是创造中国印钞造币事业辉煌业绩的有功之臣。这些不同时期、不同岗位的先进模范人物,闪耀着不同时代的耀眼光芒,构成了印制行业优秀的文化基因和深厚的文化底蕴,这也是印制行业最为宝贵的软实力和核心竞争力。

走近柳溥庆,敬仰他的高尚人品,感受他的爱国情怀,铭记他的卓越贡献。100多年前,柳溥庆在中国历史发生沧桑巨变的转折关头,毅然选择了革命的人生道路,饱经磨难,无怨无悔。学习柳溥庆,就是要学习他坚定的理想信念,满腔的爱国热情,无私的奉献精神和敢于坚持真理、勇于开拓创新的高贵品德,就是要学习他勤奋学习、终身学习、刻苦钻研、勇攀高峰的奋发进取精神和一丝不苟、

图后-7 1957年,柳溥庆与工人技术学校学生游览颐和园时合影

精益求精、严谨细致的工作作风。

光阴荏苒,岁月如歌。今天,当我们又一次站在新的历史起点上,面对时代的变迁和翻天覆地的变化,心潮澎湃、感慨万千。我们要牢记历史,不辱使命,弘扬柳溥庆的崇高精神,像他那样去做人和去做事,主动适应新形势,积极迎接新挑战,为行业新时期的发展进步做出更为突出的贡献!

图后-8　1959年1月23日,印制局全体干部携家属春节团拜合影
左起第1人为柳溥庆总工程师,第9人为王文焕局长,站立者第二排第1人为贺晓初副局长兼党支部书记

图后-9　1950年,上海人民印刷厂第四分厂副厂长柳溥庆(二排左二)与厂长郑耀祖(二排左三)及童士英(一排左一)、王祥雯(一排左五)等在上海人民印刷厂第四分厂的合影

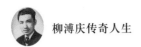 柳溥庆传奇人生

图后-10　1957年，国营五四一厂工人技术学校全体师生合影
柳溥庆兼任该校的副校长主管教学，前左七为柳溥庆

编后语

我是在完成家父传记的过程中,不断接触柳溥庆事迹的。

他是我父亲陈宏阁的挚友、同道和领导,同为1900年生人,半个世纪以来风雨同舟,合作设计制造中国第一代中文照相排字机;一起仿制成功德式影写版凹印机;同去香港,完成迎接新中国的印制准备;也正是他的推荐,我父亲成功制成三色平版胶印机,进入人民币印制行业,成为印钞机的主体设计师、研制攻关的领军人物。2012年我们两家的后代再续前缘,走到一起为弘扬父辈精神而共同努力奋斗。

本书希冀通过柳溥庆先生事迹的传颂,告诉世人,机缘是为有准备的人应运而生的。"草船借箭"只是传说,埋头造箭改良弓弩,自己设计自己制造"武器"才是正道。要想实现中华民族复兴的梦想是要不断探索。万事万物皆备于我,信念不变,天降大任苦其心志,才能百折不回,到达胜利的彼岸。

同样,我写本书也经历了漫长的过程,从动议开始,有6年功夫。我多次赴京与柳家人见面,将柳溥庆到过的地方走了个遍。两次赴八宝山公墓祭扫柳周,参加李根绪的追悼会,与中国印钞造币总公司的领导们见面;三次去五四二厂,参与《人民币雕刻之美》一书的审稿和撰稿;专程到莫斯科朝拜中共六大会址,拍摄到柳的手稿照片;三次去柳的出生地,寻访和为他的宣传展览作文字指导;两次到香港永发公司,寻访和宣传柳的事迹;在上海为柳氏族人,做了事迹介绍;两次到黑龙江黑河地区考察,体验当年入境地方的情景;还去武汉寻访胡金魁、杨湘君,以及苏北盐城新四军纪念馆、宝应抗战纪念馆、湖南长沙周南学校和河南信阳淮滨县五七干校。

本书付梓,要感谢靖江市委市政府、中国印钞造币总公司、复旦大学出版社的大力支持。

在此表示感谢!

柳溥庆的子女坚持不懈宣传父辈的业绩,同样令人感动。作为社会公众人物,柳溥庆这位印刷泰斗——印钞技术主帅,不仅仅是这个行业的光荣,也是中国科学技术的骄傲。

柳溥庆年谱

(1900.12.4—1974.10.24)

柳溥庆，曾用名柳圃青，又名步青、霖。1921年加入社会主义青年团，1926年加入共产党，是一位忠于共产主义事业的老战士，中国近现代印刷印钞专家。

1900年　12月4日（光绪庚子二十六年十月十三日），生于江苏省常州府靖江县生祠镇的塾师之家。其父柳望岑（又名文相，出生于1870年）举人出身。

1904年　随母亲刘孺人识字学画，随父亲在私塾读经文史书。

1912年　4月迁沪，住小南门复善堂街，在上海陆家浜平民小学读高小1年。

1913年　辍学助父养家，在上海"中国图书公司"下属印刷厂当铸字童工。
画师徐咏清收其为徒。

1914年　因图书公司火灾，随父亲与徐画师转入商务印书馆图画部。
先后在工人夜校和上海青年会夜校学习国文、英语、数学、物理、化学等文化课程6年。

1916年　参加反日21条、反袁世凯复辟运动。

1917年　母亲逝世。

1919年　参加五四运动。加入留法勤工俭学会，每晚至法租界学习法语，坚持5年。

1920年　在商务印书馆向美国印技专家海林格学习彩色照相制版印刷技术。结业后，被商务印书馆聘为印刷所影印部副部长。在馆内办班3年，传授印刷知识技艺。
在商务印书馆内发起成立同孚储蓄会，任干事。

1921年　进上海美术专科学校，半工半读学习3年。由商务印书馆内编辑、沈

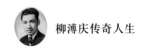

	雁冰(茅盾)、杨贤江介绍加入社会主义青年团,是上海闸北区的第一名团员。
1922年	在商务印书馆内参与创办中国第一个工人消费合作社(商务同仁合作社)与工人俱乐部(商务同仁俱乐部),任干事。
1923年	组织决定由共产党员邵力子、董亦湘介绍他加入第一次国共合作的国民党,任区分部执行委员。在上海美术专科学校毕业。
1924年	为追悼大会绘列宁画像。 3月赴法勤工俭学,在法国里昂国立美术学院和巴黎美术学院学习美术,在巴黎印刷学校学习彩色照相印制技术。参加《赤光》杂志编辑,设计封面。 7月参加"中国共产主义青年团旅欧总支部第三次代表大会";当月参加"中国国民党驻法国总支部第二次代表大会",被选为共青团旅欧总支部与国民党驻法总支部执行委员。
1925年	5月任秘书长,主持"中国国民党驻法国总支部第四次代表大会"。
1926年	编印《国民周刊》时,发现研制华文照相排字机的原理。 加入共产党后,任法国共产党海外部中国组宣传委员兼中国国民党驻法国总支部主任秘书、代主席,参与负责革命党、团组织在欧洲的革命领导工作。
1927年	7月,作为代主席,在巴黎领导召开"中国国民党驻法国总支部第八届第六次代表大会",严厉声讨蒋介石"四一二"的反革命政变罪行。 当月被法国当局驱逐出境。 去到莫斯科中山大学学习政治,被选为校墙报编委、年级党支部宣教委员。
1928年	3月,与中山大学同学周砥结为忠于革命的终身伴侣。 4月,被临时调至"共产国际"中国代表团工作,在周恩来直接领导下,参加中共六大的筹备、秘书处及会议扫尾工作,并与邓颖超、王明等30多人作为指定和旁听代表,参加当年6月18日至7月11日在莫斯科郊区兹维尼果罗德镇举行的"中国共产党第六次全国代表大会"。
1929年	在莫斯科中山大学落实中共六大决议时,因批评王明宗派小集团的错误路线,受到残酷斗争的无情打击,被开除党籍。
1930年	由周恩来推荐,先后在苏联第十四印刷厂、消息报印刷厂、莫斯科中央彩色制版中心和工人报四个大印刷单位,任彩色制版技师兼制版培训

班教师,传授印刷技艺。

1931年　由苏回国到上海,王明派吴锦中通知他"自谋职业,等待联系",将他拒于革命大门之外。

1932年　应聘在上海三一印刷公司任工务部长、技师长,创建当时属于我国一流印刷技术的彩色照相制版部;发明"红墨水修版法";办印技培训班,传授平凹版制版新工艺,绘制华文照相排字机草图。

1933年　与沈逢吉、糜文溶等在上海发起成立历史上第一个中国印刷学会,被选为理事。为该学会的印刷讲座讲课,写教材,传授先进的印刷技术知识。

1934年　倡议、编印出版当时中国最精美的画报《美术生活》月刊,以艺术引领时尚与促进印技更新。

1935年　创办《中国印刷》杂志,任主编。采用四色平凹版制版新工艺,为第一期《中国印刷》杂志印制封面、插页,以及《黄山卧游集》,成为中国30年代最高水平的印刷代表作。

利用照相与中文排字相结合的方法,与机械制造专家陈宏阁合作,制成世界第一台华文照相排字机,当年9月《申报》有专题报道。

1935年　研制多种照相制版原材料并批量生产,填补国内空白。

1936年　创办中国第一个印刷教育机构——华东照相印刷传习所,收中学毕业生入学。并与众多亲友学生合资创办华东照相平版印刷公司。

1937年　被诬陷印制假币,关在汉口监狱一年多。

1939年　应聘任华东裕记印刷厂厂长。为新四军印制抗币——江南商业流通券,秘密运至苏北革命根据地。

后将上海的家作为上海地下党、八路军、新四军的联络站、仓库、招待所。

1940年　为新四军筹建江淮银行印钞厂,亲自去苏北与新四军财政部领导筹划。

1941年　在上海秘密为新四军聘请印技工人;购买建厂需要的机器设备与油墨纸张,并秘密刻制了江淮银行钞票多种面额的铜版,运至苏北。

1942年　应聘任上海达华印刷厂厂长1年。

因印制抗币被叛徒告密,遭日寇特高课逮捕暴打,坚贞不屈,利用法律与社会关系进行机智、合法斗争,保护了党的秘密和同志,以"商业行为"结案,被无罪释放。

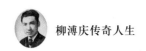

1943 年	被聘任兴农纺纱厂经理 3 年。
1946 年	上海地下党命他筹办华东美术照相印刷公司,掩护新华日报社在上海的大量印刷机器设备,直至上海解放。
1948 年	4 月因印制抗币,又被上海警备司令部逮捕。 5 月底被无罪释放,同样以"商业行为"结案。 6 月去香港,任永发印务公司总工程师,主持该厂的印刷设备和技术革新,培训印刷技工。 遵照香港地下党的指示,在该公司秘密印制毛泽东标准像、朱德标准像和广州解放纪念邮票及南方人民银行钞票等。 将家作为香港地下党的联络站、招待所、领导人会议场所,深夜在家秘密印制"港粤通行证",等等。
1949 年	6 月初,返回上海,任上海人民印钞厂副厂长,为该厂改造设备、改进技术,培训工人,印制大量第一套人民币,迎接中华人民共和国诞生。 秋天,在上海协助创办中华人民共和国成立后的第一份彩色画报——《华东画报》(月刊)。
1950 年	2 月,在上海重新入党,无候补期。 6 月调北京,随即在五四一厂改造旧设备、旧技术,为国务院印制庆祝当年国庆节需用的有高质量要求的国徽。 9 月 30 日因印制的国徽质量好、艺术水平高,受到周总理赞扬,被邀请出席"第一届全国工农兵劳动模范代表大会",国庆节上天安门观礼。
1951 年	赴民主德国订购印钞机器。
1952 年	任中国人民银行国家印制局二级总工程师。

50 年代,主持北京人民印钞厂(五四一厂)全厂印刷设备和印制技术的改造和扩建。将粉浆版改为平凹版,锌平版改为铜络平凹版,平台平凹机改为轮转平凹机印刷,单色手输胶印机印刷改为双色自动及四色自动胶印机印刷,单色靶转凹印改为双色靶转凹印,手工操作的烘票方法改为机械的自动控制温度的烘票方法等一系列技术革新;并对该厂新工房进行总平面设计和生产程序、布置计划等,做了全面的技术改造工作。

1953 年	研制成功的钞票烘箱机为国内首创,质量与性能高于苏联专家的设计。

1953 年	去德国验收我国订购的巨型印钞轮转凹印机时,针对该机不符合合同要求的缺陷,发明了凹印多色接纹逆转擦版法,绘制图纸,帮助德方改造机器,使之能够一次印成多色接纹的高质量钞票。
1954 年	为印制防假的高质量人民币,开始研制水印钞票纸的制造技术。
1956 年	被评为劳动模范。在五四一厂办印制技校,培训了 117 名技工。
1957 年	去苏联赤岩钞票印制单位考察,写了百多页考察报告。认为"没有科研就没有创新",建议成立印制科学技术研究所。
1959 年	中国第一个印制科学技术研究所诞生,被任命为第一任所长,领导并参与水印纸与油墨的研制工作。 在反右倾运动中,被错误地扣"帽子",定为"右倾机会主义分子";1962 年被平反摘帽。
1961 年	将多年研制水印钞票纸的创新设计,与轻工部造纸局保定造纸厂陈彭年总工程师合作,领导试制成功"五星古钱图案水印纸"(水印层次单一)。这是中国有史以来的第一批国产水印钞票纸。
1962 年	编撰的四种《楷书标准习字帖》由北京出版社出版。总结科学的楷书书写理论,结合历代楷书名家代表作中的范字,采用照相制版的方法印刷、编撰成各体楷书标准习字帖。字帖在我国 20 多个省市出版发行数十次,达 4 000 多万册;后又发行了 1 000 多万册,成为中国历史上发行量最多的楷书习字帖。
1963 年	在技术上领导和组织实施了"水印新工艺试探性研究计划",试制出我国第二批国产水印钞票纸,对提高我国印制第三套人民币中的拾圆券(采用天安门图案水印纸)的防伪功能具有很大作用。多次对印钞纸进行表面施胶试验,使钞纸耐折度超过 3 500 次,达到世界先进水平。
1965 年	组织领导印制的高质量、高水平的第三套人民币,被国际印刷界赞为钞票印制的"最精印品"。 国家科委颁给由聂荣臻签发的"凹印多色接纹逆转擦版法"107 号发明证书。
1966 年	在"十年动乱"中,被抄家三次,被长期隔离、审查、批斗,罚至河南淮滨县五七干校劳改。
1974 年	从干校回京治病。 10 月 24 日上午 9 时,在北京与世长辞。

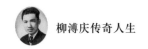

70年代初,他在两次返京治疗动脉瘤、高血压、心脏病期间,以古稀病体之身,主动收集资料,研究人工造雨,建议报纸彩印、研究国产自制彩色胶卷的方案等。

1989 年	11 月 10 日,中共中央组织部对取消 1930 年王明开除他党籍的批复是:"同意承认柳溥庆同志 1930—1950 年的党籍,党龄从 1926 年算起"。
1996 年	中国印刷博物馆创建后,为柳溥庆设两个专柜,以展品展示其为印刷印钞事业奉献一生的功绩。
2000 年	12 月 26 日,中国印刷技术协会、中国印钞造币总公司、中国印刷博物馆联合在新闻出版总署大礼堂举办了"柳溥庆百年诞辰纪念会",出版发行《柳溥庆纪念文集》。
2001 年	5 月 23 日,第七届世界印刷大会在北京举行,我国印刷界以柳溥庆作为中华人民共和国印技人员的杰出代表,向世人介绍其事迹。
2009 年	被新闻、出版、印刷界评为新中国 60 年中 22 位杰出出版家之一。
2014 年	被中国印钞造币总公司推举为中国印制业优秀先进人物中的杰出代表,是中国印制人的榜样,编撰 300 页的《光荣的印制人》,宣传柳溥庆革命的一生。

主要参考文献

一、书籍

1. 张树栋编著. 中华印刷通史. 北京:印刷工业出版社,1999.
2. 高峰古. 望岳——历史深处的生祠. 苏州:古吴轩出版社,2015.
3. 孙耀文著. 风雨五载——莫斯科中山大学始末. 北京:中央编译出版社,1996.
4. 费云东,余贵华著. 中共秘书工作简史. 沈阳:辽宁人民出版社,1992.
5. 中华书局编辑部. 回忆中华书局. 北京:中华书局,1981.
6. 毛毛著. 我的父亲邓小平. 北京:中央文献出版社,1993.
7. 郑名桢主编. 留法勤工俭学运动. 太原:山西高校联合出版社,1994.
8. 中国革命博物馆编. 中国留法勤工俭学运动图录. 上海:上海人民出版社,1997.
9. 上海印钞有限公司企业文化部编. 上钞印迹(内部发行).2010.
10. 中共中央党史研究室第一研究部编. 中共六大代表回忆录. 北京:中共党史出版社,2014.
11. 中国共产党第一至第六次全国代表大会代表名录(增订本). 北京:中共党史出版社,2014.
12. 李六如编著. 六十年的变迁. 北京:人民文学出版社,1957.
13. 施燕平编著. 抗币风云录:新四军暨华东解放区印钞史话. 上海:学林出版社,1995.
14. 万启盈著. 中国近代印刷工业史. 上海:上海人民出版社,2012.
15. 中国印钞造币总公司. 印钞胶印机结构与调整(内部发行).1992.
16. 中共中央文献编辑委员会编辑. 邓小平文选(第三卷). 北京:人民出版

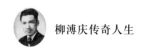

社,2001.
17. 王建辉著. 出版与近代文明. 郑州:河南大学出版社,2006.
18. 中国邮票委员会. 中国邮票史(第七卷). 北京:商务印书馆,1999.
19. 北京印钞厂1988. 北京印钞厂1988(内部发行). 1988.
20. 蔡秀园主编. 北京印钞厂图集(内部发行). 1993.
21. 《北京印钞厂志》编辑委员会. 北京印钞厂志. 北京:中国金融出版社,1993.
22. 《上海印钞厂志》编辑委员会. 上海印钞厂志. 北京:中国金融出版社,1993.
23. 印制科学技术研究所志编委会. 中国印钞造币志丛书:印制科学技术研究所志. 北京:中国金融出版社,1993.
24. 伏龙. 中外伪币案扫描. 上海:上海文化出版社,1995.
25. 殷毅主编. 中国革命根据地印钞造币简史. 北京:中国金融出版社,1997.
26. 《柳溥庆纪念文集》编委会编. 柳溥庆纪念文集. 北京:中国金融出版社,2000.
27. 吴伟编著. 文化西游:印刷术. 北京:华文出版社,2009.
28. 《当代中国印钞造币志》编纂委员会编,殷毅主编. 当代中国印钞造币志. 北京:中国金融出版社,2006.
29. 马德伦. 中国名片:人民币. 北京:中国金融出版社,2010.
30. 中国印钞造币总公司. 光荣的印制人(内部发行). 2016.

二、期刊报纸等

1. 姚银泉,陆雪梅. 靖江入党第一人——柳溥庆. 档案与建设,2012,(11):39-41.
2. 李丹. 纪念柳溥庆同志百年诞辰座谈会暨《柳溥庆纪念文集》首发式在新闻出版总署举行. 中国印刷,2001,(2):16-18.
3. 新闻. 国人发明华文照相排字机. 中国印刷,1936,(1):30.
4. 本报讯. 上海制造印刷机和造纸机,已变依靠进口为适量出口. 新民晚报,1957.7.13.
5. 柳溥庆. 为中国人争光. 中国印刷,1999,(8):29-31.
6. 陈发奎. 一生有此荣誉足矣. 文汇报笔会,2011.7.21.
7. 陈发奎. 父亲陈宏阁与新中国印钞业. 档案春秋,2011,(2):28-31.
8. 陈发奎,柳百琪. 印刷泰斗亦为上海美专之骄傲. 上海艺术家,2012,(5):29-33.

9. 柳伦.书写金融抗战风云.中国新闻出版报,2015.9.7.
10. 许平,张馥玫.中共早期革命活动中的平面设计人和事.艺术设计研究,2015,(1):76-82.
11. 中华印刷展示馆馆藏资料.青浦区汇金路889号.
12. 吴念鲁.怀念新中国印钞科技奠基人柳溥庆.金融博览,2017,(6):68-71.
13. 陈发奎.风雨同舟.见:上海市地方志办公室,文汇报"笔会"编辑部.上海:文汇出版社,2001.80.
14. 上海印刷协会贺电.中国印协通讯(内部刊物),2000,(141):15.
15. 陈发奎,滕莉.为信仰奋斗终身的革命伴侣.出版与印刷,2016,(1):35-42.
16. 柳伦.邓小平留法照片传世沧桑.世纪,2004,(5):4-7.
17. 王唯实.追忆为印钞技术作出贡献的柳溥庆.印刷,1999,(1):41-43.
18. 柳百琪.柳溥庆传略.印刷工业,2008,(2):107-112.
19. 柳百琪.忆尘封往事——柳溥庆在香港秘密印制新中国领袖像.印刷,2009,(11):69-71.
20. 柳伦.邓小平照片背后的故事:两张保存80年的老照片.新民晚报,2004.8.19.
21. 田凌民,姚银泉,等.中国现代印刷业先驱柳溥庆.世纪风采,2014,(9):37-39.
22. 柳伦,柳百琪.忆父母为新四军印制抗币、筹建印钞厂.百年潮,2011,(8):41-46.
23. 《光荣的印制人》编辑委员会.学习老前辈、迎接新挑战.光荣的印制人(内部刊物),2015,1(1):1-297.

附　　录

一、相关机构名称

1. 商务印书馆：1897年创办于上海，1954年迁北京。与北京大学同时被誉为"中国近代文化的双子星"。商务印书馆（简称商务）的创立标志着中国现代出版业的开始。以张元济、夏瑞芳为首的出版家艰苦创业，为商务的发展打下了坚实的基础。早在商务创立不久就成立股份公司，先后延请高梦旦、王云五等一大批杰出人才，开展以出版为中心的多种经营，实力迅速壮大，编写大、中、小学等各类学校教科书，编纂《辞源》等大型工具书，译介《天演论》《国富论》等西方学术名著，出版鲁迅、巴金、冰心、老舍等现当代著名作家的文学作品，整理《四部丛刊》等重要古籍，编辑《万有文库》《大学丛书》等大型系列图书，出版《东方杂志》《小说月报》《自然界》等各科杂志数十种，创办东方图书馆、尚公小学校，制造教育器械，甚至拍摄电影等。

2. 中华书局：全称为中华书局股份有限公司，是中国一家集编辑、印刷、出版、发行于一体的出版机构，于1912年1月1日由陆费逵筹资创办于上海。创立之初，以出版中、小学教科书为主，并印行古籍、各类科学、文艺著作和工具书等。同时，中华书局还自办印刷厂。1954年5月，中华书局总部迁址北京，1958年改为以整理古籍为主的专业出版社，在整理出版古籍和学术著作方面更有长足的进展，享誉海内外。曾出版《资治通鉴》《中华大字典》《四部备要》《图书集成》《中华百科丛书》《二十四史》等。

3. 江淮银行：1942年成立，行址设于苏中，发行江淮币通行于苏区各县。与此同时，苏中区下属的两个区淮南区、淮北区亦有地方银行（银号）。分别为淮南银行、淮北地方银号。1945年8月与其他4个地方银行（银号）合并组成华中银行。

4. 生生美术印刷公司：1912年由画家孙雪泥创建。印制日历、画片、纸扇、食品、药品等包装纸和印刷广告品。1933年后，聘上海知名制版技师沈文元主持生产，声誉日高。中华人民共和国成立初期，在漕溪路设生产工场，有员工60余人，照相、胶印机等设备10余台。1956年，公私合营，成为中心厂，下辖大原蜡纸厂和黎华上光社，后并入上海中华印刷厂。

5. 五四一厂：位于北京市宣武区白纸坊23号，原为北京印钞厂，始建于1908年，曾命名为五四一厂，是中国印钞造币总公司所属大型骨干企业，中国现代化的印钞基地之一。

6. 五四二厂：位于上海曹杨路158号。1950年，命名为中国人民银行上海人民印刷厂。1955年元旦，改名国营五四二厂。1987年改名上海印钞厂。2008年上海印钞厂更名为上海印钞有限公司，主业是印制人民币等纸质有价证券。

7. 六一四厂：位于上海光复西路17号。上海解放后，造币厂成为国家法定生产货币的大型企业，隶属中国人民银行，曾命名为六一四厂，上海造币厂主业是铸造流通金属硬币和贵金属纪念币，兼营纪念章工艺品。

8. 建华机器厂：1926年由商务印书馆出来的几位工人联合创建了上海建业机器厂，主要是对印刷设备进行简单的维修；1946年，建业机器厂与抗战胜利后从重庆迁入上海的义华机器厂合并，简称建华机器厂。

9. 中国印刷学会：1933年5月，中国历史上第一个印刷学术团体在上海光裕里58号成立。最初，根据学会章程，设立了由五至七人组成的全体会员大会执行委员会，下设总务、教育、研究三个系。次年12月改设理事会，由郁仲华（主席）、唐镜元（副主席）、糜文溶（书记）、柳溥庆（会计）、沈莲芳5人组成。共有会员26人。理事会下设杂志编辑委员会，由柳溥庆任主任，委员有糜文溶、高元宰、沈励吾和顾秋水。

10. 雕刻凹版印刷：雕刻凹版印刷简称雕刻凹印，是指以雕刻方法制作凹印印版的凹版印刷方式。在手工雕版的年代，具有艺术性质和防伪功能。目前的雕刻凹印基本上使用电雕机雕刻印版。雕刻凹版印刷是印制钞票、邮票等有价证券最理想的印刷方法。

11. 凹印多色循环擦版法：有关凹印多色接纹逆转擦版法、多色凹印反向低速擦版法的三种提法，据考证是指一件事情。凹印多色接纹逆转擦版法原理，也用到五四一厂145丙型多色凹印机上，称为反向低速擦版法，获得的成功是集体荣誉，但发明权在柳溥庆。

二、部分人物简介

刘国钧（1886—1978），靖江生祠镇人。用 13 年时间创业成为当地首富，从 1915 年开始，在常州以及汉口、上海、重庆乃至港台、东南亚等地建立了大成企业王国，成为中国近现代的纺织巨子。从 20 世纪 50 年代开始，带头公私合营，步入政界，积极参与社会主义建设，任江苏省副省长等职。1978 年于南京去世，享年 91 岁。

柳文相（1870—1930），幼年在生祠镇度过；从 7 岁至 20 岁，随母移居常州武进，苦读四书五经；从 1890 年至 1909 年的 20 年，在常州地区几个望族大户的家塾书馆任塾师；1910 年到上海谋职，先在中国图书公司任书记校勘，1914 年转至商务印书馆，勤恳从事校对工作 20 年。留有《诗集》《词集》《医鲭》等书稿和药方。

唐驼（1871—1938），我国近代印刷业的开拓者，沪上著名书法家，因缮写被誉为中国"百年语文第一书"的《澄衷蒙学堂字课图说》名闻全国。曾两次自费赴日本学习印刷技术三年。回国后与孔祥熙、李平书在 1909 年创建中国图书公司，负责印刷工作。1914 年该公司不幸被大火焚毁。其后，被中华书局聘为该局印刷所副所长。

徐咏清（1880—1953），上海土山湾画馆的第一批学生，向画家刘德斋（必振）和外国绘画教师学习素描、水彩画和油画。16 岁入同属徐家汇天主教堂的土山湾印书馆，从事插图创作、装帧设计。开设水彩画馆，描画各类商业画，出版《水彩画技法》一书，被誉为"中国水彩第一人"。

陈独秀（1879—1942），安徽怀宁人。新文化运动的倡导者、发起者和主要旗手，中国共产党的主要创始人之一和党早期主要领导人。

瞿秋白（1899—1935），中国共产党早期主要领导人之一，伟大的马克思主义者，卓越的无产阶级革命家、理论家和宣传家，中国革命文学事业的重要奠基者之一。

沈雁冰（1896—1981），笔名茅盾，浙江桐乡人。中国现代著名作家、文学评论家、文化活动家以及社会活动家，是新文化运动的先驱者、中国革命文艺的奠基人之一。

陈望道（1891—1977），浙江义乌人。教育家、语言学家。《共产党宣言》中文全译本首译者，曾积极提倡新文化运动，任《新青年》编辑。1927 年起在复旦大学任教，任复旦大学校长、中国科学院哲学社会科学学部委员、上海市哲学社会科学联合会主席等。

徐梅坤(1893—1997),后名徐行之。14岁起做学徒,后在杭州当印刷工人。通过早年结识的邵力子,进入上海民国日报印刷厂当临时工。不久即由陈独秀介绍参加中国共产党,成为江浙地区第一名工人党员,后任中共上海地方执行委员会兼江浙执行委员会书记。

杨贤江(1895—1931),浙江慈溪人。马克思主义教育理论家。1921年,被商务印书馆聘为《学生杂志》主编,任职六年。是中国共产党早期党员之一。大革命失败后,转移到日本,在日本边进行革命活动边从事社会科学和教育科学的研究及翻译工作。

糜文溶(1898—1968),1921年任商务印书馆印刷所彩印部部长,兼特种印件股股长。次年加入中国共产党。"八一三事变"后,被调任商务印书馆香港分厂副厂长,兼特种印件股股长。1941年,聘任重庆中央信托局印制处襄理,创办重庆印刷厂,任重庆印刷厂厂长。1946年,任中央印制厂北平分厂厂长。后回到上海,任中央印制厂总管理处协理。中华人民共和国成立后,被调往北京出版总署印制管理局,后又调到北京新华印刷厂总管理处及中国印制科学技术研究所等单位工作。

董亦湘(1896—1939),江苏武进人。1922年任中共上海商务印书馆第一任党支部书记,也是陈云、张闻天的入党介绍人。1924年创建无锡第一个党支部。第一次国共合作时期,以个人名义加入国民党,频繁往来于上海、无锡、苏州等地,传播进步思想,宣传革命道理。1925年10月,党组织派他去苏联学习,与王明开展激烈斗争,受到诬陷和打击。1939年5月被迫害含冤而死。1987年3月,经国家民政部批准为革命烈士。

恽雨堂(1902—1931),江苏武进人。1923年底经商务印书馆党支部书记董亦湘介绍加入中国共产党。1925年10月和1927年秋两次赴莫斯科中山大学学习。其间,曾受王明等人的诬陷。1929年8月回国后,在中共中央宣传部红旗杂志社发行部工作。1930年秋任中共南京市委书记。

张国焘(1897—1979),江西萍乡人,中国共产党创始人之一、五四运动的学生领袖。1920年10月创建北京的共产党早期组织。1932年进入鄂豫皖苏区,成为根据地事实上的领导者。1935年10月率部南下川康,宣布另立"中央",1936年6月被迫取消。1937年3月在政治局扩大会议受到批判。1938年4月初,出逃投靠中国国民党加入军统从事反共特务活动。

张人亚(1898—1932),宁波镇海人。第一届中国社会主义青年团上海地委书记;1921年加入了中国共产党,主持出版上海总工会机关报《平民日报》,任中华苏维埃共和国中央工农检察委员会委员、中央出版局局长兼代中央印刷局局长。他保存的一批珍贵文献,也为后人留下了一份宝贵的精神财富。

刘仁静(1902—1987),湖北应城人。中共第一次代表大会的正式代表,第二届中国社会主义青年团团中央总书记。1951年在人民出版社从事编译工作,翻译了《普列汉诺夫哲学著作选》等著作。

沈泽民(1900—1933),浙江桐乡人。1921年4月加入中国共产党,是新文化运动的闯将和早期杰出的党员之一。1931年1月当选中央委员。曾任中共中央宣传部部长、中共鄂豫皖省委书记。

吴稚晖(1865—1953),江苏武进人。中国近代资产阶级思想家、政治家、教育家、书法家,联合国"世界百年文化学术伟人"荣誉称号获得者。1918年发表《海外中国大学末议》,把中国大学办到海外的设想得到蔡元培、张静江的支持,发起组织留法勤工俭学,1924年起任国民党中央监察委员、国民政府委员等职。

李石曾(1881—1973),原名李煜瀛,字石僧,笔名真民、真石增,晚年自号扩武,河北高阳人。中华民国时期著名教育家,故宫博物院创建人之一,国民党四大元老之一,私立南通大学首席校董。早年曾发起和组织赴法勤工俭学运动,为中法文化交流做出了很大贡献。

蔡元培(1868—1940),浙江绍兴府山阴县(今浙江绍兴)人。教育家、革命家、政治家。民主进步人士,国民党中央执委、国民政府委员兼监察院院长。中华民国首任教育总长。曾任北京大学校长,开"学术"与"自由"之风,同时兼任中法大学校长。

邵力子(1882—1967),浙江绍兴人。中国近代著名民主人士,社会活动家、政治家、教育家。复旦大学杰出校友,早年加入同盟会,并与柳亚子发起组织南社,提倡革新文学。民国九年(1920年)加入上海共产主义小组,1921年加入中国共产党。主持上海《民国日报》,任总编辑。1925年任黄埔军校秘书长,参加国民党改组工作。

刘海粟(1896—1994),江苏常州人。现代杰出画家、美术教育家。

蔡威廉(1904—1939),蔡元培之女,是20世纪中国重要的油画画家,也是中国早期美术教育家,以肖像画闻名。曾被聘为国立杭州艺专西画教授。

蒲秋潮(1905—1936),四川广安人,著名抗联女英雄。在北京女子师范大学读书期间,曾参加"五卅"运动,被选为全国女学生代表。1926年加入中国共产党。入党后去苏联莫斯科东方大学深造,毕业后回国,任中共河北省委秘书长。1929年,同爱人胡伦一起被中共中央派往东北。1934年上半年,将伪警备骑兵旅中的机枪连策反出来,投奔抗联四军。任抗联四军敌伪工作部办公室主任。1936年6月病逝于哈尔滨,时年30岁。

袁溥之(1904—1994),湖北光化县人。湖北出席国民党"二大"的七位代表之一。1925年加入中国共产党,曾任中共湖北省委妇委书记,中华人民共和国成立后任广东省高等教育局副局长。

李伯钊(1911—1985),四川重庆人。著名戏剧教育家、作家。1926年赴苏联学习,1929年在莫斯科与杨尚昆结婚,1931年加入中国共产党,参加长征。曾任北京人民艺术剧院院长,中央戏剧学院副院长、顾问等。

刘亚雄(1901—1988),山西兴县人。曾用名刘晋生。是开明绅士刘少白的女儿,陈原道夫人。1920年毕业于太原女子师范学校,1926年2月加入中国共产党,9月被中共中央送到苏联莫斯科中山大学学习。在山西参加抗战,在东北参加解放战争。1949年3~4月出席全国妇女第一次代表大会,并当选为全国妇联党组委员会副书记。同年7月至1952年任长春市第一任市委书记。1949年9月作为代表出席第一届全国政治协商会议,参加开国大典。中华人民共和国成立后曾任全国妇联副书记、劳动部党组副书记、常务副部长。出版《刘亚雄纪念集》。

张琴秋(1904—1968),浙江桐乡人。毕业于浙江省立女子师范学校,1924年11月加入中国共产党,1925年11月在上海与沈泽民结婚。曾留学莫斯科中山大学。长征期间,曾任红四方面军政治组织部主任、中共中央西北局委员等重要职务。中华人民共和国成立后,担任纺织工业部党组副书记、副部长;在解放军出版社出版的《解放军将领传》中,专门介绍了张琴秋,视她为没有军衔的红军将领。

周砥(1906—1999),1925年参加革命,1928年春与柳溥庆结婚。1930年夏,受组织安排回国,被分配到上海赤色总工会做交通联络工作,经谭寿林(钱瑛的丈夫)、吴福海介绍加入中国共产党。1999年2月3日在北京逝世,享年93岁。

李瑛(1909—1987),湖南江华人。广东女子师范学校优等毕业生,邓中夏烈士夫人,李启汉烈士胞妹。1926年11月入党。1928—1930年在苏联学习。1931年末回到上海,1932年被捕,1936年被组织营救出狱。先在西安协助刘鼎工作,西安事变后调回延安。中华人民共和国成立后曾在劳动部、轻工部工作。

邓中夏(1894—1933),湖南宜章县人。是中国共产党创始人之一,中国工人运动的开拓者和杰出的工人运动领袖。

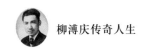

沙可夫(1903—1961),原名陈微明,海宁新仓人。1926年春,赴法国学习音乐,同年入党,与柳溥庆一同任中共旅欧支部领导成员一年;1932年后,去中央苏区延安,从事革命的艺术教育领导。中华人民共和国成立后任全国文联秘书长、中国作家协会常务理事、中央文委委员、文化部党组委员、办公厅主任、中央戏剧学院党委书记、副院长等职。

郑一俊(1904—1985),河南南召人。1926年赴法国勤工俭学。1927年2月加入法国共产党,同年秋,赴莫斯科中山大学学习。1928年转为联共党员。1934年被联共和第三国际派往新疆工作。1938年又被召回苏联,到莫尼诺儿童院任教导主任和老师。积极参加莫斯科保卫战,曾荣获"红星勋章""战功奖章"。

帅孟奇(1897—1998),出生于湖南省汉寿县贫苦农民家庭,1926年2月加入中国共产党。是中国共产党的优秀党员,久经考验的忠诚的共产主义战士,中国妇女运动的先驱,我党组织战线杰出的领导者,原中共中央顾问委员会委员、中共中央组织部原副部长、顾问。

萧劲光(1903—1989),湖南长沙人。1922年加入中国共产党。率部参加中央苏区第四、第五次反"围剿"作战,参加长征,指挥南满部队四保临江作战,率部打沈阳、围北平、越华北、渡长江、占武汉、进长沙,参与指挥衡宝战役等战斗。中华人民共和国成立后,历任人民解放军海军司令员、国防部副部长、第五届全国人大常委会副委员长等职。1955年被授予大将军衔。

朱仲芷(1904—1996),湖南长沙人,开国大将萧劲光前妻。革命教育家朱剑凡三女。在8个兄弟姐妹中排行第3,其妹妹朱仲丽嫁给了王稼祥。从小在父亲创办的周南女校上学,中学毕业后考入南京金陵女子大学。1926年11月加入共青团,并在湖南省党校指导科负责训练妇女干部工作。1927年加入中国共产党,同年11月奉命到苏联学习。1930年与萧劲光一起回国。

朱剑凡(1883—1932),曾名周家纯,长沙府宁乡人,中国近代著名革命教育家。早年留学日本,回国后以私家园林"蜕园"改办周南女子学堂。1919年投入五四运动,创立健学会,资助毛泽东创办文化书社。参加中国国民党一大,历任国民政府长沙市党部党委、湖南省政府委员、长沙市政筹备处主任等职。

徐孝祥(1901—1962),又名徐平。1922年加入社会主义青年团。1923年1月,加入中国共产党。1925年,到达法国,入巴黎大学文学院学习西洋史和经济学。1926—1927年担任旅欧支部(后改为法共中国部)书记。1927年2月,被法共中央派赴莫斯科中山大学学习,6月奉命回国。1931年初夏,在上海被捕后脱党。曾任三青团成都劳动服务营教导组长、国民党四川省特委会第四组副组长。

成都解放后,到川大附中教俄语。1951年4月因特务问题被判处管制,1953年7月解除管制后仍在中学任教。

杨之华(1901—1973),浙江萧山人,中国妇女活动家,瞿秋白的第二任妻子。1924年加入中国共产党。1925年10月任中共上海地委妇女部长、中共中央妇女部部长等职。1927年当选为中共第五届中央委员。1930年在上海协助瞿秋白进行"反文化围剿"的斗争。1935年去苏联参加共产国际第七次代表大会。

冀朝鼎(1903—1963),号筱泉,笔名动平,山西汾阳人。其父冀贡泉曾任山西省司法厅和山西省教育厅厅长,其弟冀朝铸曾任联合国副秘书长。1916年考入北京清华学校。1919年参加北京五四学生爱国运动,在六三大宣传中被捕。1927年加入共产党。留学美国,获哥伦比亚大学博士学位,回国后受命潜伏主导经济工作,其策划的法币与金圆券致国统区经济失利。1948年到北平任"华北剿总"经济处处长,曾数次与傅作义商谈和平解决北平的事宜。

张崇德(生卒年不详),浙江临海城关人。被中共中央派往苏联莫斯科,进入东方劳动者共产主义大学学习。在苏期间,针对以王明为首的宗派小集团打击同志的行径,坚持正义,不怕打击报复,与之进行坚决斗争。1930年初遭王明等人诬陷被秘密逮捕,后葬身异国。

张崇文(1906—1995),浙江临海人。就读于台州中学,上海大学肄业。1925年任杭州学联宣传部部长。次年加入中国共产党,任中共杭州中心区委书记,参加了黄桥、莱芜、淮海等战役。是第五届全国政协委员,1955年被授予少将军衔。

沈逢吉(1891—1935),江苏常州人。1909年考入商务印书馆专攻凹版雕刻,两年后中国图书公司遴选优秀人才,受李平书和唐驼赏识,于1912年派赴日本,跟随当时日本名雕刻家细贝为次郎学习雕刻技术。

杭稚英(1900—1947),浙江海宁人。13岁随父进商务印书馆,后自立画室,出版月份牌,设计商品商标包装,为我国最早的商业美术家之一。

柳培庆(1903—1979),江苏靖江人,柳溥庆弟弟。1919年只身离家赴北平,师从留日技师沈逢吉,学习铜版雕刻,三年学成回上海中华书局,后任华光公司副经理。负责江淮银行印钞厂壹圆券(就是柳培庆雕刻的版子)铜版凸版印刷,深受根据地人民的喜爱。

陈宏阁(1900—1967),浙江临海人。20世纪30年代初,在商务印刷馆自行设计誊印机、三色接纹印刷机;1929年创办"陈宏机器厂",对外承接机械设计制造任务,设计制造橡皮印刷机、照相铜锌版钻床。1935年和柳溥庆合作研制成

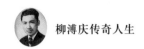

功我国第一代手动照相排字机；受聘华东照相制版公司、香港永发印务公司，修复机器恢复生产。1950 年在建华机器厂成功设计制造三色胶印机。参与研制 145 甲型印钞机和 145 丙型多色轮转凹印机的反向低速擦版法获得成功，至五四二厂总技师科任技师、工程师，负责 245 甲型双面印钞机的总体结构设计工作，1962 年该机试制成功，1965 年获国家发明奖。

金有成（1886—1988），浙江余姚人，是中国近代民族印刷界的先驱人物。1907 年受聘为日商企业市田印刷厂的业务人员，期间曾五次赴日本学习考察印刷业务，并立志成立一个由中国人自己开办的印刷厂。1928 年，与他人合作，集资二十万，自己出资十六万五千元，在上海昆明路 797 号创办了三一印刷股份有限公司。

吴福海（1908—1995），江苏武进人。1925 年加入中国共产党。1928 年 3 月，去苏联中国共产主义劳动大学学习。1930 年秋回国，历任苏中敌工部副部长、华东海军第一纵队副司令员等职。中华人民共和国成立后，历任上海市公安局刑警处副处长、上海农场场长、市农垦局副局长等。

张执一（1911—1983），湖北汉阳人。1926 年在汉阳参加农民协会。次年加入中国共产主义青年团。1929 年转入中国共产党。1935 年后在上海从事学运、军运工作。1939 年后任新四军豫鄂挺进纵队政治部联络部部长、第五师旅政治部主任，中共中央上海局外县工作委员会书记等职。中华人民共和国成立后历任中共中央中南局统战部部长，中共中央统战部副部长，国家民委副主任。是全国人大代表、全国政协常委。

刘晓（1908—1988），湖南辰溪人。1926 年加入中国共产党。1937 年 11 月任中共江苏省委书记。1946 年 2 月从延安回到上海后，继续领导上海地下党的秘密情报工作，先后任中共中央上海分局书记、上海局书记。中华人民共和国成立后，任上海市委第二书记兼组织部部长。1955 年以后主要从事外交工作，历任驻苏联大使、外交部常务副部长、驻阿尔巴尼亚大使等。

刘正祥（1934—　），又名朱焕明，上海五四二厂高级工程师，陈宏阁先生的徒弟和助手。

沈永斌（1892—1958），印制系统的工程技术人员。1920 年根据复色印钞技术原理，研制成复色印钞机。

简玉阶（1875—1957），爱国民主人士，永发印务公司总经理。中华人民共和国成立后，曾任全国政协委员。早期的印刷公司在上环及湾仔一带，是民族资本企业，现在是上海实业（集团）有限公司下属专门印制香港南洋烟草香烟包装品的公司。

吴朗西(1904—1992),四川开县人。1921年在上海、杭州求学。1925年赴日入上智大学学习德国文学。1934年,在上海三一印刷公司创办的大型《美术生活》月刊担任文学编辑。9月该公司又创办《漫画生活》月刊,他和早期创办人在十几年内均不取报酬。抗战爆发后,除上海外,在广州、桂林、重庆等地设办事处。曾去福建永安帮助黎烈文创办改进出版社,后去重庆。抗战胜利后回到上海。中华人民共和国成立后,回到文化生活出版社,主持该社的工作。1956年,加入新文艺出版社,任外国文学编辑室副主任。曾编辑10辑160册《文学丛刊》,是出版史上册数最多的现代文学丛书。

柳静(1906—1993),柳溥庆之妹,吴朗西之妻,上海文化生活出版社重庆互生书店创始人。

蔡达昌、林德官、穆青:均为商务印书馆人士。

李卓然、张德荣、张弦、杨秀涛、赵栋、林蔚、谢清、郑一俊、汪盛荻、郑彦菜:均为留法人士。

潘玉良(1895—1977),江苏人,中国著名女画家、雕塑家。1921年考得官费赴法留学,先后进入里昂中法大学和国立美专。1923年又进入巴黎美术学院。其作品陈列于罗马美术展览会,曾获意大利政府美术奖金。1929年归国后,曾任上海美专及上海艺大西洋画系主任,后任中央大学艺术系教授。1937年旅居巴黎,曾任巴黎中国艺术会会长,多次参加法国、英国、德国、日本及瑞士等国画展。

苏雪林(1897—1999),安徽太平县人。1921年北京高等女子师范毕业,考入中法大学学习艺术。由法回国后,一生从事教育,先后在沪江大学、国立安徽大学、武汉大学任教。后到台湾师范大学、成功大学任教。她笔耕不辍,被喻为文坛的常青树。

林文铮(1902—1989),出生于印尼雅加达。我国近代著名的美术理论家和评论家。蔡元培先生赏识其才华,将女儿蔡威廉许配给他。他的人生经历坎坷曲折,但论著丰硕,是我国学术界有一定影响的人物。

王京岐(1895—1925),又名景岐、钰孝,嵊县中南乡人。14岁毕业于县立小学,17岁入金陵大学,18岁转入之江大学。1919年,入留法预备学校。1920年,赴法国勤工俭学。1921年10月,被法国当局遣送回国。1922年春,加入国民党,任孙中山秘书。8月,受孙中山委派为国民党欧洲党部筹备员,再度赴法国,在里昂中法大学成立国民党驻里昂通讯处,办理党务。1923年6月,在里昂与

旅欧共青团组织负责人周恩来等商谈决定，旅欧共青团员 80 余人均以个人名义加入国民党旅欧组织，实行国共合作，这是先于国内的首次国共合作。8 月，回国汇报党务，并委托周恩来于 11 月在里昂成立国民党旅欧支部，被推为执行部长。1924 年 6 月初，重返法国，任国民党驻法总支部主席，统理全欧党务。7 月，与周恩来一起主持召开国民党驻法总支部第二次代表大会。1925 年，主编《国民》半月刊、《被压迫人民报》，与共产党人主办的《赤光》互为呼应。

周峻（1890—1975），上海爱国女校学生。1923 年与蔡元培结婚，后随蔡赴法学习西洋美术课程。

李平衡（1898—1982），安徽怀宁人。早年就读于法国巴黎索波尼大学。回国后任国民政府实业部劳工司长。1934 年以中国政府首席代表身份出席国际劳工大会，当选为国际劳工局理事，常驻日内瓦。1952 年回国，任中国国际贸易促进委员会研究员、国际交流协会理事、民革中央常委兼团结委员会主任、全国政协委员。

冯定（1902—1983），浙江宁波人，中国哲学家、教育家。20 世纪 30 年代用笔名贝叶发表了大量有关青年思想修养的文章。抗日战争和解放战争时期，主要从事革命的文化宣传教育工作。中华人民共和国成立后，从事中国共产党的宣传文教事业，并历任全国政协第二、三、四届委员，第五届常务委员，马列学院一分院副院长，北京大学教授，还担任中国科学院哲学社会科学部学部委员、中国伦理学会名誉会长、中国辩证唯物主义研究会顾问、北京市哲学会会长。

柳长青（1908—1989），江苏靖江人，柳溥庆弟弟。华东照相制版社经理，并入上海市美术印刷厂负责制版工作。中华人民共和国成立前十年由大哥溥庆组织与二哥培庆、四弟默青一起为新四军印制抗币；抗战胜利后为掩护《新华日报》大量印刷机器，任华东美术照相印刷公司副经理。

柳默青（1921—1998），又名柳晴，江苏靖江人，柳溥庆弟弟。成年后进上海华东美术照相印刷公司、裕兴企业印刷公司做工。1940 年 2 月，参加新四军。1944 年 5 月加入中国共产党，先后在新四军江淮银行印钞厂、华中军区印钞总厂、华中银行和华中对外贸易管理局工作。解放战争胜利前夕，经华东财办干部学校培训后，调上海市军管会金融处工作，曾任上海油墨厂军代表、上海华东财委保卫干事、上海军政委员会保卫特派员。中华人民共和国成立后，服从组织安排调任上海市粮食公司工作，先后调任保卫科长、党委宣传部部长、肃反办公室处长、粮食干部学校副校长。1957 年，被调到新闻出版局所属的印刷行业工作。1957—1973 年在上海市印刷一厂任厂长。1973—1978 年在上海市印刷技术研究所和职工大学担任领导工作。1978年起任上海市美术印刷厂厂长。1982年7月离休。

柳光青(1926—2012),江苏靖江人,柳溥庆弟弟。1946年加入中国共产党,1949年在上海市中苏友好协会任俄文翻译组长,后调至上海国际海员俱乐部和上海国际问题研究所,任苏联东欧研究室主任。著有《南斯拉夫的社会主义自治制度和经济发展》《北约和华约——两大对抗的军事集团》《转变中的苏联》等,译有《斯大林年谱》《回忆列宁》《高尔基论儿童文学》。

柳瑟青(1929—2012),江苏靖江人,柳溥庆弟弟。1951年南京大学毕业,长期从事外事和国际问题研究工作,为中国现代国际关系研究院研究委员会委员。曾任中国现代国际关系研究所所长、《现代国际关系》主编,全国哲学社会科学七五、八五国际问题研究学科规划小组副组长。著有《马恩始创及中国特色的国际关系理论研究》。

郁厚培(生卒年不详),1907年从日本学的照相制版技术,为商务印书馆襄理,建华机器厂董事长。

王文焕、贺晓初、杨秉超、徐晶、李根绪、鲍增振:均为印制局人士。

郑耀祖、糜望斗、杨明幹、陈练军、张瀛:均为上海印钞造币厂人士。

柳溥庆子女:

柳　伦:长女(本书主编之一)。柳伦和姚克明夫妇为柳溥庆和周砥的申诉材料做了大量的工作。

姚克明(1928—2013):长婿。1945年2月入党参加新四军。解放战争期间参加七次战役。因多处负重伤,被定为三等残疾军人转业。中华人民共和国成立后任浙江省公安厅机关保卫科副科长。1953年任中共中央办公厅警卫局保卫处内勤组长。1955年响应中央"向科学进军"的号召,考入人民大学法律系,1959年毕业。任北京市高级人民法院审判委员会委员、研究室主任(副局级),兼北京市法官业余大学副校务委员、副教授,北京市法学会常务理事,北京市刑法学研究会秘书长,北京市哲学社会科学研究领导小组成员等职。

柳百琪(1933—　):长子。中国地震局地球物理研究所编审。

王华初(1937—2018):长媳。北京天文馆总工程师。

柳百里(1937—　):幼女。北京市第九十八中学高级教师。

顾博涛(1932—　):幼婿。中国印刷总公司生产处副处长。

柳百坚(1940—　):幼子。北京化工大学高分子材料测试中心高级工

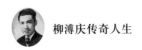

程师。

董履平(1940—)：幼媳。中国五矿总公司高级工程师。

柳培庆之子,兄弟二院士

柳百成 1933年出生于上海市,铸造及材料加工专家,中国工程院院士,清华大学材料科学与工程学院教授、博士生导师。

1951年进入清华大学机械工程系学习,1955年从清华大学毕业后留校任教,1978年以访问学者身份在美国威斯康星大学及麻省理工学院进修2年,1981年回到清华大学工作,1999年当选为中国工程院院士。2002年获得第四届光华工程科技奖,2015年获得中国铸造杰出贡献奖,荣获2017第三届海归中国梦年度人物称号。

柳百成长期从事用信息技术提升铸造行业技术水平及提高铸造合金性能的研究,致力于振兴中国制造业及推广先进制造技术等战略研究。

柳百新 1935年出生于上海市,材料科学家,中国科学院院士,清华大学材料科学与工程学院教授、博士生导师,清华大学校务委员会和校学术委员会委员。

1961年在清华大学工程物理系毕业后留校工作;1981—1982年在美国加州理工学院访问研究;2001年当选为中国科学院院士。

柳百新长期在离子束与固体相互作用及材料改性,计算材料科学,薄膜和核材料领域从事基础研究和研究生培养的工作。提出离子束混合在二元金属系统中形成非晶态合金的经验规则和热力学模型,并用第一性原理计算论证了亚稳合金相的稳定性。

图书在版编目(CIP)数据

柳溥庆传奇人生/陈发奎,柳伦编著. —上海:复旦大学出版社,2020.11
ISBN 978-7-309-15109-1

Ⅰ.①柳…　Ⅱ.①陈…②柳…　Ⅲ.①柳溥庆(1900-1974)-传记　Ⅳ.①K826.16

中国版本图书馆 CIP 数据核字(2020)第 197365 号

柳溥庆传奇人生
陈发奎　柳　伦　编著
责任编辑/贺　琦
特约编辑/顾　潜

复旦大学出版社有限公司出版发行
上海市国权路 579 号　邮编:200433
网址:fupnet@fudanpress.com　http://www.fudanpress.com
门市零售:86-21-65102580　团体订购:86-21-65104505
外埠邮购:86-21-65642846　出版部电话:86-21-65642845
上海盛通时代印刷有限公司

开本 787×1092　1/16　印张 23　字数 400 千
2020 年 11 月第 1 版第 1 次印刷
印数 1—11 000

ISBN 978-7-309-15109-1/K·729
定价:50.00 元

如有印装质量问题,请向复旦大学出版社有限公司出版部调换。
版权所有　侵权必究

i